权威·前沿·原创

皮书系列为

“十二五”“十三五”国家重点图书出版规划项目

GREEN BOOK

智库成果出版与传播平台

邮轮绿皮书

GREEN BOOK OF CRUISE INDUSTRY

中国邮轮产业发展报告（2020）

ANNUAL REPORT ON CHINA'S CRUISE INDUSTRY (2020)

顾　问／钱永昌
主　编／汪　泓
副主编／叶欣梁　史健勇　苏　平　郑炜航　邱　羚　朱国建

社会科学文献出版社
SOCIAL SCIENCES ACADEMIC PRESS (CHINA)

图书在版编目(CIP)数据

中国邮轮产业发展报告. 2020 / 汪泓主编. -- 北京：社会科学文献出版社，2020. 11
（邮轮绿皮书）
ISBN 978-7-5201-7375-9

Ⅰ. ①中… Ⅱ. ①汪… Ⅲ. ①旅游船-产业发展-研究报告-中国-2020 Ⅳ. ①F426. 474

中国版本图书馆 CIP 数据核字（2020）第 186835 号

邮轮绿皮书
中国邮轮产业发展报告（2020）

顾　　问 / 钱永昌
主　　编 / 汪　泓

出 版 人 / 谢寿光
组稿编辑 / 邓泳红
责任编辑 / 吴　敏

出　　版 / 社会科学文献出版社 · 皮书出版分社（010）59367127
地址：北京市北三环中路甲 29 号院华龙大厦　邮编：100029
网址：www. ssap. com. cn
发　　行 / 市场营销中心（010）59367081　59367083
印　　装 / 天津千鹤文化传播有限公司

规　　格 / 开 本：787mm × 1092mm　1/16
印 张：22. 5　字 数：336 千字
版　　次 / 2020 年 11 月第 1 版　2020 年 11 月第 1 次印刷
书　　号 / ISBN 978-7-5201-7375-9
定　　价 / 128. 00 元

邮轮绿皮书编委会

主编简介

汪　泓　中欧国际工商学院院长，上海交通大学企业管理博士、复旦大学应用经济学博士后，上海国际邮轮经济研究院研究员，上海交通大学博士生导师、教授，享受国务院颁发的特殊津贴，上海市第十、十一、十二、十四届人大代表，新世纪千百万人才工程国家级人选。

汪泓教授长期担任教育部高等学校工商管理专业教学指导委员会副主任委员，曾任教育部高等学校管理科学与工程专业教学指导委员会副主任委员，目前为教育部新世纪优秀人才支持计划资助学者、曙光学者和曙光跟踪资助学者、上海市领军人才、上海市优秀学术带头人。

汪泓教授率先主动对接国内外邮轮产业大发展，创新性开拓“旅游管理”专业教学内涵，在全国最早开设“邮轮经济”本科和硕士研究生专业并担任学科带头人；由其领衔的“政产学研用五位一体培养国际邮轮紧缺人才创新实践”项目获得2014年国家级教学成果二等奖、上海市教学成果特等奖；注重科研成果直接向生产力转化和推广，很多成果已直接转化为邮轮公司和政府决策依据。先后主持国家社会科学基金、国家软科学重大项目、国家发改委重大项目以及省部级课题，出版专著和发表论文100余部（篇），30余项研究成果分别获得上海市政府决策咨询研究成果一等奖、上海市科技进步二等奖、上海市邓小平理论研究和宣传优秀成果奖、上海市哲学社会科学内部探讨优秀成果奖、上海市教学成果一等奖、上海市教育科研成果一等奖等各类省部级奖项。

曾任中华全国总工会执委、全国妇联代表、上海工程技术大学校长、上海市总工会副主席、上海企业管理协会副会长、上海创意产业协会副会长、上海市科学与艺术协会副理事长、上海国际邮轮经济研究中心主任、中共宝山区委书记等职务。

摘　要

《中国邮轮产业发展报告（2020）》是由上海工程技术大学、上海国际邮轮经济研究中心组织国内外邮轮业界著名专家学者，根据全球及中国邮轮产业发展形势编写的年度研究报告，是社会科学文献出版社“皮书系列”的重要组成部分。本年度“邮轮绿皮书”是该系列出版物的第七本，由总报告、专题篇、国际篇、产业发展篇、规划政策篇五个部分组成，内容体系更完善，更具有前瞻性。总报告讲解了 2019 ~ 2020 年世界及中国邮轮经济发展形势及未来趋势，并通过十大热点介绍中国邮轮经济最新热点信息。2020 年新冠肺炎疫情对邮轮经济发展造成严重的影响，邮轮航线全部停航，三大邮轮集团总市值蒸发超过 500 亿美元，成为世界邮轮发展史上影响时间最长、涉及面最广、损失最惨重的一次危机，特别针对新冠肺炎疫情对中国邮轮经济发展的影响及对策进行专题研究，以更好地推动中国邮轮经济健康发展。产业发展篇、规划政策篇全面而深度地对中国邮轮经济全产业链发展的最新进展和发展思路进行分析研判，并提出了更具前瞻性的对策建议，以更好地推动中国邮轮经济全产业链战略的实施，提升邮轮产业能级，服务国家和地方经济的高质量发展。

总报告对 2019 ~ 2020 年全球及中国邮轮产业发展情况进行了系统分析，并对未来邮轮经济发展作出相应预测。专题篇主要针对新冠肺炎疫情对中国邮轮港口影响、防疫体系构建、消费行为影响、政策创新及对策研究等方面展开论述。由于新冠肺炎疫情影响全球邮轮经济发展，国际篇主要针对新冠肺炎疫情对日本、韩国、美国、澳大利亚、欧洲等国家和地区邮轮经济影响及对策进行研究。产业发展篇主要是围绕邮轮建造产业配套建设、邮轮航线分布特征及对中国邮轮航线设计启示、依托国际邮轮港打造邮轮商务集聚区等问题进行了深入分析。在规划政策篇中，主要从“十四五”期间中国邮轮产业和中国邮轮旅游发展思路、中国邮轮旅游发展示范区规划思路、我国邮轮旅客消费者权益保障、邮轮运营安全保障立法的可行性等方面提出建设性建议，以期为推动中国邮轮经济高质量发展提供更好的保障。

经过前两年的市场调整，中国邮轮经济正处于迈向高质量发展的关键时期。邮轮产业作为旅游业和航运业的复合型新兴业态，具有天然的环境敏感性和受损脆弱性，极易受政治、政策、疫情等多种外部不确定因素的影响。2020 年新冠肺炎疫情重创全球邮轮市场，中国邮轮旅游市场遭受巨大冲击，不仅给邮轮产业链的邮轮运营及旅游活动相关主体带来严重损失，还使邮轮建造、经营管理、票务销售、相关专业服务等环节所形成的服务链受到巨大的影响。快速科学地处置邮轮公共卫生事件引起全球普遍关注，中国邮轮行业疫情防控实现“零输入、零输出、零感染”，为全世界邮轮行业抗击疫情树立了新标杆，增强了邮轮行业有效防控疫情的底气和信心，也让全球邮轮界看到了邮轮业重振的希望。伴随着我国疫情防控形势向好和促进消费政策的出台，休闲旅游等服务业逐步有序回弹。全球邮轮业界普遍认为，疫情影响只是阶段性的，不会改变中国乃至全球邮轮产业长期向好的发展趋势。中国是全球最大的邮轮新兴市场和全球第二大邮轮客源国，全球邮轮界普遍看好疫情后的中国前景、中国机遇和中国发展潜力，国际邮轮业界对中国邮轮市场的发展前景依然充满信心，地中海全新旗舰邮轮“荣耀号”和全球最大、科技含量最高的邮轮——皇家加勒比“海洋奇迹号”将布局中国市场。2021 年，皇家加勒比国际游轮“超量子系”的“海洋光谱号”和开创中国市场“大船时代 ”的“海洋航行者号”将布局上海、天津、香港三大母港；歌诗达邮轮在中国三大区域布局三艘大型邮轮，“威尼斯号”布局华北市场，“赛琳娜号”布局华东市场，“地中海号”将首次布局中国市场。在中央及地方政府加大对邮轮经济的支持力度的背景下，中国邮轮经济依然拥有着良好的发展形势和机遇，沿海邮轮港口城市坚定发展邮轮产业的信心并未动摇，邮轮旅游依然被作为推动城市高质量发展、创造高品质生活的重要部分，中国邮轮经济依然有望成为世界邮轮产业版图中最重要的组成部分和核心动力，形成邮轮研发设计建造、邮轮运营、邮轮港口服务、邮轮配套产业体系完善的全产业链格局，建立世界级邮轮经济产业集群，成为世界邮轮产业发展的新重心。

本书的成功出版是学界、业界等各方通力合作的成果，得到了政府的大力支持，得到社会各界的鼎力相助，特别感谢上海吴淞口投资（集团）有限公司对本书出版的鼎力支持！

序

2020 年是全面建成小康社会和“十三五”规划收官之年，是“十四五”谋篇布局之年，也是中国邮轮经济全产业链全面推进的关键之年。中国稳居全球最大的邮轮新兴市场和全球第二大邮轮客源国，虽然受新冠肺炎疫情影响，但依然大力推动邮轮经济全产业链发展，并且未来具备良好的市场发展潜力。

在新冠肺炎疫情前，全球邮轮旅游市场规模保持稳健增长，国际邮轮协会（CLIA）对邮轮旅游市场的发展前景持乐观态度，认为国际邮轮市场具有良好的发展前景和市场潜力，预测 2020 年全球邮轮游客量将达到 3200 万人次，2025 年有望达到 3760 万人次，亚太邮轮市场发展潜力巨大。随着新冠肺炎疫情的全球蔓延，全球邮轮行业经历百年未遇危机，邮轮市场受到重创，亚太、北美、欧洲等三大邮轮市场先后停摆，邮轮业是受到公共卫生危机影响最大的行业之一，加速了世界邮轮市场格局的变化。邮轮作为人群聚集的海上载体对突发公共卫生事件的防控难度较大，邮轮疫情成为社会舆论的焦点，中国成功防控新冠肺炎疫情为全世界抗击疫情树立了标杆。国际邮轮行业历经近 200 年发展历程，积累了丰富的产品运营管理与危机应对经验。疫情发生后，上海港的最佳防控和天津港的及时处置，增强了邮轮界有效防控疫情的底气和信心。这次突发疫情对世界邮轮市场造成了深远影响，也暂时阻挡了正在逐步复苏的中国邮轮旅游市场，对刚刚发展仅十余年的我国邮轮产业造成沉重的打击，也影响了中国未来邮轮经济全产业链的发展战略，但从长远来看，疫情影响只是阶段性的，不会改变中国乃至全球邮轮产业长期向好的发展趋势。各大国际邮轮公司在积极应对疫情的过程中，支持中国疫情防控，如皇家加勒比国际游轮向中国捐赠 100 万只 N95 防护口罩，歌诗达邮轮向中国捐赠了10万只高级别防护口罩，地中海邮轮向中国捐赠了10万只欧洲标准的医疗口罩，充分体现了各大国际邮轮公司的社会责任担当。皇家加勒比国际游轮出资3500万元人民币设立皇家加勒比“旅业振兴专项资金”，用于实施一系列的旅业配套帮扶、资金补贴、免费培训等措施，为全国各地近300家旅行社提供政策支持和资金补贴，以减小疫情对邮轮行业的影响。

中国是全球最大的邮轮新兴市场和全球第二大邮轮客源国，虽然受到新冠肺炎疫情的影响，全球邮轮界依然普遍看好疫情后的中国前景、中国机遇和中国发展潜力。未来数年中国将陆续迎来全球最新最好的大型豪华邮轮，地中海邮轮新旗舰17.1万总吨的“荣耀号”邮轮和歌诗达邮轮“威尼斯号”“赛琳娜号”“地中海号”将布局中国市场，加速推动中国邮轮市场的复苏。皇家加勒比集团全球最大级别的全新建造邮轮23万吨级的“海洋奇迹号”将布局中国市场，云顶邮轮集团全新打造的20.4万吨级、最大载客量达到9500人的“环球梦号”邮轮也将布局中国市场，中国首艘国产大型邮轮也将于2023年下水，这为中国邮轮经济发展注入了新的动力和活力，中国邮轮市场供给能力和服务能力显著增强。

邮轮旅游是我国旅游业中增长最快的部分之一，邮轮旅游成为满足人们美好生活需求的新选择，邮轮消费成为经济增长的新亮点，中国邮轮经济逐步向高质量发展迈进，从国家到地方，各级政策相继聚焦邮轮，中共中央、国务院出台《关于支持深圳建设中国特色社会主义先行示范区的意见》，提出有序推动国际邮轮港建设，进一步增加国际班轮航线，探索研究简化邮轮、游艇及旅客出入境手续。交通运输部、公安部、文化和旅游部、海关总署、移民局出台《关于推广实施邮轮船票管理制度的通知》，提出全国推广邮轮船票制度，海南省政府成立由副省长任组长的海南省推进邮轮游艇产业发展领导小组，并出台《关于促进海南邮轮经济发展的实施方案》，力争将海南建成邮轮游艇国际旅游消费中心，宝山区出台《关于加快宝山邮轮经济发展的实施意见》修订版，以推动宝山迈向更富魅力的国际邮轮之城，打造千亿规模邮轮产业集群，推动建设首个中国邮轮旅游发展示范区。为有效应对新冠肺炎疫情，交通运输部、外交部、国家卫生健康委、海关总署、国家移民管理局、中国民用航空局联合发布《关于精准做好国际航行船舶船员疫情防控工作的通知》，稳妥做好境外中国籍船员的回国安排，国家海事局出台《船舶船员新冠肺炎疫情防控操作指南》，上海市文化和旅游局出台《上海市邮轮旅游新型冠状病毒肺炎疫情防控工作指南》，指南涵盖港口服务与管理、卫生防疫、邮轮管理、邮轮港内部防控管理等方面共 34 项具体措施，为邮轮经济高质量发展提供强而有力的指导支持。

为更好研判新冠肺炎疫情下中国邮轮经济的发展形势，对中国邮轮市场未来趋势做系统深度研判，上海工程技术大学、上海国际邮轮经济研究中心牵头组织编写《邮轮绿皮书：中国邮轮产业发展报告》。该报告是根据国际邮轮经济发展最新形势编写的年度研究报告，已经成为目前国内最具权威的邮轮产业研究著作，是中国邮轮经济发展的风向标，学术界和业界给予了高度关注和肯定评价，成为政府和企业制定邮轮产业发展规划和战略的重要依据。有幸，作为“邮轮绿皮书”的编写顾问，在此，我对于“邮轮绿皮书”所取得的成绩，表示由衷感谢和赞叹。

2020 年版“邮轮绿皮书”在以往版本基础上，基于中国邮轮经济最新趋势，更加注重对邮轮经济全产业链的研究，特别设置“专题篇”，研究新冠肺炎疫情对中国邮轮港口影响及对策、中国邮轮公共卫生防疫体系构建、新冠肺炎疫情对邮轮游客消费行为影响、新冠肺炎疫情下中国邮轮经济政策创新等。由于新冠肺炎疫情影响全球，特别设置国际篇，探讨新冠肺炎疫情对日本、韩国、美国、澳大利亚、欧洲等国家和地区邮轮经济影响及对策等。2020 年也是“十四五”规划开局之年，报告探讨了“十四五”期间中国邮轮产业发展思路、“十四五”期间中国邮轮旅游发展示范区规划思路等，为更好地推动中国邮轮市场高质量发展提供参考。

在此，我对“邮轮绿皮书”编写背后一直努力奉献的编者及工作人员表示衷心的感谢，对一直关心和支持中国邮轮经济发展的各界朋友们表示诚挚的谢意。希望各位同仁持续努力、勇往直前，为更好实现中国邮轮全产业链的高质量发展做出更大的创新，探索中国路径和中国模式。同时，我更加期待，有更多的有志之士加入中国邮轮经济全产业链的发展大潮中，为更好满足人民群众对美好生活的需要而不懈努力，为实现中华民族伟大复兴贡献自己的力量。

交通运输部原部长

中国交通运输协会原会长

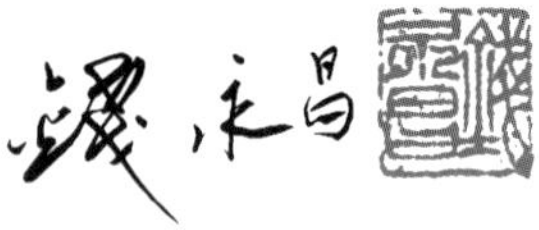

目 录

Ⅰ 总报告

Ⅱ 专题篇

Ⅲ 国际篇

Ⅳ 产业发展篇

Ⅴ 规划政策篇

皮书数据库阅读**使用指南**

总 报 告

General Reports

G.1

2019~2020年全球邮轮产业发展研究：市场规模下行压力巨大，邮轮经济面临严峻挑战

汪 泓　史健勇　梅俊青*

摘　要：　作为环境高度敏感型的邮轮行业，易受到政治、经济、环境、外交等诸多因素的影响，具有先天的环境脆弱性。邮轮属于大型聚集型旅游产品和人群聚集的海上载体，具有人员集中度高、数量大、来源广泛、流动性强、封闭性强等显著特点。新冠肺炎疫情重创邮轮经济，中国邮轮市场首当其冲，2020 年 1 月 29 日起航次全部取消。2020 年，随着新冠

* 汪泓，博士，中欧国际工商学院院长，教授，博士生导师，研究方向：邮轮经济；史健勇，博士，上海工程技术大学党委副书记，教授，研究方向：邮轮经济；梅俊青，硕士，上海吴淞口投资（集团）有限公司，研究方向：邮轮经济。

肺炎疫情在全球的不断蔓延，亚太、北美、欧洲等三大邮轮市场先后停摆，邮轮疫情成为社会舆论关注的焦点，这次全球停航是200年来邮轮行业在和平时期的首次全线停航。嘉年华集团、皇家加勒比游轮、诺唯真游轮等全球前三大邮轮公司股价下跌近80%，市值蒸发超过500亿美元，邮轮港也暂时失去了邮轮靠泊服务收入，意大利芬坎蒂尼集团、云顶香港旗下德国MV Werften造船集团三家邮轮建造船厂也暂时停工。因此，此次疫情给全球邮轮产业发展带来巨大的经济损失，是邮轮产业发展史上影响时间最长、涉及面最广、损失最惨重的一次危机，对邮轮产业未来的发展影响也较为深远。受到疫情的影响，各大邮轮公司收入受到巨大影响，多家邮轮公司面临严峻的资金压力，通过发行股票和公司债的方式筹集资金。这次疫情将会推动邮轮公共卫生安全风险管控体系发生深刻变革，推动邮轮港口出入境卫生检疫设施设备全面升级，推动各大邮轮研发建造厂、邮轮运营公司全面提升应对公共卫生突发事件的能力。

中国是全球最大的邮轮新兴市场和全球第二大邮轮客源国，经历了十年的黄金增长期和两年的市场调整期，正处于迈向高质量发展的关键时期。中国成功防控新冠肺炎疫情不仅为全世界抗击疫情树立了标杆，也让邮轮业界看到了邮轮业重振的希望，加快推动全球邮轮市场格局的调整。全球邮轮业界也普遍认为，这次疫情对邮轮行业的影响是阶段性的，全球邮轮旅游市场长期向好的发展趋势不会改变，依然具有良好发展前景和市场潜力。

关键词： 邮轮产业　邮轮旅游　邮轮市场

一　新冠肺炎疫情前：全球邮轮经济高速增长

（一）全球邮轮运营船队规模继续扩大

近年来，全球邮轮市场规模稳步增长，邮轮业界对邮轮市场的发展前景充满信心，2019 年全球邮轮游客数量达到 3000 万人次。据国际邮轮协会（CLIA）预测，按照正常发展，2020 年全球邮轮市场规模将达到 3200 万人次，2025 年将达到 3760 万人次，具有良好发展前景和市场潜力，但市场规模增长受到新冠肺炎疫情的影响。

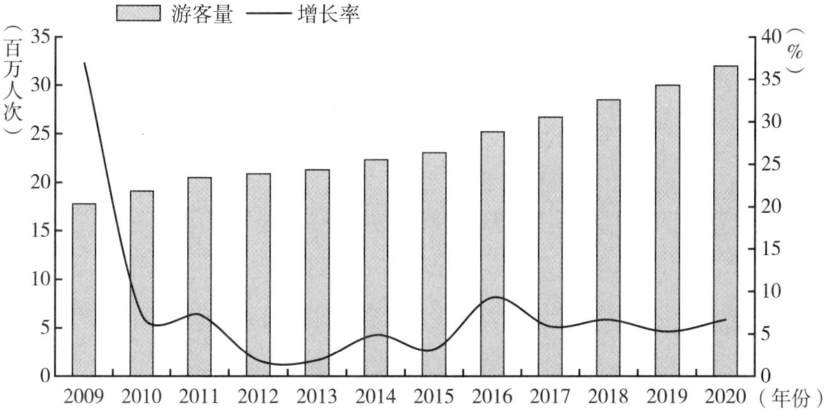

图 1　全球邮轮旅游市场规模增长趋势

资料来源：国际邮轮协会（CLIA）。

2019 年全球范围内新增 24 艘新船，增加 4.24 万个床位，总价值约为 96 亿美元，这是邮轮业史上新船交付量最多的一年。2019 年 2 月 27 日，法国大西洋船厂向 MSC 地中海邮轮正式交付“荣耀号”。2019 年 2 月 28 日，意大利芬坎蒂尼船厂向歌诗达邮轮正式交付建成的“威尼斯号”。2019 年 4 月 11 日，德国迈尔船厂为皇家加勒比建造的超量子系列首艘邮轮“海洋光谱号”正式交付。2019 年 10 月 31 日，法国大西洋船厂向 MSC 地中海邮轮交付的“鸿图号”，造价 8.53 亿美元，是全球第七大邮轮，配备了行业前沿的环保科技，为海洋生态环境的可持续发展建立了新标准。2019 年 12 月，迈尔图库船厂向歌诗达邮轮正式交付“翡翠号”邮轮，这是歌诗达邮轮首艘采用液化天然气动力（LNG）的邮轮，也是继爱达邮轮“AIDAnova”号后全球第二艘在港口和海上使用 LNG 燃料运营的邮轮。2019 年 12 月 7 日，公主邮轮“星空公主号”举行了盛大的命名仪式，总吨位达 14.37 万吨，载客量为 3660 人。

表 1　2019 ~ 2020 年全球范围内交付使用的部分邮轮

单位：万总吨，人

邮轮名称	所属公司	吨位	载客量	交付时间	建造船厂
翡翠号	歌诗达邮轮	18.39	6518	2019	迈尔图库
海洋光谱号	皇家加勒比	16.86	5622	2019	德国迈尔
麦哲伦探险家号	Antarctica21	0.49	69	2019	ASENAV 船厂
朱庇特号	维京游轮	4.78	928	2019	芬坎蒂尼
荣耀号	地中海邮轮	17.10	5386	2019	法国大西洋
鸿图号	地中海邮轮	18.15	4888	2019	法国大西洋
格雷格·莫蒂默	太阳石邮轮	0.80	254	2019	招商工业
星凝天蚀号	星凝邮轮	2.24	228	2019	克罗地亚造船厂
花神号	精致邮轮	0.57	100	2019	—
罗尔德·阿蒙森号	海达路德	2.08	530	2019	挪威 Kleven
布干维尔号	庞洛邮轮	1.0	184	2019	—
Le Kerguelen	庞洛邮轮	1.0	184	2019	—
星空公主号	公主邮轮	14.37	3660	2019	芬坎蒂尼
安可号	诺唯真游轮	16.78	3998	2019	德国迈尔
全景号	嘉年华邮轮	13.35	3954	2019	芬坎蒂尼
梅希夫 2 号	途易邮轮	11.15	3132	2019	迈尔图库
佛罗伦萨号	歌诗达邮轮	13.55	5246	2020	芬坎蒂尼
华彩号	地中海邮轮	18.15	4888	2020	法国大西洋
爱奥娜号	P&O 邮轮	18.39	5200	2020	德国迈尔
冒险精神号	撒加邮轮	5.82	999	2020	德国迈尔
海洋奥德赛号	皇家加勒比	16.90	4198	2020	德国迈尔
水晶奋进号	水晶邮轮	2.00	200	2020	MV 造船集团
奇缘公主号	公主邮轮	14.37	3660	2020	芬坎蒂尼
狂欢节号	嘉年华邮轮	18.08	6338	2020	德国迈尔
银月号	银海邮轮	4.07	596	2020	芬坎蒂尼

资料来源：各大邮轮公司。

2020 年将迎来 23 艘全新的远洋邮轮，为全球邮轮船队增加 3.77 万个床位，新船投资将超过 96 亿美元。歌诗达邮轮“佛罗伦萨号”在意大利芬坎蒂尼船厂建造，2020 年完成交付，延续了“威尼斯号”的设计理念，以文艺复兴起源地佛罗伦萨为灵感，为游客提供意式文化体验。地中海邮轮三艘“传奇 Plus”级邮轮中第二艘下水服役的旗舰邮轮“华彩号”于 2020 年完成交付，成为地中海邮轮第四艘“传奇”级邮轮。德国迈尔船厂（Meyer Werft）在 2020 年将交付 3 艘豪华邮轮，包括 P&O 邮轮公司的第二艘豪华邮轮“爱奥娜号”，这是嘉年华集团旗下最大的邮轮，总吨位为 18.39 万吨，载客量为 5200 人，配备船员 1500 人，将布局挪威峡湾、北欧、加那利群岛、西班牙和葡萄牙海域，是英国市场上有史以来最大的邮轮。公主邮轮不断扩大船队规模，公主邮轮帝王级系列的第五艘船“奇缘公主号”于 2020 年交付。“奇缘公主号”载客量为 3660 人，搭载 1346 名船员。皇家加勒比游轮第二艘超量子级邮轮“海洋奥德赛号”（Odyssey of the Seas）在德国帕彭堡迈尔造船厂建造，总吨位 16.9 万吨，载客量为 4198 人，计划于 2020 年 11 月交付，是第一艘以美国为母港的超量子级系列邮轮。2020 年 3 月，精致邮轮边缘系列（Edge）第二艘邮轮“精致尖峰号”（Celebrity Apex）完成交付，造价 9 亿美元，总吨位 12.95 万吨，载客量 2918 人。嘉年华邮轮建造的 LNG 动力邮轮“狂欢节号”计划于 2020 年 10 月交付，总吨位为 18.08 万吨，载客量为 6338 人，将成为嘉年华邮轮船队品牌中最大的豪华邮轮，也是北美首艘 LNG 动力豪华邮轮。

另外，专为 50 岁以上游客提供邮轮服务的撒加邮轮（Saga Cruises）公司将接收“发现精神号”（Spirit of Discovery）的姊妹船——5.82 万总吨的“冒险精神号”（Spirit of Adventure）邮轮。维珍邮轮（Virgin Voyages）和丽思卡尔顿邮轮是进军邮轮市场的全新品牌。维珍邮轮向意大利芬坎蒂尼船厂订购了 3 艘邮轮，每艘邮轮拥有 1400 余间舱房，可以搭载 2770 名游客和 1160 名船员。仅限 18 岁以上游客的首艘邮轮“绯红女巫号”（Scarlet Lady）于 2019 年 12 月成功试航。丽思卡尔顿邮轮首艘邮轮“发现号”（Evrima），可搭载 298 名游客和 246 名船员，接近 1∶1 的比例，总长度为 190 米，宽度为 23.8

米，总吨位为2.65万吨，船上配备直升机停机坪，原计划于2020年6月交付，由于造船厂工期延误，首航时间改为2021年4月22日。

表2　2027年全球各大邮轮公司船队情况

邮轮公司	邮轮数(艘)	总床位(万个)	品牌数量(个)	接待能力(万人次)	市场份额(%)
嘉年华集团	122	31.94	9	1577.51	39.9
皇家加勒比游轮集团	60	16.84	5	843.02	21.3
MSC地中海邮轮集团	24	8.96	1	456.44	11.5
诺唯真游轮集团	32	7.29	3	353.17	8.9
云顶邮轮集团	15	2.67	3	200.09	5.0

资料来源：各大邮轮公司。

随着全球邮轮市场的不断扩大，邮轮运营船队规模将进一步增加。到2027年，全球最大邮轮运营商嘉年华集团将拥有122艘邮轮，邮轮床位数达到31.94万个；皇家加勒比游轮集团将拥有60艘邮轮，床位总数将达到16.84万个；MSC地中海邮轮集团邮轮数量将达到24艘，床位数将达到8.96万个，成为全球第三大邮轮运营商；诺唯真游轮集团将拥有32艘邮轮，床位总数达到7.29万个；云顶邮轮集团邮轮总数将达到15艘，床位总数将达到2.67万个。

（二）全球邮轮公司纷纷推出创新性产品

皇家加勒比游轮集团通过富有活力的产品及活动为多元家庭客群提供耳目一新的度假体验，与知名早教品牌巧虎全方位跨界合作，打造海上童趣世界，与巧虎联合推出了主题房间与主题航线，通过沉浸式的形象视觉效果与儿童互动体验为亲子家庭增添旅途趣味，通过使儿童成长与家庭度假完美结合，将中国的家庭亲子出行提升到新的高度。在将可可岛打造为全球领先的私属岛屿目的地后，皇家加勒比游轮集团最新私属岛屿目的地项目“莱莱帕岛完美假日”将落地有“南太平洋璀璨明珠”之称的瓦努阿图，将莱莱帕岛打造成为世界上首个实现碳中和的绿色私属游轮目的地。2019年11

月，皇家加勒比游轮集团发布产品创新方向，为宾客提供完美海滩度假体验，将在安提瓜岛建设首家皇家海滩俱乐部，借鉴了皇家加勒比在巴哈马可可岛“完美假日”项目的成功经验，这是专为皇家加勒比游轮集团宾客打造的度假胜地，计划于2021年正式对外开放。

诺唯真游轮集团将在私人岛屿大马镫岛推出全新海滨度假胜地，占地面积270英亩，拥有私人海滩，设有38幢海滨别墅、水疗中心、酒吧及餐厅。星梦邮轮专为亚洲豪华邮轮市场量身打造的“环球梦号”将设全球首个海上主题乐园“星梦乐园”，提供全球最长海上过山车“太空飞船”，率先引入全球首个海上T广场，为游客提供一站式的海上免税购物享受。星梦邮轮“云顶梦号”将全新目的地火山岛屿圣诞岛以及世外桃源般的勿里洞纳入航线版图，带领游客深度探索东南亚旖旎的自然与人文风光。

公主邮轮推出全新的戏剧体验式影音秀《5－SKIES》，通过虚拟游戏世界、宏大壮观的数字特效、扣人心弦的杂技表演、构思精妙的舞台布景以及当代音乐，打造出炫目的视觉盛宴。MSC地中海邮轮集团与太阳马戏团合作，在“传奇”级邮轮上的太阳马戏团海上驻场表演剧目都是非语言性的，消除地理障碍、年龄差异，让每位观众都可参与其中，开创太阳马戏团海上表演的先河。太阳马戏团将专门为地中海邮轮定制八部原创剧目在地中海邮轮“传奇”级邮轮上独家演出，全新打造的两部独家原创剧目《SYMA奇幻岛》和《VARELIA斑斓之恋》专为地中海邮轮游客定制，仅在地中海“荣耀号”上演出。地中海邮轮与国际母婴用品专家贝亲共同宣布展开跨界合作，将其系列优选产品带上全新的旗舰邮轮“荣耀号”，打造180间MSC地中海荣耀号“贝亲宝宝房”。公主邮轮与SES Network进一步扩展网络连接合作，率先接入SES的革新型网络系统，将勋章假期体验推广至公主邮轮整个船队，利用中地球轨道和地球同步轨道混合的卫星网络，为邮轮实现全球覆盖的高性能连接。

（三）全球邮轮港口运营能级进一步增强

邮轮的大型化，对邮轮港口接待能力提出了更高的要求。2019年5月

21 日，上海吴淞口国际邮轮港后续工程通过了项目整体竣工验收，标志着吴淞口国际邮轮港经过三年建设和一年试运行的后续工程完成了各项设计规划内容，工程整体达到了港口正式开放的基本条件，形成同时可接靠 2 艘 15 万吨和 2 艘 22.5 万吨邮轮的总体泊位规模，且整条岸线的建筑结构均具备世界最大绿洲级邮轮的接靠能力。2019 年 9 月，地中海邮轮在迈阿密邮轮港兴建两个邮轮码头的计划获批，新航站楼于 2020 年初开始建造并预计于 2022 年底完工，可同时停靠两艘载客量达 7000 人的大型邮轮，单日可接待游客达 28000 人次。2019 年 11 月 17 日，广州南沙国际邮轮母港正式开港，成为中国最大的国际邮轮母港综合体，总面积超过 35 万平方米，规划岸线 1600 米，建设 10 万总吨和 22.5 万总吨邮轮泊位各 2 个，一期工程岸线总长 770 米，建设规模为 1 个 10 万总吨邮轮泊位、1 个 22.5 万总吨邮轮泊位和一座建筑面积 6 万平方米的航站楼，年设计通过能力 75 万人次，一期、二期工程全部建成后，年通过能力不低于 150 万人次。

2019 年 12 月，地中海邮轮合作兴建的南非新德班邮轮码头破土动工，预计将于 2021 年 1 月投入运营。地中海邮轮开放了在巴哈马的新私人岛屿海洋礁自然保护区，海洋礁地中海海洋保护区是一座位于巴哈马比米尼群岛南部的岛屿，岛上将有专门建造的泊位和码头，是地中海邮轮为其游客打造的专属度假胜地。那不勒斯是意大利第三大邮轮港口，在地中海区域拥有重要的地位，2020 年将新增一个邮轮泊位，可以实现“四船同靠”，进一步提升邮轮港口的竞争力和国际地位。嘉年华集团投资建设位于佐世保港的新港口，并于 2020 年投入运营，根据为期 20 年的协议，嘉年华集团及其旗下邮轮品牌将享有优先停泊权。位于东京都江东区的东京国际邮轮码头工程总投资额达 3.8 亿美元，于 2020 年建成，码头长 430 米，水深 11.5 米，可接待世界最大型绿洲级邮轮。日本石川县金泽港新建邮轮专属航站楼，计划于 2020 年竣工，将成为邮轮进出石川县的“海上大门”。

希腊比雷埃夫斯港是地中海东部的主要母港。2020 年 2 月 25 日，希腊比雷埃夫斯港邮轮码头扩建工程举行开工仪式，扩建项目包括新建 2 个邮轮深水泊位，建成后新泊位可靠泊目前全球最大的长 360 米、载客量 6000 人

表3 全球范围内新建的邮轮码头

邮轮码头	所在地区	码头情况	完工时间
上海吴淞口国际邮轮港后续工程	中国上海	可同时接靠2艘15万吨和2艘22.5万吨邮轮	2019
广州南沙国际邮轮母港	中国广州	10万总吨和22.5万总吨邮轮泊位各2个	2019
东京国际邮轮码头	日本东京	可接待世界最大型绿洲级邮轮	2020
佐世保港新邮轮码头	日本佐世保	嘉年华集团及旗下邮轮品牌将享有优先停泊权	2020
金泽港新建邮轮专属航站楼	日本石川县	邮轮进出石川县的“海上大门”	2020
那不勒斯港	意大利那不勒斯	新增一个邮轮泊位	2020
阿拉斯加克奇坎沃德湾码头	克奇坎沃德湾	可同时容纳两艘载客量4000人的邮轮	2020
南非新德班邮轮码头	南非新德班	新建邮轮专用码头	2021
地中海邮轮新建两个专用码头	美国迈阿密	可同时停靠两艘载客量达7000人的大型邮轮	2022
迈阿密F邮轮码头	美国迈阿密	嘉年华北美区域最大的航站楼	2022
希腊比雷埃夫斯港	希腊比雷埃夫斯	新建2个邮轮深水泊位	2023

资料来源：各大邮轮相关网站。

的邮轮，扩建项目于2023年完成，将巩固比雷埃夫斯港在地中海邮轮产业中的母港地位，力争打造成地中海地区最大的邮轮港口。嘉年华集团积极推动全球邮轮港口的发展，全面翻新并大幅度扩建位于迈阿密的F邮轮码头，将于2022年10月开放使用，将建成嘉年华北美区域最大的航站楼，并且在大巴马打造一个新的邮轮港口目的地，同时在小圣萨尔瓦多岛新建一个邮轮码头。巴西政府计划建造至少15个新邮轮港口。诺唯真游轮与Ward Cove Dock集团签订为期30年优先停泊协议，于阿拉斯加克奇坎沃德湾建造全新双船码头，同时容纳两艘载客量4000人的邮轮。

（四）全球邮轮企业运营盈利能力持续增强

近年来，随着世界邮轮旅游市场的持续向好，全球五大邮轮运营集团盈利能力持续向好。2019 年嘉年华集团营业收入为 208. 25 亿美元，同比上涨 10. 3%，其中有近 70% 的收入来自船票收入，30% 的收入来自赌场、酒吧、温泉等邮轮船上消费项目，船上收入毛利率高达 66%，净利润为 29. 9 亿美元，受燃料价格上升及汇率波动的影响，同比下跌 5. 1%，净利润率为 14. 4%。

表 4　2019 年全球三大邮轮公司营收情况

单位：亿美元，%

邮轮公司	营业收入		增长率	净利润		增长率	净利润率		增长率
	2018 年	2019 年		2018 年	2019 年		2018 年	2019 年	
嘉年华集团	188. 8	208. 3	10. 3	31. 5	29. 9	-5. 1	16. 7	14. 4	-13. 9
皇家加勒比游轮集团	94. 9	109. 5	15. 4	18. 2	19. 1	4. 9	19. 2	17. 4	-9. 0
诺唯真游轮集团	60. 6	64. 6	6. 6	9. 5	9. 3	-2. 1	15. 7	14. 4	-8. 2

资料来源：三大邮轮公司 2019 年财报。

2019 年皇家加勒比游轮集团营业收入为 109. 5 亿美元，同比增长 15. 4%，净利润为 19. 1 亿美元，同比增长 4. 9%，净利润率为 17. 4%。2019 年诺唯真游轮集团实现营业收入 64. 6 亿美元，同比增长 6. 6%，净利润 9. 3 亿美元，同比下跌 2. 1%，净利润率为 14. 4%。2019 年地中海邮轮集团净利润为 4. 05 亿欧元，运营收入为 32 亿欧元，而 2018 年全年净利润为 3. 48 亿欧元，运营收入为 27 亿欧元。息税折旧摊销前利润为 8. 58 亿欧元，较上年增长 15. 6%。燃料费用从 2018 年的 1. 96 亿欧元增长至 2. 44 亿欧元，这主要是由于能源价格上涨。MSC 地中海邮轮集团 2019 年载客量 270 万人次，较上年增加了 16. 2%。

国际邮轮协会数据显示，2018 年美国邮轮市场规模达到 1300 万人次，邮轮产业对美国经济贡献超过 527 亿美元，邮轮乘客和邮轮公司船员在美国的岸上消费达到创纪录的 239. 6 亿美元，邮轮业为美国经济创造了 42. 17 万个工作岗位，支付超过 231. 5 亿美元的薪金。据英国联合港口公司（Associated British Ports）估计，每艘邮轮停靠港口都将拉动英国经济增长约 200 万英镑。

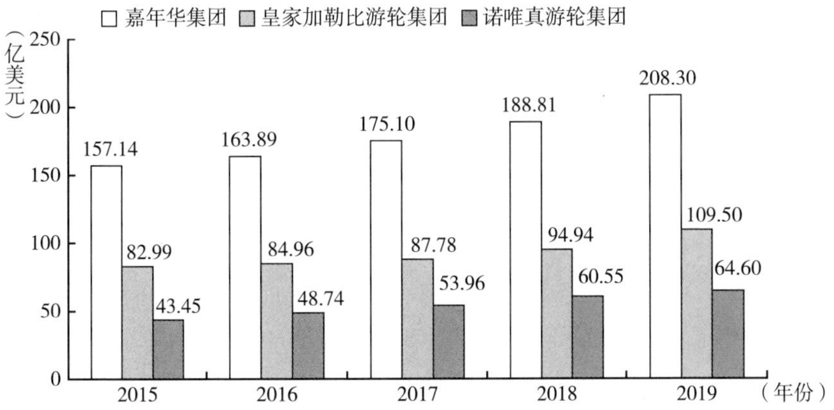

图 2　三大邮轮运营商总收入情况

资料来源：三大邮轮公司 2019 年财报。

（五）全球邮轮建造市场需求旺盛

近年来，全球邮轮建造市场保持供不应求的局面，并且这种局面在未来十年仍将持续。地中海航运集团与芬坎蒂尼船厂完成四艘高奢邮轮合同的最终签署，订单总价值超过 20 亿欧元，每艘的总吨位约为 6.4 万吨，拥有 481 间客舱，首艘高端奢华邮轮将于 2023 年春季完成交付，到 2026 年，其余三艘将会逐年投入使用。意大利芬坎蒂尼船厂为地中海邮轮建造的“海际线号”在意大利蒙法尔科内船坞举行硬币仪式，是两艘“海岸线加强版”级邮轮中的第一艘，总吨位 16.95 万吨，总长度 339 米，舱房总数 2270 间，最大载客量 5877 人，船员数 1648 人，将于 2021 年 6 月正式下水。2020 年 6 月，地中海在法国大西洋船厂法国圣纳泽尔船坞为“欧罗巴号”（World Europa）举行硬币仪式，这是地中海邮轮第一艘液化天然气动力邮轮，也是法国建造的第一艘液化天然气动力邮轮，运用固体氧化物燃料电池技术，应用以液化天然气为动力的燃料电池，总登记吨位 20.5 万吨，将于 2022 年下水。2020 年 1 月 20 日，地中海邮轮与法国大西洋船厂宣布签署了建造第三艘和第四艘“世界”级液化天然气动力邮轮的正式协议，这两艘邮轮分别将于 2025 年和 2027 年完成交付，到 2027 年地中海邮轮将迎来 13 艘新型邮轮。

表 5　2020 年全球范围内新建造邮轮

单位：吨，人

邮轮公司	邮轮名称	建造船厂	总吨位	载客量
维珍邮轮	Valiant Lady	意大利芬坎蒂尼船厂	110000	2800
歌诗达邮轮	Unnamed	意大利芬坎蒂尼船厂	135500	4200
林得布拉德	Unnamed	克罗地亚 Uljanik 船厂	12300	126
精致邮轮	Celebrity Beyound	法国大西洋船厂	117000	2900
丽晶七海邮轮	Seven Seas Splendor	意大利芬坎蒂尼船厂	54000	738
星梦邮轮	环球梦号	云顶 MV Werften 集团	204000	5000
嘉年华邮轮	Unnamed	迈尔图库船厂	180000	5200
P&O 邮轮	Iona	德国迈尔船厂	180000	5200
庞洛邮轮	Le Bellot	芬坎蒂尼/沃德船厂	10000	184
传奇邮轮	Spirit of Adventure	德国迈尔船厂	55900	972
水晶探险游艇	Crystal Endeavor	云顶 MV Werften 集团	25000	200
水晶探险游艇	Endeavor 2	云顶 MV Werften 集团	25000	200
地中海邮轮	Meraviglla Plus	法国大西洋船厂	177000	4900
庞洛邮轮	Le Surville	芬坎蒂尼/沃德船厂	10000	184
太阳石	Unnamed	招商局工业	8000	180

资料来源：国际邮轮协会（CLIA）。

嘉年华邮轮“嘉年华庆典号”将于 2022 年 11 月从迈阿密港开启首航，嘉年华“狂欢节号”邮轮将于 2021 年 2 月 6 日从佛罗里达州卡纳维拉尔港开启首航。歌诗达邮轮集团投资超过 60 亿欧元积极开展船队扩张计划，预计在 2023 年前新增 7 艘新船，其中 5 艘为液化天然气驱动船只。公主邮轮“寻梦公主号”总吨位达 14. 37 万吨，载客量为 3660 人，正在意大利蒙法尔科内芬坎蒂尼船厂建造，将于 2021 年 11 月投入运营。公主邮轮在意大利芬坎蒂尼集团建造两艘 17. 5 万吨、载客量为 4300 人的新一代液化天然气驱动邮轮，分别将于 2023 年和 2025 年交付，其将成为意大利有史以来建造的最大船舶。精致邮轮在法国大西洋船厂下单订造了第五艘边缘级（Edge）邮轮，这艘新船长 327 米、宽 39 米、总吨位达 14. 06 万吨，预计将于 2024 年秋季交付，第三和第四艘边缘级（Edge）邮轮计划分别于2021年和2022年交付。皇家加勒比游轮集团于2020～2027年推出19艘新船，涉及旗下皇家加勒比国际游轮、精致邮轮、银海邮轮、途易邮轮等多个品牌，新船将带来55000个床位，合计造价约137.5亿美元。

表6　皇家加勒比游轮集团新船计划

单位：亿美元，万总吨

邮轮品牌	船名	造价	吨位	造船厂	运营区域	交付日期
银海邮轮	Silver Origin	0.75	0.57	De Hoop	加拉帕戈斯	2020
	Silver Moon	3.7	4.07	芬坎蒂尼集团	全球	2020
	Silver Dawn	3.8	4.07	芬坎蒂尼集团	全球	2021
	未命名	—	—	德国迈尔船厂	全球	2022
	—	—	—	德国迈尔船厂	全球	2023
精致邮轮	巅峰号	9	12.95	大西洋船厂	地中海	2020
	未命名	9	12.95	大西洋船厂	—	2021
	未命名	9	12.95	大西洋船厂	—	2022
	未命名	9	12.95	大西洋船厂	—	2024
皇家加勒比国际	奥德赛号	9.5	16.70	德国迈尔船厂	加勒比海	2020
	海洋奇迹号	13	22.76	大西洋船厂	中国	2021
	未命名	11	20.00	德国迈尔船厂	—	2022
	未命名	13	23.10	大西洋船厂	—	2023
	未命名	11	20.00	德国迈尔船厂	—	2024
	未命名	11	20.00	德国迈尔船厂	—	2025
赫伯罗特邮轮	H/Spirit	1.55	1.61	芬坎蒂尼集团	全球	2021
途易邮轮	迈希夫七号	6.25	11.00	德国迈尔船厂	欧洲	2023
	未命名	8.5	16.10	芬坎蒂尼集团	—	2024
	未命名	8.5	16.10	芬坎蒂尼集团	—	2026

资料来源：国际邮轮协会（CLIA）。

云顶香港有限公司与由德国复兴贷款伊佩克斯银行牵头的银团签订贷款协议，为星梦邮轮旗下两艘“环球级”邮轮的前期建造及投入运营提供26亿欧元的贷款。2019年12月9日，云顶邮轮集团在德国MV Werften造船集团罗斯托克船厂为星梦邮轮20.8万总吨的第二艘“环球级”邮轮举行龙骨铺设仪式，总吨位达 8.8 万吨、可载客 2000 人的“寰宇级”邮轮的设计及建造工作已同步启动，以液化天然气作为驱动动力，在提供丰富设施的同时可保持恰当的乘客空间比例，预计首艘“寰宇级”邮轮将于 2022 年底交付。水晶邮轮首艘总吨位达 6.7 万吨的“钻石级”邮轮将于 2022 年加入船队，丽星邮轮将于 2023 年迎来首艘“现代级”邮轮。

维京游轮第七艘邮轮“维京金星号”（Viking Venus）计划于 2021 年初在地中海和北欧地区开启首航，总吨位为 4.78 万吨，拥有 465 间客房，载客量 930 人。维珍邮轮第二艘“Valiant Lady”号总吨位 11 万吨，载客量为 2770 人，拥有 1160 名船员，预计将于 2021 年 5 月下水，第三艘将在 2022 年下水。2019 年 11 月，芬坎蒂尼船厂在荷兰马格拉港（威尼斯）为荷美邮轮“Ryndam”号举行龙骨铺设仪式，总吨位为 9.98 万吨，拥有 1340 间舱房，计划于 2021 年交付。希腊天鹅公司（Swan Hellenic）重返邮轮业务，公司总部设在塞浦路斯，运营部门设在摩纳哥，由芬兰赫尔辛基造船厂建造的首艘邮轮将于 2021 年 11 月交付并布局于南极洲，第二艘将于 2022 年 4 月下水。

（六）全球邮轮建造厂盈利能力显著增强

目前，全球邮轮建造企业主要分布在欧洲的意大利、德国、芬兰、法国。欧洲邮轮修造技术水平处于世界绝对优势地位，具备成熟完整的邮轮修造供应链，为造船企业创造巨额的利润收益。德国迈尔船厂收购芬兰图库船厂后，世界邮轮建造领域形成“三足鼎立”，分别为芬坎蒂尼集团、法国大西洋船厂、德国迈尔集团。它们是世界豪华邮轮的主要供应商，掌握了豪华邮轮建造的核心技术，拥有丰富的建造经验。若意大利芬坎蒂尼集团成功收购法国大西洋船厂，邮轮建造市场将被意大利和德国造船企业控制，全球邮轮建造市场垄断格局将进一步强化。截至 2020 年 7 月 31 日，全球邮轮手持订单量为 112 艘，总吨位为 1017.9 万吨，其中 7 万总吨以上的大型邮轮订单为 56 艘，总吨位为 862.7 万吨，7 万总吨以下的中小型邮轮订单有 56 艘，总吨位 155.2 万总吨。

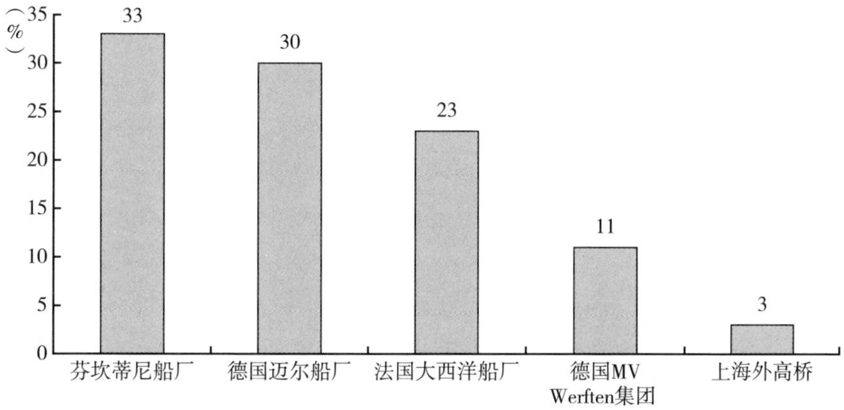

图3　2020年全球7万总吨以上的大型邮轮建造订单分布情况

资料来源：克拉克森。

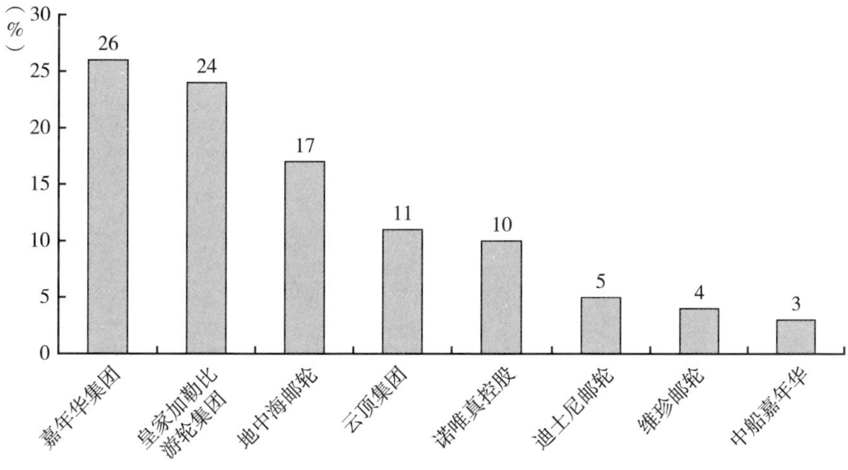

图4　2020年全球7万总吨以上大型邮轮订单船东分布情况

资料来源：克拉克森。

自1990年以来，世界上最大的造船集团之一芬坎蒂尼集团已建造了98艘邮轮，该集团所有船厂正在设计或建造的有48艘邮轮。在过去5年，芬坎蒂尼集团每年交付4～5艘邮轮。得益于邮轮业务的增长，2019年芬坎蒂尼集团营业收入达到58.49亿欧元，同比增长8%，邮轮业务收入同比增长

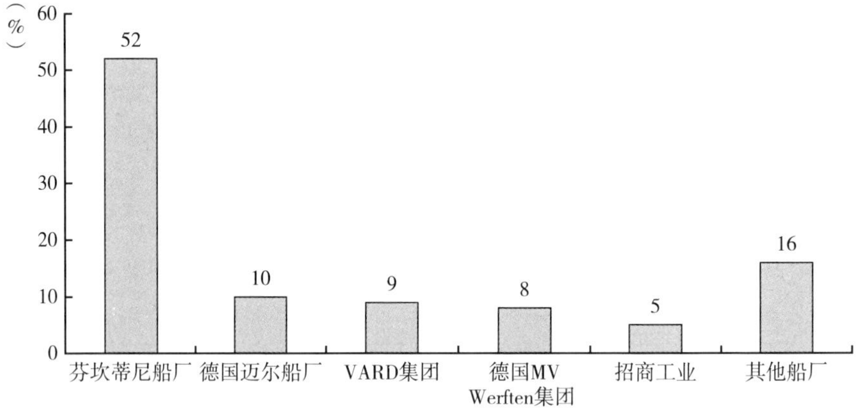

图5　2020年全球7万总吨以下的大型邮轮建造订单分布情况

资料来源：克拉克森。

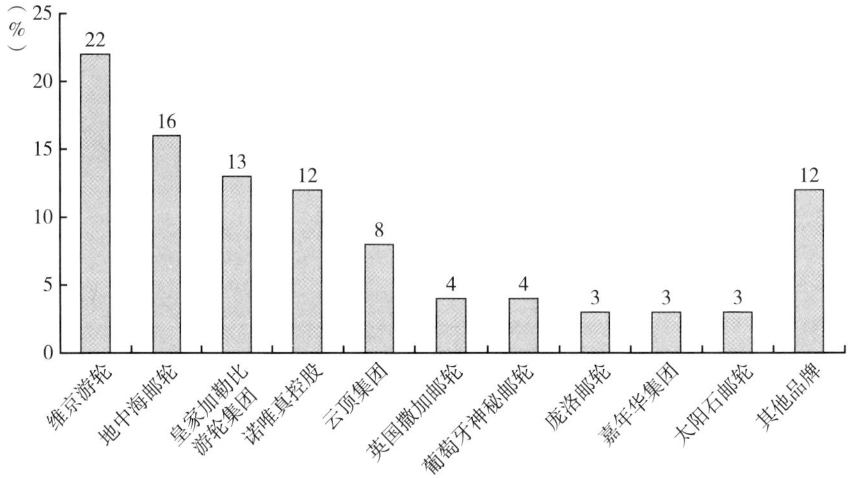

图6　2020年全球7万总吨以下中小型邮轮订单船东分布情况

资料来源：克拉克森。

10.8%，达到35.74亿欧元，新增员工3200名。受挪威子公司VARD负面业绩和重组影响，集团亏损1.48亿欧元。集团手持订单量达到109艘，价值2500亿元人民币。2019年芬坎蒂尼集团旗下12家船厂共计交付了26艘新船，其中包括 4 艘邮轮、4 艘探险邮船、3 艘海军舰船以及 15 艘海工和特种船舶。

表 7　2019 年芬坎蒂尼集团基本情况

项目	基本数据	项目	基本数据
集团总收入	58 亿欧元	交付新船数	26 艘
税息折旧及摊销前利润	3. 2 亿欧元	交付邮轮数	8 艘
利润率	5. 5%	新船订单	28 艘
净收入	-1. 48 亿欧元	邮轮新订单	13 艘
非常规项目的支出	6700 万欧元	邮轮订单总额	60 亿欧元
终止运营造成的损失	2400 万欧元	新船订单金额	87 亿欧元
净债务总额	7. 36 亿欧元	未交付订单总额	327 亿欧元
新增员工	3200 名	到 2027 年待交付新船数	98 艘
2020 年将交付邮轮数	5 艘	到 2027 年待交付新船金额	286 亿欧元

资料来源：芬坎蒂尼集团。

2019 年芬坎蒂尼集团接单量总计达到 28 艘，价值 86. 92 亿欧元，其中新增邮轮订单为 13 艘，主要来自大洋邮轮、丽晶七海邮轮、维京游轮、地中海邮轮、公主邮轮、庞洛邮轮等六家邮轮公司，总价值约 60 亿欧元。截至 2019 年 12 月 31 日，芬坎蒂尼集团待交付的订单总金额约为 327 亿欧元，到 2027 年共有 98 艘新船等待交付，金额为 286 亿欧元，其他待交付的订单金额为 41 亿欧元。当前，德国迈尔船厂手持订单包括 9 艘豪华邮轮，其中有 7 艘为 LNG 动力邮轮，交付时间已经安排到 2023 年底。德国迈尔船厂耗资约 4000 万欧元建设了一个现代化的物流中心，将于 2021 年初完工。该中心建成后将提升物料运输效率并减少对外部储存设施的利用。

（七）全球邮轮翻修市场发展潜力巨大

根据国际邮轮运营惯例，每艘邮轮平均每 3 年进行一次坞修，周期平均 14 天，每艘大型邮轮的翻修改造成本为 1000 万 ~5000 万美元，主要是内装工程翻修。全球邮轮翻修业务主要集中在迈阿密、德国、巴哈马以及新加坡等地区。丽星邮轮花费5000万美元对“处女星号”进行改造后，其将加入星梦邮轮船队以“探索梦号”的名字开展运营。诺唯真投入5000万美元对“喜悦号”进行全面翻新。嘉年华邮轮耗资2亿美元对船龄近20年的“凯旋号”邮轮进行为期2个月的更新改造，全面提升设施先进性，并改名为“日出号”，于2019年4月完成改造。皇家加勒比游轮集团斥资近1亿美元对“海洋航行者号”进行升级装修，2019年10月底在新加坡下水投入运营。邮轮升级后为游客带来8大全新设施与22处升级设施，包括：全新来到中国市场的名为“完美风暴”的水滑道，为游客提供充满刺激的速度体验；以“Z星球争霸”为主题的镭射对决游戏，让家长和孩子共同沉浸于夜光竞技氛围；全新设计改造的“海上历奇青少年中心”和“水疗与健身中心”，以及套房客人专享的户内户外酒廊。皇家加勒比游轮集团耗资1.16亿美元对“海洋自由号”进行改造，推出包括完美风暴双人水滑道、重新设计的加勒比泳池景观、首次亮相的特色意式餐厅以及全新设计的儿童和青少年活动区等，青少年将拥有专属的聚会区，配有电影、游戏机和音乐等娱乐设备，还有设在户外甲板的全新专属休息区。皇家加勒比游轮集团耗资1.65亿美元对“海洋魅力号”进行为期58天的改造，包括堪称海上最高滑道的“终极深渊”、拥有三条滑道的“完美风暴”水上乐园、全新设计的青少年活动区“海上历奇中心”，首家特色意式餐厅和酒吧以及量子系列邮轮的原创悦音厅等。地中海邮轮投资1.4亿美元对“华丽号”进行加长改装，并将于2021年夏季前完成，改装内容包括船体加长23米，新增215个新舱房，以及一个水上乐园、一个新的购物区、两个新的餐厅和一个重新设计的儿童区。2019年10月30日，歌诗达邮轮斥资5500万美元翻新“新里维埃拉号”，改造后其将加入爱达邮轮船队。“大西洋号”邮轮在长崎港内的三菱重工业长崎造船厂维修。

2020年4月3日，星旅远洋邮轮“鼓浪屿号”前往舟山港维修，4月24日改造全面完成，改造后邮轮上的免税店跨越6～7层甲板，面积由原来的250平方米扩容至650平方米；升级剧院音响、舞台设备以增强演绎效果；健身房铺设专用减震地板，合理布局训练室，使用体育运动高级地垫，升级 13 楼跑道，为游客提供晨练体验；全面更新 10 楼阳台房的阳台地板；完成对 12 楼水花吧的吧台、椅子、扶手等的打磨油漆升级。另外，特别增设了优先登离船、贵宾私人导购、专属管家、免费 WiFi、独立私密的用餐区等套房客人定制专属礼遇。蓝梦邮轮“蓝梦之星号”于 2020 年 6 月 1 日抵达舟山中远海运重工进行改造升级工程，这是舟山中远海运重工承接的第 7 艘次豪华邮轮修理项目，主要涉及主机辅机检修保养、全船油漆及公共区域升级改造等。

表 8　2019 ~ 2020 年邮轮翻修案例

邮轮公司	邮轮名称	耗费资金
星梦邮轮	探索梦号	5000 万美元
诺唯真游轮	喜悦号	5000 万美元
嘉年华邮轮	凯旋号	2 亿美元
皇家加勒比游轮	海洋航行者号	1 亿美元
皇家加勒比游轮	海洋自由号	1.16 亿美元
皇家加勒比游轮	海洋魅力号	1.65 亿美元
地中海邮轮	华丽号	1.4 亿美元
歌诗达邮轮	新里维埃拉号	5500 万美元
中船嘉年华邮轮	大西洋号	—
星旅远洋邮轮	鼓浪屿号	—
蓝梦邮轮	蓝梦之星号	—

资料来源：国际邮轮协会（CLIA）。

二　新冠肺炎疫情阶段：全球邮轮发展形势严峻

（一）全球邮轮运营受到疫情影响全面暂停

受新冠肺炎疫情影响，2020 年全球邮轮市场规模将出现显著下滑。全球范围内部分邮轮港口因担心新冠病毒会对当地造成影响而拒绝邮轮停靠。

由于被怀疑邮轮上存在新型冠状病毒感染者，2020年2月2～11日，荷美邮轮“威士特丹号”先后被菲律宾、中国台湾、日本、韩国、关岛、泰国拒绝靠港，2020年2月13日停靠在柬埔寨西哈努克港。为避免邮轮靠泊造成疫情传播，2020年2月7日起，日本禁止搭乘邮轮的外国人入境；2020年2月10日，韩国政府决定暂时禁止所有邮轮入境；2020年3月8日起，马来西亚禁止所有邮轮停泊；2020年3月9日，印度宣布所有港口禁止所有外国邮轮停靠入境；2020年3月11日，摩纳哥公国禁止一切邮轮停靠其港口以及领海区域；2020年3月13日，新加坡海事与港口管理局（MPA）宣布立即停止所有邮轮的港口停靠；2020年3月14日，新西兰宣布禁止所有邮轮靠岸；2020年3月15日，新加坡禁止过去14天内有意大利、法国、西班牙和德国旅行史的游客入境或过境；澳大利亚禁止从外国港口出发的邮轮停靠澳大利亚，为期30天；西班牙禁止来自意大利的客船以及从其他地方前往西班牙港口的邮轮进入；希腊禁止邮轮和包租游艇在其境内港口停靠，同时暂停与邻国意大利的所有客运交通。

表9　国际邮轮协会关于COVID－19的旅行指令（3月4日）

指令	指令内容
指令一	登船前14天内从韩国、伊朗、中国(包括香港和澳门)以及任何受意大利政府隔离措施管制的城市中出发或者中转的所有人，禁止登船
指令二	在登船前14天内，对在美国疾病控制与预防中心官网上列出的任何目的地有过旅行、访问或中转的所有人进行疾病筛查。疾病筛查包括症状史检查，检查登船前14天内是否发烧、咳嗽和呼吸困难，并进行体温检查
指令三	对于登船前14天内与怀疑或诊断为COVID－19的任何人接触或提供帮助或正在接受健康监测而有可能暴露于COVID－19的所有人员，禁止登船
指令四	登船前进行必要的检查以实施这些预防措施。如有需要，应向表现出疑似COVID－19症状的任何人提供筛查和初始医疗支持

资料来源：国际邮轮协会（CLIA）。

2020年2月3日，国际邮轮协会（CLIA）发布声明，暂停从中国大陆出发的船员往来，禁止过去14天内从中国大陆出发或者途经中国大陆的任何个人登船，包括乘客和船员。为保障游客和船员的健康和安全，2020 年 2 月 27 日，国际邮轮协会宣布，禁止启航前 14 天内访问过韩国的所有游客和船员登船，并且禁止新冠病毒疑似病例以及 14 天内接触过确诊患者的旅客和船员登船。2020 年 3 月 4 日，国际邮轮协会更新关于新冠肺炎疫情的旅行禁令，禁止中国、韩国、伊朗和意大利四个国家和地区的游客乘坐邮轮。2020 年 3 月 11 日，维京游轮宣布暂时暂停旗下全部 67 艘远洋和内河邮轮航程。2020 年 3 月 13 日，国际邮轮协会发布公告称，随着公共卫生官员和美国政府持续采取应对新冠肺炎疫情措施，在未来 30 天自愿暂停运营以美国为停靠港的邮轮。2020 年 3 月 14 日，迪士尼邮轮公司宣布暂停所有航班运营。2020 年 4 月 9 日，美国疾病控制与预防中心延长邮轮禁航令，指出有 20 艘停靠在美国港口或锚地的邮轮有船员疑似或确诊感染新冠病毒。

2020 年 6 月 19 日，国际邮轮协会宣布其成员邮轮公司自愿延长暂停美国出发的航班至 9 月 15 日。2020 年 7 月，美国疾病控制与预防中心要求在美国水域运营的载客量超过 250 名游客（包括船员）的船舶停航至 9 月 30 日，或直到不再发生公共卫生事件。2020 年 8 月，国际邮轮协会宣布其成员邮轮公司停航延期到 10 月 31 日。2020 年 8 月 4 日，挪威政府宣布未来 14 天内限制载客 100 人以上的邮轮在该国海域的航行。嘉年华邮轮北美航线暂停至 11 月 1 日，澳新航线暂停至 10 月 29 日。皇家加勒比游轮集团停航至 2020 年 11 月 1 日，阿拉斯加、加拿大、百慕大等区域的航线 2020 年全年取消。公主邮轮澳新航线停航至 10 月 30 日，其他航线停航至 12 月 15 日。部分邮轮公司停航到 2021 年，如水晶邮轮停航至 2021 年 1 月 3 日，星瀚邮轮停航至 2021 年 3 月 6 日。歌诗达邮轮“唯美号”和“钻石皇冠号”分别于 9 月 6 日和 9 月 19 日复航。爱达邮轮于 9 月 6 日从德国基尔港口恢复运营，“珍珠号”于 9 月 12 日、19 日和 26 日从汉堡启航前往挪威峡湾，但除基尔和汉堡航次外的其他邮轮停航至 9 月 30 日。马雷拉邮轮“探险家号”在 10 月 2 日从希腊克尔基拉复航。

表 10　新冠肺炎疫情对全球邮轮运营的影响

序号	邮轮公司	停航计划
1	风星邮轮	邮轮停航至 2020 年 10 月 15 日
2	歌诗达邮轮	邮轮停航至 2020 年 9 月 5 日
3	爱达邮轮	邮轮停航至 2020 年 9 月 5 日
4	星瀚邮轮	邮轮停航至 2021 年 3 月 6 日
5	水晶邮轮	邮轮停航至 2021 年 1 月 3 日
6	丽晶七海邮轮	邮轮停航至 2020 年 11 月 1 日
7	诺唯真游轮	邮轮停航至 2020 年 11 月 1 日
8	公主邮轮	澳新航线停航至 10 月 30 日,其他航线停航至 12 月 15 日
9	荷美邮轮	邮轮停航至 2020 年 12 月 16 日
10	世邦邮轮	邮轮停航至 2020 年 11 月 20 日
11	精钻邮轮	邮轮停航至 2020 年 11 月 1 日
12	精致邮轮	邮轮停航至 2020 年 11 月 1 日
13	银海邮轮	邮轮停航至 2020 年 10 月 10 日
14	荷美邮轮	邮轮停航至 2020 年 12 月 15 日
15	嘉年华邮轮	北美航线停航至 2020 年 11 月 1 日,澳新航线停航至 10 月 29 日
16	冠达邮轮	邮轮停航至 2020 年 10 月 31 日
17	P&O 邮轮	邮轮停航至 2020 年 11 月 12 日
18	P&O 澳大利亚	邮轮停航至 2020 年 10 月 30 日
19	途易邮轮	邮轮停航至 2020 年 7 月 24 日
20	迪士尼邮轮	邮轮停航至 2020 年 11 月 1 日
21	地中海邮轮	邮轮停航至 2020 年 8 月 16 日
22	大洋邮轮	邮轮停航至 2020 年 11 月 1 日
23	保罗高更邮轮	邮轮停航至 2020 年 7 月 11 日
24	庞洛邮轮	邮轮停航至 2020 年 7 月 11 日
25	夸克探险邮轮	邮轮停航至 2020 年 9 月 20 日
26	皇家加勒比游轮	邮轮停航至 2020 年 11 月 1 日
27	维京游轮	邮轮停航至 2021 年 1 月 1 日
28	维珍邮轮	首航日期为 2020 年 11 月 1 日
29	巴哈马天堂邮轮	邮轮停航至 2020 年 10 月 1 日
30	马雷拉邮轮	邮轮停航至 2020 年 9 月 30 日

资料来源：各大邮轮公司公告。

（二）全球多艘邮轮出现新冠肺炎疫情

随着新冠肺炎疫情的全球蔓延，公主邮轮“钻石公主号”“至尊公主号”“红宝石公主号”“珊瑚公主号”，荷美邮轮“赞丹号”，银海邮轮“银影号”“探险号”，歌诗达邮轮“维多利亚号”“至臻号”，澳大利亚极光探险邮轮“格雷格·莫蒂默号”等均出现确诊病例。公主邮轮面向全球招募专业的清洁与消毒服务提供商，借助经科学研究证实的先进清洁与消毒技术对“钻石公主号”进行全面消毒。美国疾病控制与预防中心提出已确认的新冠肺炎疫情病例可追溯到全球至少25艘邮轮，要求在美国下船的乘客和船员隔离14天。2020年4月13日，嘉年华邮轮宣布所有2020年6月26日前的北美船队行程取消，取消纽约以外的“日出号”季节性行程，包括夏季和秋季行程，直至2020年底。

全球范围出现新冠肺炎疫情的邮轮41艘，病毒感染总人数2519人。按公司分布如下：嘉年华集团旗下15艘，其中嘉年华邮轮2艘，公主邮轮6艘，歌诗达邮轮5艘，荷美邮轮1艘，中船嘉年华邮轮1艘；皇家加勒比集团旗下13艘，皇家加勒比国际游轮7艘，精致邮轮4艘，银海邮轮2艘；诺唯真游轮4艘；星梦邮轮1艘；极光探险邮轮1艘；迪士尼邮轮1艘；地中海邮轮2艘；其余邮轮品牌4艘。在邮轮疫情区域分布上，亚洲3艘、大洋洲6艘、北美洲20艘、南美洲4艘、欧洲8艘。

表11　全球范围出现新冠肺炎疫情的邮轮

序号	邮轮	发生国家和地区	所属区域	感染人数	所属公司
1	钻石公主号	日本	亚洲	721	公主邮轮
2	大西洋号	日本	亚洲	149	中船嘉年华邮轮
3	世界梦号	中国	亚洲	8	星梦邮轮
4	红宝石公主号	澳大利亚	大洋洲	663	公主邮轮
5	阿塔尼亚号	澳大利亚	大洋洲	27	Phoenix Reisen
6	海洋航行者号	澳大利亚	大洋洲	26	皇家加勒比国际游轮
7	海洋赞礼号	澳大利亚	大洋洲	23	皇家加勒比国际游轮

续表

序号	邮轮	发生国家和地区	所属区域	感染人数	所属公司
8	至尊号	澳大利亚	大洋洲	11	精致邮轮
9	黄金公主号	新西兰	大洋洲	2	公主邮轮
10	海洋绿洲号	美国	北美洲	157	皇家加勒比国际游轮
11	至尊公主号	美国	北美洲	78	公主邮轮
12	Gate 1 Travel	美国	北美洲	45	阿萨拉邮轮
13	奇迹号	美国	北美洲	38	迪士尼邮轮
14	海洋交响号	美国	北美洲	31	皇家加勒比国际游轮
15	自由号	美国	北美洲	14	嘉年华邮轮
16	珊瑚公主号	美国	北美洲	12	公主邮轮
17	赞丹号	巴拿马	北美洲	9	荷美邮轮
18	布雷默号	美国	北美洲	5	诺唯真游轮
19	海洋帝王号	美国	北美洲	2	皇家加勒比国际游轮
20	尖峰号	美国	北美洲	217	精致邮轮
21	海洋珠宝号	美国	北美洲	2	皇家加勒比国际游轮
22	太阳公主号	美国	北美洲	1	公主邮轮
23	勇气号	美国	北美洲	1	嘉年华邮轮
24	无极号	美国	北美洲	1	精致邮轮
25	海洋探险者号	美国	北美洲	1	皇家加勒比国际游轮
26	极乐号	美国	北美洲	1	诺唯真游轮
27	逍遥号	美国	北美洲	1	诺唯真游轮
28	至臻号	美国	北美洲	1	歌诗达邮轮
29	安可号	美国	北美洲	1	诺唯真游轮
30	格雷格·莫蒂默号	乌拉圭	南美洲	130	极光探险邮轮
31	新月号	阿根廷	南美洲	76	精致邮轮
32	探险号	智利	南美洲	6	银海邮轮
33	银影号	巴西	南美洲	1	银海邮轮
34	炫目号	意大利	欧洲	36	歌诗达邮轮
35	辉宏号	意大利	欧洲	6	歌诗达邮轮
36	布拉马尔女士号	英国	欧洲	5	福瑞德·奥尔森邮轮
37	探险者 2 号	德国	欧洲	5	途易邮轮
38	魔幻号	意大利	欧洲	2	歌诗达邮轮
39	歌剧号	希腊	欧洲	2	地中海邮轮
40	维多利亚号	意大利	欧洲	1	歌诗达邮轮
41	幻想曲号	葡萄牙	欧洲	1	地中海邮轮

资料来源：美国疾病控制与预防中心（CDC）、美国国家广播公司（NBC News）、美国有线电视新闻网（CNN）、纽约时报中文网（NY Times）、Seatrade Cruise News、澳洲网等。

（三）全球邮轮经济受疫情影响持续扩大

国际货币基金组织2020年4月14日发布新一期《世界经济展望报告》，预计2020年全球经济将萎缩3%，为20世纪30年代大萧条以来最糟的经济衰退。由于嘉年华、皇家加勒比和诺唯真这三大邮轮公司注册地均不是美国，无法获得美国政府数万亿美元的救助资金。2020年7月18日，皇家加勒比游轮有限公司（RCL Cruises Ltd.）和嘉年华有限公司（Carnival plc）获得英国“新冠疫情融资机制”（COVID Corporate Financing Facility）援助，分别从英国中央银行获得了3.75亿美元和3130万美元的融资。受到疫情的影响，各大邮轮公司收入受到巨大影响，邮轮公司每取消一次航程的损失为300万～400万美元。多家邮轮公司面临资金压力。嘉年华集团2020年第一季度总收入48亿美元，调整后净收入约1.5亿美元，同比减少55.62%，净支出约9.32亿美元，同比2019年净支出增加了465倍，净亏损7.81亿美元。嘉年华集团第二季度总收入为7.4亿美元，同比下降84.7%，环比下降84.55%，营业亏损28.13亿美元，同比下降646.21%，净亏损高达44亿美元，每股亏损6.07美元，2019年同期为盈利4.51亿美元。嘉年华集团每月平均消耗资金约为6.5亿美元，包括约2.5亿美元的船舶经营和管理费用、运营资本变动、已承诺的资本支出和出口信贷安排与利息支出。嘉年华集团通过发行股票和公司债的方式筹集60亿美元资金，发行价值12.5亿美元的股票、30亿美元的有担保债券和17.5亿美元的可转换债券，这些债券的到期日期均为2023年。嘉年华集团的流动性资金可使其在没有收入的情况下维持业务12～13个月。同时，嘉年华集团与数家对冲基金公司进行谈判，涉及债券到期前的援助性贷款问题。这些对冲基金公司包括艾略特管理公司、阿波罗管理公司及橡树资本。嘉年华集团削减船队规模，将出售旗下9个邮轮品牌13艘邮轮，约占船队总体运力的9%。

表 12 嘉年华集团计划出售的邮轮

单位：万吨，人

船名	邮轮公司	总吨位	载客量	建造年份	购买方	交付日期
幻想号	嘉年华邮轮	7.03	2056	1990	被拆解	2020 年 8 月
灵感号	嘉年华邮轮	7.03	2054	1996	被拆解	2020 年 8 月
新浪漫号	歌诗达邮轮	5.30	1578	1993	星瀚邮轮	—
维多利亚号	歌诗达邮轮	7.51	1928	1996	—	2020 年 6 月
大西洋号	歌诗达邮轮	8.56	2210	2000	中船嘉年华	2019 年 12 月
地中海号	歌诗达邮轮	8.56	2114	2000	中船嘉年华	2020 年 12 月
马士丹号	荷美邮轮	5.55	1258	1993	—	2020 年 8 月
维丹号	荷美邮轮	5.70	1350	1996	—	2020 年 8 月
阿姆斯特丹号	荷美邮轮	6.27	1380	2000	弗雷德奥尔森	2020 年 9 月
鹿特丹号	荷美邮轮	6.18	1404	1997	弗雷德奥尔森	2020 年 9 月
Oceana	P&O 英国	7.74	2016	2000	—	2020 年 7 月
太平洋黎明号	P&O 澳大利亚	7.02	2020	1991	CMV	2021 年 3 月
太平洋咏叹号	P&O 澳大利亚	5.58	1258	1994	CMV	2021 年 5 月

资料来源：国际邮轮协会（CLIA）。

皇家加勒比游轮集团 2020 年一季度营收为 20.33 亿美元，同比下降 16.7%，净亏损达 14 亿美元，第二季度净亏损 16.4 亿美元，每股亏损 7.83 美元。在邮轮停航期间，皇家加勒比游轮集团平均每月消耗资金 2.5 亿～2.9 亿美元现金，主要包括利息支出、船舶运营支出、管理支出、对冲成本和预期的必要资本支出等。皇家加勒比游轮集团获得 22 亿美元的有担保定期信贷额度。为削减开支，公司裁员 26%，其中大部分为永久裁员，以应对新冠肺炎疫情影响。该公司在获得新信贷额度后，拥有超过 36 亿美元可供支配的流动资金，包括现金存款以及尚未使用的循环信贷额度，该笔信贷额度将在 2021 年 3 月 22 日到期，到时还可以选择再延期 364 天，这使得皇家加勒比游轮集团可维持运营约 10 个月。2020 年 8 月 12 日，皇家加勒比宣布获得摩根士丹利 7 亿美元定期贷款的承诺。诺唯真游轮计划以 PIPE 的方式出售公司的大量股份，已动用 15.5 亿美元的最新和现有信贷额度。2020 年 7 月 17 日，诺唯真游轮公开发行 2.5 亿美元的普通股。诺唯真游轮 2020

年第二季度收入1690万美元，净亏损7.152亿美元，每股亏损2.99美元，邮轮在停运期间每月消耗资金约为1.6亿美元，包括船舶运营费用、管理运营费用、利息费用、税收和预期资本支出。瑞银预测，在没有收入的情况下，诺唯真游轮的流动性资金可使其业务维持7～8个月。受疫情的严重冲击，云顶集团上半年净亏损6亿美元，金融负债为33.7亿美元，面临破产重组的风险。受新冠肺炎疫情影响，西班牙普尔曼（Pullmantur）、瑞典比尔卡（Birka）、英国CMV（Cruise & Maritime Voyages）公司申请破产。因此，新冠肺炎疫情结束后邮轮业的恢复运营将是一个长期的过程。

据世界旅游及旅行理事会（WTTC）数据测算，2020年新冠肺炎疫情可能导致全球7500万名旅游业者失业，全球旅游业产值损失将高达2.1万亿美元。世界旅游组织（UNWTO）预测，受新冠肺炎疫情影响，2020年国际游客人数将比2019年下降20%～30%。预计入境人数的下降将导致国际旅游收入损失3000亿～4500亿美元。基于过去的市场趋势判断，这意味着疫情将导致价值5～7年的增长损失。面对全球经济放缓甚至衰退、贸易金融冲突、地缘政治分歧、全球健康危机、全球气候问题等挑战，新冠肺炎疫情增加了全球旅游业发展的不确定性。为防止新冠肺炎疫情扩散，原定于2020年3月4～8日举行的全球最大国际旅游交易会ITB Berlin 2020被取消，原定于2020年4月举行的全球邮轮大会（Seatrade Cruise Global）延期举行。国际邮轮协会（CLIA）认为美国疾病控制与预防中心的禁令延期是不公平的，全球邮轮业务每停止一天就会损失9200万美元，若邮轮禁令持续一年，美国经济损失将达到510亿美元，直接影响17.3万个工作岗位，美国范围内受影响岗位将达34.3万个。

（四）全球邮轮建造受疫情影响暂时停工

在疫情对邮轮建造的影响方面，2020年3月中旬，芬坎蒂尼集团提出考虑到当前疫情需通过严格和深入的措施继续对比流行病学现象以及法令中规定的处理方式，在意大利境内的全部船厂停工约两周，时间为3月16～25日。因新冠肺炎疫情持续蔓延，芬坎蒂尼集团继续停工，旗下所有邮轮建造船厂和军工船厂停工时间进一步延长至 4 月 3 日。芬坎蒂尼集团与意大利工会 FIM、FIOM 与 UILM 代表签署一项协议，保证停工结束之后生产工作的连续性，重新规定了 3 月 16 ~ 29 日实施的经济补偿类型，并规定在恢复生产活动之后，将不会出现每年夏季的停产阶段。芬坎蒂尼集团邮轮建造业务基本由威尼斯 Marghera 船厂、戈里齐亚省 Monfalcone 船厂和热那亚 Sestri Ponente 船厂完成，这三家船厂都位于疫情最为严重的意大利北部地区，这将影响邮轮建造业的发展。

受新冠肺炎疫情影响，芬坎蒂尼集团自 2020 年 3 月 16 日起中断生产活动，但承诺将优先保护客户和战略合作伙伴的利益，以确保新船按期交付。欧盟反垄断监管机构暂停对芬坎蒂尼集团和法国大西洋船厂的合并审查，突发公共卫生事件也被列入芬坎蒂尼建造合同条款。截至 2020 年 6 月 30 日，芬坎蒂尼集团的净债务从上年同期的 7.36 亿欧元上升至 9.8 亿欧元。2020 年芬坎蒂尼集团将交付 5 艘邮轮：为维珍邮轮打造的仅限成人游客的“绯红女巫号”（Scarlet Lady）；为世界领先奢华海上邮轮服务的丽晶七海邮轮打造的“七海辉煌号”（Seven Seas Splendor），是丽晶七海邮轮与芬坎蒂尼集团合作的第五艘邮轮；向公主邮轮交付的第五艘帝王级邮轮“奇缘公主号”（Enchanted Princess）；向银海邮轮交付的“银月号”（Sliver Moon）；向歌诗达邮轮交付的第二艘专为中国市场打造的邮轮“佛罗伦萨号”（Costa Firenze）。

表 13　2020 年芬坎蒂尼集团将交付的新邮轮

单位：万吨，人

序号	邮轮名称	邮轮公司	总吨位	载客量	船员数
1	绯红女巫号	维珍邮轮	11.00	2770	1160
2	七海辉煌号	丽晶七海邮轮	5.52	750	551
3	奇缘公主号	公主邮轮	14.37	3660	1346
4	银月号	银海邮轮	4.07	596	408
5	佛罗伦萨号	歌诗达邮轮	13.55	5246	1278

资料来源：芬坎蒂尼集团。

由于新冠肺炎疫情的全球蔓延且德国确诊人数显著增多，云顶香港集团所属的德国 MV Werften 造船集团位于德国维斯玛、罗斯托克和施特拉尔松德的三家船厂从 2020 年 3 月 21 日起暂时停止运作，时间约为四周。原计划于 2020 年交付的探险邮轮“水晶奋进号”（Crystal Endeavor）将延期一年；“环球梦号”（Global Dream）也将延期交付。受新冠肺炎疫情影响，2020 年 7 月 20 日，德国迈尔船厂宣布暂停生产和运营至 8 月 30 日，并将在年底前改为非全日制工作时间，迈尔图库船厂将裁员 166 名，包括 80 名办公室工作人员和 86 名船厂工人。由于新造船订单的取消或延期，德国迈尔船厂在未来五年将削减约 14 亿美元的支出。

三　新冠肺炎疫情后：全球邮轮经济面临新趋势

（一）全球邮轮卫生防控体系进一步完善

受新冠肺炎疫情的影响，全球邮轮及港口的卫生防疫体系进一步完善，游客及船员的防疫意识、安全意识大幅提高，邮轮的安全性、防疫能力也面临更高的要求。美国疾病控制与预防中心（CDC）的报告显示，每年平均有 10 艘停靠美国港口的邮轮会暴发由各类病源引起的传染性疾病。云顶邮轮集团推出全新的新冠肺炎疫情邮轮防控细则，覆盖船上的持续消杀清洁措施，以及邮轮复航后进行的行前筛查、客房区域、公共区域、食物卫生、休闲娱乐活动、船员防护等方面的防控措施，树立了邮轮行业应对疫情新标准，其中部分措施将成为未来邮轮运营的常态化操作，以推动邮轮旅游安全性的进一步提升。同时，推动全球邮轮港口硬件设施改造，优化旅客进出港流程，提升港口测温、隔离等防疫设施标准，并强化对港口工作人员的防疫知识培训。邮轮公司将实行更加严格的游客登轮限制，建立船上更完善的温度和医疗检测体系以及对游客和船员的健康监控体系，进一步完善游客、船员登轮信息可追溯管控机制，实行更加严格的船上消毒频次要求。

皇家加勒比游轮与诺唯真游轮合作共同成立高级别专家组，指导和提升邮轮健康标准，应对全球范围内疫情带来的挑战。地中海邮轮组建“蓝丝带”专家组，为健康安全规程的制定和规划提供指导。云顶集团“探索梦号”率先开启“邮轮跳岛游”航线，完善邮轮上健康、卫生和操作规程，按照欧盟标准进行了彻底的深度清洁，与挪威劳氏（DNV-GL）船级社合作，成为全球第一艘获海洋工业感染预防（CIP-M）认证的邮轮。歌诗达邮轮宣布获得了意大利船级社（RINA）颁发的“生物安全证书”，成为首家获得该认证的邮轮公司。8 月 16 日，“鸿图号”在热那亚开始为期 7 天的西地中海航行，挂靠罗马、那不勒斯、巴勒莫和瓦莱塔等港口，执行严格的健康和安全协议，最大入住率为 70%，并预留 10% 的房间作为隔离舱室。途易邮轮“迈希夫 6 号”于 9 月 13 日开启希腊克里特岛的航线，执行严格的防疫措施，游客上岸参观时要遵守各国的疫情防控规定。庞洛邮轮重磅推出“安心悦邮”防疫措施和“无忧预定”政策，增加值船时的净化和消毒措施，升级登船安检，彻底检查所有将要上船的人员与物资，严格行程防疫，航行中，每日跟踪、监测船上人员健康状况，清洁消杀所有设施。

意大利政府批准自 8 月 15 日起意大利的邮轮可以恢复运营并拟定了一份安全名单，名单列示的欧洲国家游客不需要进行隔离，可以在意大利港口上下船。为实施必需的最低限度的措施，执行一般安全和安保标准，推动欧洲邮轮市场复苏，欧洲海事安全局（EMSA）和欧洲疾病预防与控制中心（ECDC）联合编写《新冠疫情下欧盟逐步和安全恢复邮轮运营指南》，并由国际海事组织（IMO）于 2020 年 8 月发布，主要适用于悬挂欧盟/欧洲经济区旗帜从事国际航行的船舶以及停靠在欧盟/欧洲经济区的船舶。指南主要包含三个方面：一是邮轮公司制定相应管理计划；二是各邮轮靠泊的国家制定新冠肺炎疫情防控下的管理计划，以及必须实施的最低限度的措施；三是邮轮公司及港口在邮轮航行前需要完成的事项，确保航线沿线港口安全，建立新冠肺炎疫情防控程序，邮轮公司和邮轮港口的计划应由第三方专业机构进行核查。8 月 4 日，印度政府允许邮轮从 10 月 1 日起复航。8 月 14 日，印度政府宣布将实施为期一年的邮轮税费优惠政策，降低 60% ~70% 的港口费用。经过此次疫情，国际邮轮经济在高速发展中将全面转型并走向全球合作，邮轮旅游产业的发展将更加注重整体性与国际协调性，在突发事件处理过程中进一步加强国际合作，共同应对邮轮突发性公共卫生事件，以降低其对邮轮经济造成的负面影响。同时，推动邮轮卫生公共标准的完善，进一步确保游客与船员身体健康及食品、用水、环境安全。

（二）全球邮轮旅游市场发展长期趋势依然向好

全球邮轮业界普遍认为，疫情影响只是阶段性的。虽然新冠肺炎疫情导致全球邮轮市场暂时停摆，但依然没有改变全球邮轮市场长期向好的趋势。近年来，全球邮轮市场增长率呈波动式变化，市场规模保持6%～8%的增速，世界邮轮旅游市场游客量稳健增长。国际邮轮协会（CLIA）对邮轮旅游市场的发展前景持乐观态度，预测2020年全球邮轮市场规模将达到3200万人次，2025年全球邮轮市场规模将达到3760万人，有良好的发展前景和市场潜力。根据《世界旅游经济趋势报告（2020）》，2019年全球旅游人次（包括国内旅游人次和入境旅游人次）为123.10亿人次，同比增长4.6%；全球旅游收入（包括国内旅游收入和入境旅游收入）为5.8万亿美元，相当于全球GDP的6.7%。2011～2019年，全球旅游总收入占全球GDP的比重基本稳定在6.5%～7%。2019年全球入境旅游人次达到13.71亿人次，同比增长3.4%；全球入境旅游收入达到1.7万亿美元，增速为1.1%。全球国内旅游人次达109.4亿人次，增速达到4.7%。2016～2019年，全球旅游总人次保持相对平稳增长态势，平均增速为3.95%。

表14　全球旅游总收入变化情况

单位：万亿美元，%

指标	2017年	2018年	2019年	2020年预计
全球旅游总收入	5.18	5.34	5.8	6.02
相当于GDP的比重	6.5	6.1	6.7	6.8

资料来源：《世界旅游经济趋势报告（2020）》。

2020 年全球旅游面临的不确定性增加，全球旅游总人次预计将达到 128.21 亿人次，增速为 4.2%；全球入境旅游总人次将达到 14.23 亿人次，增速达到 3.8%。全球旅游总收入有望达到 6.02 万亿美元，相当于全球 GDP 的 6.8%；全球国内旅游收入将达到 4.24 万亿美元，增速达到 3.2%；入境旅游收入达到 1.78 万亿美元，增速达到 4.7%。但全球旅游业受新冠肺炎疫情的影响较大。但邮轮旅游消费市场依然具有较大需求，根据预订网站 CRUISECOMPETE 的数据，2021 年邮轮预订量有望较 2019 年增长 40%，其中 11% 的预订量来自 2020 年取消出游计划的游客。根据邮轮评论网站 CRUISECRITIC. COM 对 4600 多名邮轮游客进行的在线调查，75% 的被调查者计划在疫情结束后恢复与以往相同的航次，甚至有部分人表示在疫情结束后将更加频繁地参与邮轮旅游。瑞士银行业巨头瑞银集团（UBS）的报告显示，有 76% 的邮轮游客选择改签而不是退款。

近年来，亚太地区国内旅游业对国民经济的带动作用领跑全球。2019 年，亚太地区国内旅游人次为 76.08 亿人次，同比增长 5.2%；国内旅游收入达到 1.6 万亿美元，增速达到 2.5%。2020 年亚太地区国内旅游人次将达到 79.89 亿人次，同比增长 5.0%，国内旅游收入将达到 1.7 万亿美元，增速达到 4.3%。亚太地区旅游收入占 GDP 的比重从 6.4% 增长到 7.0%，亚太地区旅游收入占 GDP 的比重在全球五个区域中排名第一。因此，虽然受到新冠肺炎疫情的严重影响，但邮轮旅游依然具有较大的需求，亚太地区成为全球第三大邮轮区域市场，发展潜力巨大，具备较大的增长空间。

（三）人工智能科技在邮轮的应用将更加广泛

人工智能的快速发展，使更多人工智能技术在邮轮上得到更加广泛的应用。皇家加勒比同百度及途鸽合作推出的全新功能的共享 WiFi 翻译机为游客提供“全球上网 + 跨语言沟通”的智能体验。地中海邮轮引入全球邮轮行业首个人工智能语音私人助理 ZOE。ZOE 是由地中海邮轮与哈曼国际和三星电子联合开发的语音问答人工智能设备，可提供包括中文在内的 7 种语言的智能化语音服务，能够回答与邮轮相关的超过 800

个问题，并能提供各类关于船上服务指南或建议以及协助预订等相关服务。ZOE 将率先应用于“荣耀号”，并逐步推广至“鸿图号”“华彩号”等新一代邮轮，为游客带来高度智能化的邮轮体验，进一步丰富“我的MSC”智能邮轮计划的生态系统，实现与客舱电视的即时互动。未来的邮轮客舱将配备实时跟踪心律和面部表情的模块化生物信号传感器，实时控制基础设施、调节光线和温度以提升游客的舒适感。同时，智能化装饰材料将像活动的艺术品一样不断变化，创造一个在视觉上与游客的情绪相符的沉浸式环境。

星梦邮轮“环球梦号”融入时下先进的人工智能科技并创新邮轮设施，在客房设计中融入人工智能科技，包括蓝牙锁、智能系统等，游客可以通过智能手机、语音识别、触摸式控制面板实现灯光调节、温度控制等功能选择，客房内设有智能传感器，自动识别房内是否有人，实现节能环保，空调系统配备三个送风口以实现最佳气流输送。芬坎蒂尼集团为维珍邮轮建造的“绯红女巫号”开启了舱内“家庭自动化”应用，游客可通过智能手机上的应用程序控制室内空调、电视、灯光、窗帘等。因此，随着人工智能的快速发展，邮轮的智能化水平将得以大幅提升，以更好地满足游客高品质旅游的需求。

（四）绿色动力邮轮建造规模将逐步扩大

随着全球对环境要求的提升，更多新技术和清洁能源将应用于邮轮业。国际邮轮协会（CLIA）发布的《2020 年邮轮业发展前景报告》显示，邮轮业在新节能技术发展上已投资 220 亿美元，并承诺到 2030 年将二氧化碳排放在 2008 年的基础上减少 40%。与标准船用燃料相比，液化天然气将能够减少 99% 的硫氧化物与颗粒物排放，减少 85% 的氮氧化物排放和 20% 的二氧化碳排放。国际邮轮协会（CLIA）数据显示，超过 80% 的邮轮乘客会在旅行中回收并减少使用一次性塑料，70% 的游客放弃使用一次性吸管。在邮轮环保方面，全球 68% 的邮轮已经使用废气净化系统以达到或超出空气净化标准，75% 的非 LNG 新船配有尾气处理设备，新建的邮轮中有 44% 的主要使用液化天然气燃料。全球邮轮船队中 30% 以上可以连接岸上电网，88% 的新建邮轮将配备岸电系统。

目前全球仅有 16 个邮轮港口拥有岸电系统，主要包括挪威克里斯蒂安桑港、德国汉堡港、中国上海邮轮港和北美东西海岸的港口。地中海新建邮轮“海际线号”配备了先进的选择性催化还原系统（SCR）和新一代的废水处理系统（AWT），减少 90% 的氮氧化物排放，处理后的排放废水质量可接近自来水标准，并且还配备岸电设施，通过使用陆地电源向主要船载系统供电，从而减少船舶停靠码头时的废气排放。2019 年 12 月，歌诗达邮轮旗下由液化天然气（LNG）供电的新船“翡翠号”（Smeralda）在迈尔图库船厂完成交付。P&O 邮轮公司的第二艘豪华邮轮“爱奥娜号”（Iona）将配套低排放 LNG 推进系统。庞洛邮轮向意大利芬坎蒂尼船厂订购了两艘新一代豪华探险邮轮，总吨位约为 1.1 万吨，可容纳 230 名游客，计划于 2022 年交付。该邮轮将在环境保护和人员保护方面配备最先进的技术，并安装市场上应用最广泛的电池系统，使船舶在锚点、港口和环境敏感区域实现无烟运行。诺唯真游轮 LNG 动力“卡诺琳号”（Caroline）于 2020 年 5 月交付，其余 3 艘船将间隔 18 个月交付。

表 15　近年来绿色邮轮建造情况

单位：万吨，人

邮轮公司	邮轮名称	总吨位	载客量	动力	下水年份
爱达邮轮	Nova	18.39	5200	LNG	2018
歌诗达邮轮	Smeralda	18.27	6522	LNG	2019
歌诗达邮轮	Toscana	18.27	6522	LNG	2021
P&O 邮轮	Iona	18.39	5200	LNG	2020
诺唯真游轮	Caroline	—	—	LNG	2020
庞洛邮轮	—	1.1	230	电池系统	2022
地中海邮轮	欧罗巴号	20.5	6850	LNG	2022
地中海邮轮	“世界”级	20.5	6850	LNG	2025
地中海邮轮	“世界”级	20.5	6850	LNG	2027
公主邮轮	—	17.5	4300	LNG	2023

续表

邮轮公司	邮轮名称	总吨位	载客量	动力	下水年份
公主邮轮	—	17.5	4300	LNG	2024
途易邮轮	—	16.1	—	LNG	2024
途易邮轮	—	16.1	—	LNG	2026
迪士尼邮轮	—	13.5	—	LNG	2021
迪士尼邮轮	—	13.5	—	LNG	2022
迪士尼邮轮	—	13.5	—	LNG	2023

资料来源：国际邮轮协会（CLIA）。

自2020年1月1日起，地中海邮轮成为全球首个开展碳中和海洋作业的邮轮企业，通过一系列碳补偿项目来抵消其船队在海上作业所直接产生的二氧化碳排放，这也是基于对二氧化碳排放进行监督管控的国际组织所设立的最高标准制定的，到2024年整船队的碳排放将比2008年降低29%，2030年实现降低40%。“华彩号”配备行业先进科技，也是地中海邮轮船队中第二艘搭载选择性催化还原（SCR）系统和新一代先进的废水处理系统（AWTS）的邮轮，旨在减少对环境的影响，确保更清洁的废气排放，将减少80%的氮氧化物排放，进而转化为无害化合物氮气和水，并配备可减少97%硫氧化物的混合废气净化系统、压舱水处理系统、防机油污染系统、从机舱回收热量的智能供热装置等一系列前沿科技设备。液化天然气动力邮轮——地中海邮轮“欧罗巴号”总吨位为20.5万吨，最高载客量6761人，将成为欧洲邮轮公司运营的最大的邮轮之一，计划于2022年交付。它是在法国建造的第一艘液化天然气动力邮轮，也是地中海邮轮船队中第一艘使用液化天然气的邮轮。它将采用先进的废物和水处理系统以及一系列先进的环保技术。地中海邮轮与大西洋船厂合作设计研发一种创新船型，抓住风能和其他先进技术为海上客运带来的新机遇。途易邮轮在意大利芬坎蒂尼集团订造2艘16.1万总吨LNG动力新一代邮轮，将分别于2024年和2026年交付。迪士尼邮轮订造3艘13.5万总吨LNG动力邮轮，配有1250间标准客房，分别于2021年、2022年和2023年交付。芬坎蒂尼集团为维珍邮轮建造的“绯红女巫号”通过采用前沿技术降低对生态环境的影响。该船配备约1兆瓦的能源生产系统，可利用柴油机余热进行能源的二次开发，除了安装脱硫塔系统外，新配备的催化转化器还能大幅降低氮氧化物排放，同时配备LED灯以减少能源消耗，此外配备的水动力设计可有效节省燃料。庞洛邮轮在芬坎蒂尼船厂建造的混合动力极地邮轮“夏柯特指挥官号”将于2021年交付，它是第一艘使用天然气（LNG）和电力混合动力系统的极地探险邮轮。

参考文献

汪泓主编《邮轮绿皮书：中国邮轮产业发展报告（2019）》，社会科学文献出版社，2019。

汪泓主编《邮轮绿皮书：中国邮轮产业发展报告（2018）》，社会科学文献出版社，2018。

汪泓主编《邮轮绿皮书：中国邮轮产业发展报告（2016）》，社会科学文献出版社，2016。

汪泓主编《邮轮绿皮书：中国邮轮产业发展报告（2015）》，社会科学文献出版社，2015。

汪泓主编《邮轮绿皮书：中国邮轮产业发展报告（2014）》，社会科学文献出版社，2014。

叶欣梁、梅俊青：《中国邮轮经济运行分析与发展预测（2018）》，上海交通大学出版社，2018。

G.2

2019~2020年中国邮轮产业发展研究：新形势、新挑战、新路径

史健勇　叶欣梁　梅俊青*

摘　要： 中国邮轮旅游市场走过了十年的黄金增长期，经历了前两年的市场调整期，正处于迈向高质量发展的关键时期。2019年中国首艘国产大型邮轮建造工程正式启动，“海洋光谱号”、“威尼斯号”、“探索梦号”以及中资邮轮“鼓浪屿号”纷纷启航，长三角一体化上升为国家战略和粤港澳大湾区设立，为中国邮轮旅游发展提供了新的历史机遇。2020年本是中国邮轮旅游由“调整”向“稳健回升”的转变期，是中国邮轮旅游向高质量发展再迈进的新阶段，是中国邮轮经济全产业链全面发展的重要之年，也是高质量建设中国邮轮旅游发展示范区的开局之年。2020年新冠肺炎疫情全球蔓延，中国邮轮市场首当其冲，2020年1月29日起航次全部暂时取消。中国疫情防控措施得到全球高度认可，邮轮行业实现“零输入、零输出、零感染”，得到了国际邮轮业界的广泛赞誉。中国成功防控新冠肺炎疫情不仅为全世界抗击疫情树立了标杆，也让全球邮轮界看到了邮轮业重振的希望，并对中国邮轮市场的发展前景充满信心。新冠肺炎疫情给邮轮经济发展带来了冲击，未来邮轮旅游业会更加关注健康和安全。中国是全球最大的邮

* 史健勇，博士，上海工程技术大学党委副书记，教授，研究方向：邮轮经济；叶欣梁，博士，上海工程技术大学教授、上海国际邮轮经济研究中心副主任、上海吴淞口国际邮轮港副总经理，研究方向：邮轮经济；梅俊青，硕士，上海吴淞口投资（集团）有限公司，研究方向：邮轮经济。

轮新兴市场和全球第二大邮轮客源国，全球邮轮界普遍看好疫情后的中国前景、中国机遇和中国发展潜力。

关键词： 邮轮旅游 邮轮经济 邮轮产业

一 疫情前：中国邮轮经济高质量发展

（一）中国邮轮经济具备良好发展环境

1. 我国经济发展水平迈上新台阶，发展质量稳步提升

面对国内外风险明显上升的复杂局面，中国经济运行总体平稳，供给侧结构性改革成效显著，经济转型升级态势持续，2019 年全年国内生产总值 99.0865 万亿元，同比增长 6.1%，经济总量稳居世界第二位。总体而言，我国综合国力迈上新台阶，主要经济指标保持良好的发展趋势，经济实力显著增强，大国发展基础不断巩固，对全球经济发展的贡献度持续提升。

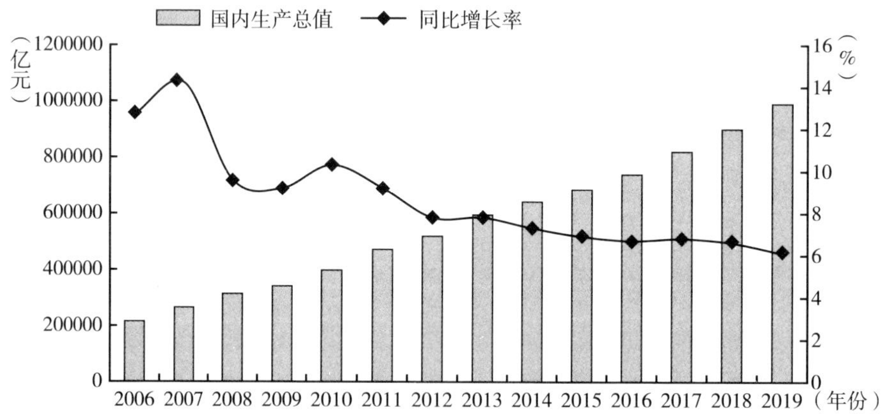

图 1 我国国内生产总值及增长率

资料来源：国家统计局统计公报。

我国经济结构持续优化，第三产业比重不断提高，对经济增长的拉动作用不断增强。2019年我国第一产业增加值70467亿元，同比增长3.1%；第二产业增加值386165亿元，同比增长5.7%；第三产业增加值534233亿元，同比增长6.9%。第一产业增加值占国内生产总值比重为7.1%，第二产业增加值占比为39.0%，第三产业增加值占比为53.9%。全年最终消费支出对国内生产总值增长的贡献率为57.8%，资本形成总额的贡献率为31.2%，货物和服务净出口的贡献率为11.0%。人均国内生产总值70892元，比上年增长5.7%。国民总收入98.8458亿元，比上年增长6.2%。全国万元国内生产总值能耗同比下降2.6%。全员劳动生产率为11.5万元/人，同比提高6.2%。

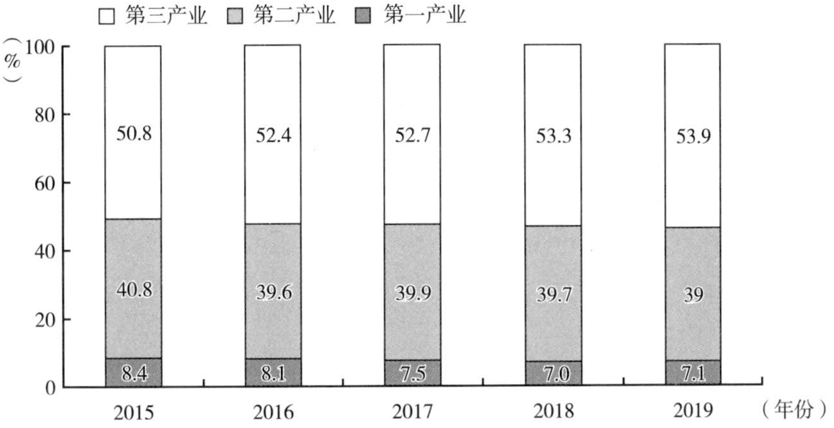

图2　我国三次产业结构

资料来源：国家统计局统计公报。

2019年全年我国社会消费品零售总额411649亿元，比上年增长8.0%。按经营地统计，城镇消费品零售额351317亿元，增长7.9%；乡村消费品零售额60332亿元，增长9.0%。按消费类型统计，商品零售额364928亿元，增长7.9%；餐饮收入额46721亿元，增长9.4%。全年实物商品网上零售额85239亿元，按可比口径计算，比上年增长19.5%，占社会消费品零售总额的比重为20.7%，比上年提高2.3个百分点。

2. 居民消费能力增强，为邮轮消费奠定良好基础

我国人均可支配收入不断提升，居民购买力显著增强，有利于邮轮旅游市场规模的提升和潜在市场的开发。国家统计局统计数据显示，2019 年全年全国居民人均可支配收入 30733 元，比上年增长 8.9%，扣除价格因素，实际增长 5.8%。全国居民人均可支配收入中位数为 26523 元，增长 9.0%。按常住地分，城镇居民人均可支配收入 42359 元，比上年增长 7.9%，扣除价格因素，实际增长 5.0%。城镇居民人均可支配收入中位数为 39244 元，增长 7.8%。农村居民人均可支配收入 16021 元，比上年增长 9.6%，扣除价格因素，实际增长 6.2%。农村居民人均可支配收入中位数为 14389 元，增长 10.1%。全年全国居民人均消费支出 21559 元，比上年增长 8.6%，扣除价格因素，实际增长 5.5%。其中，人均服务性消费支出 9886 元，比上年增长 12.6%，占居民人均消费支出的比重为 45.9%。按常住地分，城镇居民人均消费支出 28063 元，增长 7.5%，扣除价格因素，实际增长 4.6%；农村居民人均消费支出 13328 元，增长 9.9%，扣除价格因素，实际增长 6.5%。全国居民恩格尔系数为 28.2%，比上年下降 0.2 个百分点，其中城镇为 27.6%，农村为 30.0%。

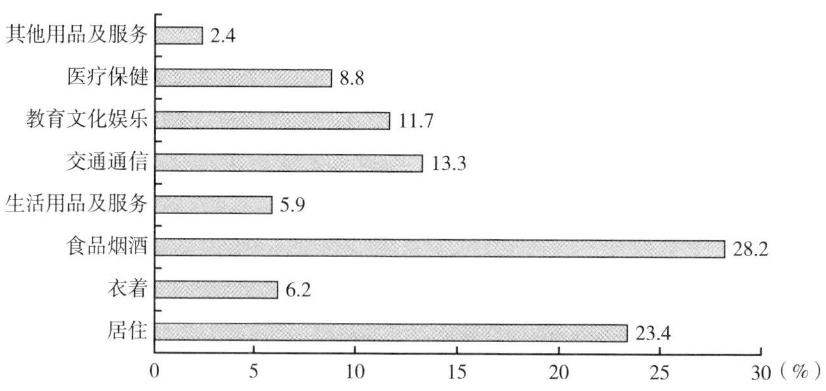

图 3　2019 年我国居民人均消费支出构成

资料来源：国家统计局统计公报。

3. 旅游业快速发展为邮轮旅游业提供新动能

2019 年我国国内旅游市场和出境旅游市场稳步增长，在乡村振兴、文旅融合、全域旅游、区域一体化等国家战略驱动下，国民休闲和国内旅游均呈现出纵深化发展的趋势。新技术在文旅产业的广泛应用，极大地提升了文旅产业的运营效率、服务品质、经济效益及监管水平。中国旅游研究院数据显示，2019 年我国国内旅游人数 60.06 亿人次，同比增长 8.4%。其中，城镇居民 44.71 亿人次，同比增长 8.5%；农村居民 15.35 亿人次，增长 8.1%。国内旅游收入 5.73 万亿元，同比增长 11.7%。其中城镇居民花费 4.75 万亿元，同比增长 11.6%；农村居民花费 0.97 万亿元，同比增长 12.1%。

表 1　2019 年我国旅游业发展情况

指标	指标值	指标	指标值
国内旅游人数	60.06 亿人次	国际旅游收入	1313 亿美元
国内旅游收入	5.73 万亿元	旅游业对 GDP 综合贡献	10.94 万亿元
出境旅游人数	1.55 亿人次	旅游业贡献占 GDP 比重	11.05%
入境旅游人数	1.45 亿人次	旅游直接就业人数	2825 万人

资料来源：中国旅游研究院。

中国公民出境旅游人数达到 1.55 亿人次，同比增长 3.3%。入境旅游人数 1.45 亿人次，同比增长 2.9%。其中，外国人 3188 万人次，同比增长 4.4%；香港同胞 8050 万人次，同比增长 1.4%；澳门同胞 2679 万人次，同比增长 6.5%；台湾同胞 613 万人次，与上年同期基本持平。入境旅游人数按照入境方式分，船舶占 2.9%，飞机占 17.4%，火车占 2.6%，汽车占 21.2%，徒步占 55.8%。入境外国游客人数中（含相邻国家边民旅华人员），亚洲占 75.9%，美洲占 7.7%，欧洲占 13.2%，大洋洲占 1.9%，非洲占 1.4%。其中，按年龄分，14 岁以下人数占 3.8%，15～24 岁占 13.9%，25～44 岁占 49.3%，45～64 岁占 28.1%，65 岁以上占 4.9%；按性别分，男性占 58.7%，女性占 41.3%；按目的分，会议商务占

13.0%，观光休闲占35.0%，探亲访友占3.0%，服务员工占14.7%，其他占34.3%。按入境旅游人数排序，我国前20位客源国家如下：缅甸、越南、韩国、俄罗斯、日本、美国、蒙古、马来西亚、菲律宾、新加坡、印度、泰国、加拿大、澳大利亚、印度尼西亚、德国、英国、朝鲜、法国、意大利。

表2　我国入境旅游主要客源国

序号	国家	序号	国家	序号	国家	序号	国家
1	缅甸	6	美国	11	印度	16	德国
2	越南	7	蒙古	12	泰国	17	英国
3	韩国	8	马来西亚	13	加拿大	18	朝鲜
4	俄罗斯	9	菲律宾	14	澳大利亚	19	法国
5	日本	10	新加坡	15	印度尼西亚	20	意大利

注：其中缅甸、越南、蒙古、印度、朝鲜含边民旅华人数。

国际旅游收入显著增长，达到1313亿美元，同比增长3.3%。其中外国人在华花费771亿美元，增长5.4%；香港同胞在内地花费285亿美元，下降2.0%；澳门同胞在内地花费95亿美元，增长9.4%；台湾同胞在大陆花费162亿美元，下降0.2%。旅游业对GDP综合贡献为10.94万亿元，占GDP的11.05%。旅游直接就业2825万人，旅游直接和间接就业7987万人，占全国就业总人口的10.31%。文旅产业发展前景广阔，由以“+文旅”为主转向以“文旅+”为主，文旅产业的市场能力不断增强。5G、人工智能、区块链等在文旅产业的应用，将催生出新的文旅业态和商业模式，重构整个文旅经济体系。

（二）中国邮轮旅游进入高质量发展阶段

旅游业已被确立为“幸福产业”，成为惠民生的重要领域和改善民生的重要内容。邮轮旅游作为休闲度假高端旅游业态，是中国旅游业的新兴业态，是满足人民日益增长的美好生活需要的幸福产业。随着人民群众休闲度假的需求快速增长，消费结构持续加速升级，人们的消费购买能力和消费意识进一步提升，对更好质量的生活和旅游方式的要求越来越高，人们的生活质量和生活水平不断提升。邮轮旅游成为人们追求美好生活的新选择，邮轮消费成为经济增长的新亮点，邮轮市场成为扩大开放、深化国际合作的前沿窗口。邮轮旅游是我国旅游业中增长最快的部分之一，是对接“一带一路”倡议、深化改革开放、增强旅游外交和实施海洋经济强国战略的重要助力。

中国邮轮市场呈波动变化态势，2019 年中国 14 个邮轮港口接待邮轮 808 艘次，同比下降 17.6%，接待出入境邮轮游客量为 414.3 万人次，同比下降 14.5%，其中接待母港邮轮 733 艘次，同比下降 15.2%，接待母港出入境游客量为 395.9 万人次，同比下降 15.7%。2019 年中国邮轮市场呈波动性调整态势，邮轮市场供给量有所降低，为我国推动功能建设、制度完善提供了宝贵的时间窗口期。中国邮轮旅游逐步由“高速度增长”阶段转向“高质量、高品位发展”阶段。依据接待出入境游客量数据，中国十大邮轮港口为上海吴淞口国际邮轮港、天津国际邮轮母港、广州港国际邮轮母港、深圳招商蛇口邮轮母港、厦门国际邮轮中心、青岛邮轮母港、大连国际邮轮中心、海口秀英港、上海港国际客运中心、三亚凤凰岛国际邮轮港等。亚洲最大邮轮母港上海吴淞口国际邮轮港接靠国际邮轮 240 艘次，其中访问港邮轮 15 艘次，同比增长约 50%；接待出入境旅客 187.14 万人次，其中访问港游客 6.06 万人次，同比增长约 40%。

表 3　我国邮轮市场情况

序号	港口	邮轮接待艘次			邮轮游客量		
		数量(艘次)		同比增长(%)	数量(万人次)		同比增长(%)
		2018 年	2019 年		2018 年	2019 年	
1	上海吴淞口国际邮轮港	375	240	-36	271.50	187.14	-31
2	天津国际邮轮母港	116	121	4	68.30	72.55	6
3	广州南沙邮轮母港	0	4	—	0	0.748	—
4	广州港国际邮轮母港	97	89	-8	48.12	43.44	-10
5	深圳招商蛇口邮轮母港	89	97	9	36.46	37.30	2

续表

序号	港口	邮轮接待艘次			邮轮游客量		
		数量(艘次)		同比增长(%)	数量(万人次)		同比增长(%)
		2018 年	2019 年		2018 年	2019 年	
6	厦门国际邮轮中心	96	136	42	32.48	41.37	27
7	青岛邮轮母港	44	51	16	10.99	17.62	60
8	大连国际邮轮中心	37	39	5	8.44	8.85	5
9	海口秀英港	0	0	—	0	0	—
10	上海港国际客运中心	28	18	-36	3.72	2.20	-41
11	三亚凤凰岛国际邮轮港	20	4	-80	2.00	0.64	-68
12	温州国际邮轮港	5	0	—	1.40	0	—
13	连云港国际客运中心	20	0	—	1.30	0	—
14	舟山群岛国际邮轮港	1	5	—	0.03	1.60	—
	总计	924	808	-17.6	484.71	414.3	-14.5

资料来源：中国交通运输协会邮轮游艇分会（CCYIA）。

表 4　2019 我国母港邮轮市场变化情况

序号	港口	母港艘次			母港邮轮人次		
		数量(艘次)		同比增长(%)	数量(万人次)		同比增长(%)
		2018 年	2019 年		2018 年	2019 年	
1	上海吴淞口国际邮轮港	365	225	-38	267.20	181.00	-32
2	天津国际邮轮母港	99	104	5	64.44	68.64	7
3	广州南沙邮轮母港	0	4	—	0	0.748	—
4	广州港国际邮轮母港	97	88	-9	48.12	43.41	-10
5	深圳招商蛇口邮轮母港	88	96	9	36.45	36.79	1
6	厦门国际邮轮中心	85	128	51	29.26	39.59	35
7	青岛邮轮母港	40	45	13	10.25	15.88	55
8	大连国际邮轮中心	32	33	3	7.24	7.86	9
9	海口秀英港	0	0	—	0	0	—
10	上海港国际客运中心	9	0	—	1.36	0	—
11	三亚凤凰岛国际邮轮港	13	0	—	0.68	0	—
12	温州国际邮轮港	5	0	—	1.40	0	—
13	连云港国际客运中心	20	0	—	1.30	0	—
14	舟山群岛国际邮轮港	0	5	—	0	1.60	—
总计		853	733	-15.2	467.7	395.9	-15.7

资料来源：中国交通运输协会邮轮游艇分会（CCYIA）。

表5　2019年中国访问港邮轮市场情况

序号	港口	访问港邮轮艘次			访问港邮轮游客量		
		数量(艘次)		同比增长(%)	数量(万人次)		同比增长(%)
		2018年	2019年		2018年	2019年	
1	上海吴淞口国际邮轮港	10	15	50	4.33	6.06	40
2	天津国际邮轮母港	17	17	—	3.94	3.90	-1
3	广州南沙邮轮母港	0	0	—	0	0	—
4	广州港国际邮轮母港	0	1	—	0	0.0283	—
5	深圳招商蛇口邮轮母港	1	1	—	0.0092	0.51	—
6	厦门国际邮轮中心	11	8	-27	3.21	1.77	-45
7	青岛邮轮母港	4	6	50	0.74	1.74	135
8	大连国际邮轮中心	5	6	20	1.20	0.98	-19
9	海口秀英港	0	0	—	0	0	—
10	上海港国际客运中心	19	18	-5	2.36	2.20	-7
11	三亚凤凰岛国际邮轮港	7	4	-43	1.31	0.64	-51
12	温州国际邮轮港	0	0	—	0	0	—
13	连云港国际客运中心	0	0	—	0	0	—
14	舟山群岛国际邮轮港	0	0	—	0	0	—
	总计	74	76	3	17.1	17.8	4.2

资料来源：中国交通运输协会邮轮游艇分会（CCYIA）。

（三）中国邮轮港口服务能级持续增强

为推动经济转型发展，我国沿海城市纷纷兴建邮轮港口，并且以邮轮母港为发展定位和目标。根据《全国沿海邮轮港口布局规划方案》，2030年前，全国沿海形成以2～3个邮轮母港为引领、始发港为主体、访问港为补充的港口布局。我国目前在使用的邮轮港口共15家，其中邮轮专用码头8家，为上海吴淞口国际邮轮港、天津国际邮轮母港、广州南沙邮轮母港、深圳招商蛇口邮轮母港、厦门国际邮轮中心、青岛邮轮母港、三亚凤凰岛国际邮轮港、舟山群岛国际邮轮港。

2019年5月21日，上海吴淞口国际邮轮港后续工程通过了项目整体竣工验收，标志着吴淞口国际邮轮港经过三年建设和一年试运行的后续工程完成了各项设计规划内容，工程整体达到了港口正式开放的基本条件。后续工程项目于2015年6月18日开工建设，2018年5月完成所有单位工程交工验收。后续工程位于邮轮港一期已建工程上下游侧，上游段新建码头总长380米，下游段新建码头总长446米，新建水工平台建筑面积约8万平方米，岸线总长达到了1600米，形成可同时接靠2艘15万吨和2艘22.5万吨邮轮的接待能力，整条岸线的建筑结构均具备世界最大绿洲级邮轮的接靠能力。在两侧新水工平台上各新建了一座航站楼，总建筑面积超过5万平方米，并建设了一座新引桥，以更好提升港区交通能力。2019年8月2日，海洋光谱号、盛世公主号、地中海辉煌号三艘大型母港邮轮停靠上海吴淞口国际邮轮港，这也是被誉为“海上画卷”的两座新航站楼全面启用后的首次三船同靠，当天港口接待流量超3.6万人次，再次刷新亚洲邮轮港单日接待出入境旅客之最。2019年11月17日，全国规模最大的邮轮母港综合体广州港国际邮轮母港正式开港运营，歌诗达“新浪漫号”成为第一艘从新母港首航的国际邮轮。广州港国际邮轮母港由广州南沙国际邮轮母港运营管理有限公司负责日常运营管理，位于广东自贸区南沙湾区块和粤港澳大湾区的地理几何中心，目前建设的一期工程岸线总长770米，建成22.5万总吨和10万总吨邮轮泊位各1个，以及建筑面积约6万平方米的航站楼，年设计通过能力达75万人次。广州港国际邮轮母港规划码头岸线总长达到1600米，将拥有2个10万总吨和2个22.5万总吨邮轮泊位。广州港国际邮轮母港实现了与公交、地铁、港澳水上客运等交通方式无缝连接，是我国第一个实现与地铁无缝接驳的国际邮轮母港。

海南省大力推动邮轮港建设，海南省推进邮轮游艇产业发展领导小组办公室印发的《2020年海南省邮轮游艇产业工作要点》明确提出，有序推进邮轮码头基础设施建设，推进海口港秀英港区15万总吨邮轮码头改造工程和三亚邮轮旅游中心工程建设，启动海口港南海明珠邮轮码头工程、儋州海花岛邮轮码头工程和万宁日月湾日月岛邮轮码头工程前期工作，提升邮轮码头利用率和综合效益。

福建省加快推动邮轮港口建设，2020年3月，厦门港东渡港区0#～4#

泊位改建工程分期（一期）通过竣工验收，改建工程投资约5.28亿元，厦门港东渡港区0#～4#泊位改建工程分期（一期）改建岸线总长度1418.759米（可用泊位岸线总长度1375.559米），南侧0#泊位端部的440米岸线，水工结构满足世界最大的22.5万总吨邮轮靠泊，1#～2#泊位剩余岸线，满足10万吨级邮轮靠泊，同时可以靠泊2万吨级滚装船，改建完成后，厦门国际邮轮中心年吞吐量为邮轮旅客80万人次、客滚旅客25万人次、客滚车辆3.5万辆次、客滚集装箱2.4万标箱。福建平潭岛加快推进国际邮轮港建设，2020年4月，平潭港区金井作业区3#泊位技改工程的客运联检中心基础部分已完工，建成的多用途泊位通过技术改造后形成客货兼备的多功能码头，能同时满足15万GT邮轮和5万吨级货轮靠泊使用的要求，码头设计年客运通过能力达8万人次、货运通过能力达105万吨。按照计划，平潭港区金井作业区3#泊位改造邮轮码头项目将通过对码头附属设施、水电附属设施、邮轮工艺设施、客运联检中心等进行改造提升，形成15万总吨邮轮作业条件。

（四）中国国产邮轮建造进入全面启动阶段

近年来，全球邮轮市场年平均新建12艘大型邮轮，全球主要邮轮建造公司及供应商均位于欧洲，承接全球邮轮建造90%以上的订单，但市场仍供不应求。大型邮轮被誉为造船工业“皇冠上最耀眼的明珠”，是我国目前唯一尚未攻克的高技术船舶产品。我国是全球第一造船大国，推动国产邮轮本土建造是我国造船业转型升级、供给结构调整的新方向。设计建造大型邮轮代表着中国船舶工业的转型升级，与意大利芬坎蒂尼集团的国际合作是推进首制国产大型邮轮建造设计的机遇和优势。2019年10月18日，我国首艘国产大型邮轮正式开工点火钢板切割，全面进入实质性建造阶段，标志着中国船舶工业实现“零”突破，正式跨入大型邮轮建造新时代，代表着中国造船的最高水平。首艘国产大型邮轮由中船集团旗下中船邮轮科技发展有限公司和上海外高桥造船有限公司联合设计建造，总吨位为13.55万吨，总长323.6米，型宽37.2米，最大吃水8.55米，最大航速22.6海里/小时。

拥有客房 2125 间，其中套间 34 间，阳台房 969 间，海景房 287 间，内舱房 826 间，最大可载乘客 5260 人。这艘大型邮轮以电推为动力，配备 2 台 16.8MW 和 3 台 9.6MW 总功率 62.4MW 的主柴油发电机以及 2 台 16.8MW 吊舱推进器。船东为嘉年华集团与中船邮轮科技发展有限公司的合资公司中船嘉年华邮轮有限公司，由中船芬坎蒂尼邮轮产业发展有限公司设计，入级中国船级社（CCS）和英国劳氏船级社（LR），首艘国产大型邮轮基本确定采用源自德国的爱达（AIDA）品牌，第一艘计划于 2023 年 9 月 30 日交付，第二艘实船初步计划于 2024 年 12 月交付。

表 6　中国国产邮轮建造推进情况

单位：万吨，人

新建邮轮	总吨位	载客量	交付时间	建造船厂	船东
未命名	13.55	5246	2023	上海外高桥造船	中船嘉年华
未命名	6	600	2021	常石舟山造船	NYK 邮轮
格雷格·莫蒂默号	0.8035	254	2019	招商邮轮制造	SunStone
海洋探险号	0.8035	254	2020	招商邮轮制造	SunStone
西尔维娅·厄尔号	0.8035	254	2021	招商邮轮制造	SunStone
4 号邮轮	0.8035	254	2021	招商邮轮制造	SunStone
未命名	3.75	660	2022	招商邮轮制造	世天邮轮

资料来源：中国各大邮轮建造企业。

招商局邮轮制造有限公司是世界首家以邮轮制造命名的公司，致力于建设成为世界一流的专业化邮轮制造商和服务商，分阶段分层次打造高端内河游轮、极地邮轮、中小型邮轮以及超大型邮轮等产品。2019 年 9 月 6 日，招商局集团在江苏海门基地举行中国首制极地探险邮轮命名交付暨邮轮基地奠基仪式，正式交付第一艘极地探险邮轮，命名为“格雷格·莫蒂默号”（GREG MORTIMER）。这是中国造船史上第一艘极地探险邮轮。同时，启动邮轮配套产业园建设项目，总投资超 50 亿元，建成真正符合现代邮轮建造理念的邮轮船厂，预计于 2022 年正式投产，可满足 2 艘 13.5 万吨级邮轮同时开工建造。2020 年 3 月，招商局豪华邮轮配套产业园邮轮舱室单元总装中心屋面钢梁成功吊装，3 号极地探险邮轮“海洋探险号”下水仪式在该基地 2#船台举行，于 2020 年 10 月正式交付。2 号极地探险邮轮“西尔维娅·厄尔号”首张钢板顺利点火切割，正式开工建造，计划于 2021 年 9 月中旬交付。2020 年 8 月，极地探险邮轮 4 号船“海洋探险号”顺利下水，总长 104.4 米，型宽 18.4 米，设计航速不低于 15.5 节，满足安全返港、USPH、USCG 等规范要求。目前，招商局海门基地推动国产极地探险邮轮、大湾区游船建造，并承接首艘国产中型邮轮订单，持有邮轮订单量近 10 艘，同型邮轮订单数量位居世界前列。2020 年 4 月，厦船重工 2800 客邮轮型客滚船分段建造项目完工，为后续顺利建造打下了坚实的基础。

（五）中国本土邮轮船队运营显著增强

组建本土邮轮船队，打造邮轮运营民族品牌是更好地掌握世界邮轮产业主导权的重要基础。2018 年 5 月，星旅远洋国际邮轮有限公司在香港正式成立，2019 年 6 月，星旅远洋国际邮轮（厦门）有限公司在厦门注册成立。2019 年 8 月 12 日，星旅远洋国际邮轮有限公司正式签署“鼓浪屿号”交接船法律文件，船名正式变更为“Piano Land”，完成“鼓浪屿号”实体接船。2019 年 9 月 27 日，星旅远洋邮轮“鼓浪屿号”正式从厦门开启首航。“鼓浪屿号”是中国旅游集团和中国远洋海运集团共同投资运营的中国民族邮轮品牌“星旅远洋”旗下首艘邮轮。“鼓浪屿号”的前身是嘉年华集团旗下的 P&O 邮轮公司（英国）的“奥利安娜号”（P&O Oriana）。该船 1995 年由德国 Meyer Werft 船厂建造，总吨位 69153 吨，邮轮长度 260 米，最大航速 24 节，共有 13 层甲板、941 间客房，邮轮宽度 32.2 米，载客人数 1870 人，船员人数 760 人。2020 年 1 月 17 日，“鼓浪屿号”从上海吴淞口国际邮轮港始发，开启“上海—舟山—冲绳—上海”的多母港运行航次，从上海随船的 1600 多名游客跟团或自由行，游览普陀山、朱家尖、普陀等主要景点，当天下午与舟山登船的游客一同乘船离境赴日本冲绳，此航次作为国内多港挂靠的探索性航次，其成型后将成为常态化运行模式。

2020 年 1 月 11 日，嘉年华集团正式将“大西洋号”交付中船嘉年华邮轮有限公司，其成为中船嘉年华公司旗下的第一艘邮轮。中船嘉年华邮轮有限公司向嘉年华集团旗下的歌诗达邮轮集团购买两艘现有邮轮 8.58 万总吨的“大西洋号”及其姊妹船“地中海号”。按照中船邮轮产业发展规划，到 2029 年，中船嘉年华邮轮有限公司旗下计划拥有 8～10 艘大型邮轮，有望成为中国最大的国际化运营的中资邮轮船东公司。福建中运集团控股的上海蓝梦国际邮轮股份有限公司已收购 2.5 万吨级“钻石辉煌号”，并命名为“蓝梦之星号”。

表 7　中国本土邮轮品牌发展情况

单位：万吨，人

序号	邮轮名称	所属公司	邮轮总吨位	载客量	船旗国	运营状态
1	海娜号	海航邮轮有限公司	4.70	1965	巴拿马	退役
2	新世纪号	天海邮轮有限公司	7.15	1814	马耳他	出售
3	中华泰山号	渤海邮轮有限公司	2.45	927	利比里亚	在营
4	蓝梦之星号	上海蓝梦国际邮轮股份有限公司	2.45	927	巴哈马	在营
5	大西洋号	中船嘉年华邮轮有限公司	8.56	2680	意大利	在营
6	地中海号	中船嘉年华邮轮有限公司	8.56	2680	意大利	待交付
7	鼓浪屿号	星旅远洋邮轮有限公司	6.98	1880	百慕大	在营

资料来源：各大中资邮轮公司。

2019 年 5 月，招商局邮轮制造有限公司与上海世天邮轮产业发展有限公司签订了 1+1+2 艘 3.7 万总吨豪华邮轮建造合同。豪华邮轮由世天邮轮与招商邮轮合作自主设计、自主建造并将由世天邮轮运营。首艘邮轮为六星级豪华邮轮。该邮轮总长 204.2 米，宽 27 米，型深 9 米，拥有 12 层甲板、267 套海景阳台房，最大载客量为 660 人，最大设计航速 19.5 节。整个邮轮设计充分融合了全球领先技术和中国传统文化，具有鲜明的“中国特色”，计划于 2022 年正式交付。上海世天邮轮将在三亚投资设立邮轮运营公司海南世天邮轮有限公司，并将首艘豪华邮轮命名为“三亚号”，以三亚凤凰岛国际邮轮港为母港，运营从三亚到南海西沙的航线。2020 年 9 月，云顶邮轮集团正式宣布入驻三亚中央商务区，在三亚成立合资公司，打造融合海南岛旅游资源的特色邮轮航线，逐步建立以海南为中心的24小时国内邮轮航线母港圈，推动三亚建设成为亚太地区重要的邮轮旅游消费中心。

（六）中国邮轮配套产业园建设进一步加快

上海国际邮轮产业园是国内首个以邮轮经济为特色的产业园，首期启动区位于宝山区潘泾路以东、金石路以南、罗东路以西、金勺路以北（约400亩）；拓展区为罗东路以东、金石路以南、富长路以西、金勺路以北以及富长路以东、金石路以南、蕴川路以西、罗北路以北总计约2平方公里区域。园区定位为国家邮轮核心技术研究和产业化服务基地，具体包括：邮轮核心装备科研和产业化，邮轮信息系统开发和产业化，邮轮智能航行系统研发和产业化，邮轮内装系统、安全系统和娱乐系统开发、试验和产业化，邮轮和舰船全方位、全周期技术服务等。2019年9月，中船邮轮与宝山区签订合作协议，将在宝山建立涵盖邮轮运营、研发设计和供应的全产业生态链体系，打造世界级邮轮总部基地。2019年12月，中船集艾邮轮配套产品测试认证及研发中心、邮轮模块化整体舱室研发中心、邮轮内装技术人才培训中心正式揭牌，将为解决我国邮轮配套产品认证难、舱室系统技术水平落后、专业人才匮乏等问题和加快本土邮轮配套产业发展起到重要作用，助推我国邮轮配套产业发展。为推动邮轮本土供应链建设，做大做强邮轮供应平台，中船邮轮科技发展有限公司与上海外高桥集团股份有限公司合资成立中船外高桥邮轮供应链（上海）有限公司，注册资本5亿元。2020年7月，中船外高桥邮轮供应链（上海）有限公司正式揭牌，中船邮轮产业发展（上海）有限公司正式签约，戎美邮轮内装技术（上海）有限公司正式揭牌，加快培育本土邮轮配套公司和推动邮轮制造材料国产化，降低邮轮制造成本，提升国际市场竞争力，探索建立国产大型邮轮本土供应配套体系。

招商局集团在江苏省海门市打造的国际领先的专业化邮轮制造基地占地面积约1000亩，采用高度集成中心制理念规划布置，通过MES系统集成，兼顾流水线作业效率及造船离散型作业柔性，实现薄板分段高效智能制造，配备有智能钢料堆场、智能预处理工厂、板材切割中心、型材切割中心、激光薄板线、T材机器人焊接等生产设备，建设1座室内干船坞，配备世界上最大的带顶室内船坞车间（总高约100米），设置1台1200吨龙门吊及10余台起重设备，建设专业邮轮码头等，项目建成后可具备同时年产2艘20万总吨大型邮轮的能力。为推动邮轮配套产业发展，建设招商邮轮配套产业园，占地面积约2000亩，包括模块化舱室单元、铝制品、复合材料、玻璃制品、家具家居等配套产业以及邮轮制造相关研发中心、测试认证中心、展示中心、保税仓库等，有望成为世界上首个专业化的邮轮配套产业基地。

（七）中国邮轮经济政策体系创新显著加强

近年来，我国邮轮经济快速发展，各级政府部门加大对邮轮经济的支持力度。随着相关邮轮经济政策的逐步落实，政策红利将进一步释放，把政策红利转化为推动邮轮经济发展的强大动力，必将推动中国邮轮经济的更好发展。上海海事局发布《关于明确“国际邮轮优先”工作职责及操作流程的通知》，明确邮轮通行“五优先”，更好地保障邮轮准点和安全通行。福建省发改委等十部门印发《关于促进邮轮经济发展的实施方案》，在加快邮轮港口基础设施建设、着力培育壮大邮轮市场、加强邮轮发展政策扶持等方面提出重要举措。交通运输部发布《关于推进海南三亚等邮轮港口海上游航线试点的意见》，提出先期在海南三亚、海口邮轮港开展中资方便旗邮轮无目的地航线试点。海南省人民政府办公厅出台《关于印发海南邮轮港口海上游航线试点实施方案的通知》，探索中资非五星红旗邮轮开展海上游航线试点，在五星红旗邮轮投入运营前，中资邮轮运输经营人可以用其拥有或者光租的非五星红旗邮轮开展海上游航线试点。2019年8月，交通运输部、公安部、文化和旅游部、海关总署、移民局出台《关于推广实施邮轮船票管理制度的通知》，邮轮船票制度得以在全国推广。2019年8月，中共中央、国务院出台《关于支持深圳建设中国特色社会主义先行示范区的意见》，提出有序推动国际邮轮港建设，进一步增加国际班轮航线，探索研究简化邮轮、游艇及旅客出入境手续。推动宝山迈向更富魅力的国际邮轮之城，打造千亿规模邮轮产业集群，推动建设首个中国邮轮旅游发展示范区。

2020年4月，上海市宝山区出台新版《关于加快宝山邮轮经济发展的实施意见》。2020年7月，国家发展改革委、交通运输部出台《关于加快天津北方国际航运枢纽建设的意见》，提出以邮轮物资及免税商品船供业务为突破口，加快开展东疆邮轮物资配送业务，拓展天津港邮轮产业服务链条，壮大邮轮物流产业规模。积极开辟邮轮始发航线，提升邮轮码头综合服务功能和优化口岸通关环境，进一步完善邮轮码头周边公共交通网络体系，提升旅客服务体验。力争到2025年邮轮旅客出入境100万人次，2035年邮轮旅客出入境200万人次，形成完善的邮轮物资供应体系和邮轮旅游服务体系。2020年8月，商务部出台《全面深化服务贸易创新发展试点总体方案》，提出推动邮轮旅游经济发展，在具备条件的试点地区率先推进中国邮轮旅游发展实验区建设。在具备条件的试点地区，推进对外国旅游团乘坐邮轮从试点地区海港口岸入境实行15天免签政策。

表8　2019～2020年全国各地出台的邮轮经济政策

出台时间	政策名称	发布单位	主要内容
2019年4月	关于明确“国际邮轮优先”工作职责及操作流程的通知	上海海事局	明确邮轮通行“五优先”，更好地保障邮轮准点和安全通行
2019年4月	关于促进邮轮经济发展的实施方案	福建省发改委等十部门	加快邮轮港口基础设施建设、着力培育壮大邮轮市场、加强邮轮发展政策扶持
2019年5月	加快广州国际邮轮产业发展若干措施的通知	广州市人民政府	加快国际邮轮母港建设，打造国际邮轮全球采购船供配送和修造中心，提升国际邮轮产业配套服务水平
2019年7月	关于印发海南邮轮港口海上游航线试点实施方案的通知	海南省人民政府办公厅	在五星红旗邮轮投入运营前，中资邮轮运输经营人可以用其拥有或者光租的非五星红旗邮轮开展海上游航线试点
2019年8月	关于推广实施邮轮船票管理制度的通知	交通运输部等五部门	在全国范围推广实施邮轮船票管理制度，推广邮轮船票直销，实施凭证上船，实施乘客信息提前申报与共享，推广使用行李信息条

续表

出台时间	政策名称	发布单位	主要内容
2019 年 8 月	关于进一步激发文化和旅游消费潜力的意见	国务院办公厅	支持邮轮游艇旅游、非物质文化遗产主题旅游等业态发展
2019 年 8 月	关于支持深圳建设中国特色社会主义先行示范区的意见	中共中央、国务院	有序推动国际邮轮港建设,进一步增加国际班轮航线,探索研究简化邮轮、游艇及旅客出入境手续
2019 年 12 月	关于促进海南邮轮经济发展的实施方案	海南省推进邮轮游艇产业发展领导小组办公室	积极探索海南邮轮政策制度创新开放,不断优化邮轮产业发展环境,扩展邮轮旅游消费发展空间,全面推动邮轮旅游消费提质升级,全力打造业态丰富、品牌集聚、特色鲜明的海南邮轮旅游消费胜地
2020 年 4 月	关于加快宝山邮轮经济发展的实施意见	上海市宝山区	打造具有全球影响力的邮轮企业集聚高地、打造具有全球竞争力的邮轮母港运营高地、打造具有辐射带动作用的邮轮产业集群高地等
2020 年 7 月	关于加快天津北方国际航运枢纽建设的意见	国家发展改革委、交通运输部	加快开展东疆邮轮物资配送业务,壮大邮轮物流产业规模。积极开辟邮轮始发航线,提升邮轮码头综合服务功能和优化口岸通关环境,提升旅客服务体验,形成完善的邮轮物资供应体系和邮轮旅游服务体系
2020 年 8 月	全面深化服务贸易创新发展试点总体方案	商务部	推动邮轮旅游经济发展,在具备条件的试点地区率先推进中国邮轮旅游发展实验区建设。在具备条件的试点地区,推进对外国旅游团乘坐邮轮从试点地区海港口岸入境实行 15 天免签政策

资料来源：各地政府官网。

二　疫情期间：加强疫情防控，推动复工复产复市

（一）中国邮轮旅游市场遭受巨大冲击

邮轮属于大型聚集型旅游产品和人群聚集的海上载体，具有人员集中度

高、数量大、来源广泛、流动性强、封闭性强等显著特点，医疗卫生条件有限，邮轮上船员来自不同国家，邮轮旅途将到境外不同港口，一旦出现疫情将造成巨大的损失和国际影响，对突发公共卫生事件的防控难度较大。新冠肺炎疫情全球蔓延，中国邮轮市场首当其冲，2020 年 1 月 24 日，文化和旅游部办公厅发布《关于全力做好新型冠状病毒感染的肺炎疫情防控工作暂停旅游企业经营活动的紧急通知》，要求全国旅行社及在线旅游企业暂停经营团队旅游及“机票 + 酒店旅游”产品，1 月 29 日起全部航次暂时取消，各大邮轮公司推出邮轮航次行程免费取消及全额退款保障政策，以更好地保护游客的权益。由于各大邮轮公司纷纷取消航次，2020 年中国邮轮市场规模将再次下滑，超过“萨德事件”对中国邮轮市场的影响。邮轮公司为保障游客权益，采取全额船票及港务费退款，或改期至 2020 年其他同等航次，短期内丧失收入来源。

这次疫情不仅对邮轮产业链的邮轮运营及旅游活动相关的各主体造成严重损失，还波及邮轮建造、经营管理、票务销售、相关专业服务等环节所形成的服务链。对我国邮轮经济造成的损失可以分为直接损失和间接损失。直接损失包含船票收入损失、游客赔偿损失、邮轮停泊费用、船上消费损失、游客安置费用、船员工资开支、船供物资损失以及其他经济损失等。邮轮公司本身运营成本较高，投入大量的人力及物资，一般邮轮旅游航线都是提前几个月预订，短期内调整运力较为困难，在停航状态下，需要支付港务费、船员工资等，并且邮轮在出发前需要采购各种船供物资，这使得各家邮轮公司均遭受不同程度的损失。我国邮轮市场处于起步阶段，目前我国邮轮港具有盈利点少、盈利能力较弱的显著特点，仅有上海吴淞口国际邮轮港因接待邮轮数量较多而处于盈利的状态，其余邮轮港基本处于亏损的状态。目前我国邮轮港的收益来源主要包括邮轮靠泊收入、游客包干费、进境免税店收入、出境免税店收入、广告宣传收入、邮轮船票代理和邮轮船供代理收入等。新冠肺炎疫情全球蔓延，各大邮轮公司纷纷停航，对我国邮轮港收益造成较大的影响，收入基本为零。

新冠肺炎疫情对国际邮轮公司战略布局造成巨大的影响，2020 年计划布局中国市场的母港邮轮为 14 艘，包括海洋光谱号、海洋量子号、海洋航行者号、威尼斯号、赛琳娜号、新浪漫号、世界梦号、探索梦号、大西洋号、辉煌号、荣耀号、双子星号、鼓浪屿号、中华泰山号等。在疫情发生初期，公主邮轮暂停运营“蓝宝石公主号”从 2020 年 6 月 3 日至 9 月 30 日由上海母港出发往返的所有航次，取消 2020 年在中国运营的所有航次。新冠肺炎疫情同样对访问港邮轮造成影响，诺唯真游轮取消“诺唯真之勇号”从 2020 年 4 月 15 日到 12 月 7 日在亚洲运营的所有航次。随着新冠肺炎疫情的全球蔓延，中国邮轮市场持续停航。

（二）加快推动邮轮疫情防控体系建设

新冠肺炎疫情全球蔓延，多方积极推动邮轮疫情防控体系建设。国家海事局出台《船舶船员新冠肺炎疫情防控操作指南》，针对测量体温、船岸沟通、口罩使用、空调新风、清洁方法、客船疫区航行等都提出相应的指导意见。从旅客、船员的健康管理，邮轮港口、邮轮公司的防控措施，属地政府和管理部门的职责分工等方面，完善疫情防疫的“中国标准”。上海市文化和旅游局制定《上海市邮轮旅游新型冠状病毒肺炎疫情防控工作指南》，涵盖港口服务与管理、卫生防疫、邮轮管理、邮轮港内部防控管理等方面共 34 项具体措施。指南要求严格实施预约进港、分批抵港制度，港区日接待量应不超过日最大承载量的 50%，瞬时流量应不超过最大瞬时流量的 50%，港区内不举办聚集性营销推广活动，原则上不接待邮轮参观、考察活动。同时，上海海关制定《出入境邮轮卫生检疫作业指引》，上海市交通委配合交通运输部制定《国际邮轮新冠肺炎疫情防控工作指南》，并编制《上海国际邮轮新冠肺炎疫情防控工作指引》，形成包括邮轮港口、邮轮公司、应急处置、后勤保障等方面防疫工作措施在内的完整的防疫体系。

表9　上海市邮轮旅游新型冠状病毒肺炎疫情防控工作指南

主要方面		具体内容
一、防控工作机制		1. 高度重视新型冠状病毒肺炎疫情防控工作，成立“新型冠状病毒肺炎疫情防控工作领导小组”，由邮轮港口所在区政府港口管理部门牵头，区政府相关部门、口岸查验单位、港口公安及相关企业共同参与，根据防控工作部署和疫情动态变化，全面统筹落实疫情防控工作
		2. 结合实际制定《新冠肺炎疫情防控工作应急预案》，并确保有效实施。应建立疫情防控工作机制，强化协调联动机制、疫情监测机制、信息报送机制，明确各部门具体职责
		3. 邮轮旅游恢复应当根据全市疫情防控情况，在市疫情防控工作领导小组的统一部署下，在允许恢复后逐步有序开放
		4. 积极配合当地疫情防控工作领导小组工作，切实做好日常防控，设立临时隔离点。一旦发现疫情，及时启动预案，做好防控应急处置工作
		5. 邮轮旅游恢复前应落实疫情防控所需的口罩、手套、酒精、消毒液等物资保障，确保满足防控工作的需要
二、邮轮港内部防控管理		6. 邮轮港应成立邮轮港防疫卫生工作专班，负责邮轮港各区域的消毒、通风工作，并建立消毒、通风的记录和检查台账，做到有据可查、有迹可循
		7. 邮轮港应建立港口员工的身体健康档案，强化员工健康监测，实行每日登记制度，员工进入港区前必须测量体温并记录。员工如有出现发热、咳嗽等不适症状者不得带病上班，并应及时就医
		8. 办公区域人员之间宜保持1米以上距离，多人办公时应正确佩戴口罩。进入办公区域前应洗手、消毒。接待外来人员双方应正确佩戴口罩
		9. 加强办公区域通风换气，并按时进行消毒，保持环境卫生。减少人员聚集，减少会议频次。员工用餐采用分时段就餐或分餐制
		10. 密切关注员工心理健康，做好心理调适，合理安排工作时间和工作量，倡导员工适度锻炼，推行健康生活方式。港口临时关闭阶段，可以通过网上培训等形式，做好职工的培训及业务能力提升工作
三、恢复后的防控举措	（一）港口服务与管理	11. 邮轮港口在邮轮旅游恢复前应完成疫情防控工作的全员培训，一线员工应熟悉掌握防控工作各项要求，并具有处理突发事件的能力
		12. 严格实施预约进港、分批抵港制度，港区日接待量应不超过日最大承载量的50%，瞬时流量应不超过最大瞬时流量的50%。疫情防控期间的游客最大承载量要予以公告
		13. 实施旅客信息报告和健康申报制度，对游客一律按照上海“一网通办”中“随申码”绿码标准进行登记，利用互联网、大数据等手段掌握游客基本信息，以便及时与相关人员取得联系

续表

主要方面	具体内容	
三、恢复后的防控举措	（一）港口服务与管理	14. 港区应在主入口醒目位置进行公告，提醒游客遵守相关防控的要求、常识和注意事项，并公布当地疾病控制中心电话。在游客中心放置中英文防治新冠肺炎的宣传资料，免费向游客发放
		15. 港口区应严格实施出境检疫，对来自重点地区的游客或者体温高于37.3度等疫情传播风险较大的游客予以劝返
		16. 港区应严格落实室内场所的通风和消毒措施
		17. 港区内不举办聚集性营销推广活动。原则上不接待邮轮参观、考察活动
		18. 港区一线服务员工必须在服务过程中全程戴好手套，正确佩戴口罩，勤洗手，注意个人卫生，不当众咳嗽和打喷嚏，重点岗位可采取穿戴防护服等防护措施
		19. 引导游客之间保持1米以上距离，避免人群拥挤和聚集。港区内引导人员应与游客保持1米以上距离
		20. 加强群防群控，强化与属地的防疫、公安、文旅等部门联动，对不配合体温检测、随意吐痰、乱扔垃圾等游客不文明行为要予以制止和劝导，对明显违反防控规范的游客或有关行为，第一时间报告当地防控有关部门处置
	（二）卫生防疫	21. 港区游客中心内公用设施、电子触摸屏每天至少消毒两次，为游客提供使用的轮椅等物品，做到“一客一消毒”。港区内备有消毒液等物品，免费供游客使用。对所有行李在进入船舶前有相应的消毒措施。所有船供物品必须符合防疫的要求，且可追溯
		22. 强化港区停车场防控和消毒管理，团队和自驾车辆实行分区停放，车辆宜隔位停放，引导游客分散进入
		23. 港区垃圾箱（桶）每天至少消毒两次，保持港区内环境整洁。增设防疫用品回收专用箱（桶）
		24. 港区卫生间应通风良好，卫生设施完善，须配备洗手液、一次性擦手纸，并确保供水正常和烘干机正常使用。便池、洗手台、把手等重点部位消毒每两小时一次，地漏每天用消毒水冲洗
	（三）邮轮管理	25. 邮轮公司在邮轮恢复运营前应完成疫情防控工作的全员培训，邮轮上的员工应熟悉掌握防控工作各项要求，并具有应急处理突发事件的能力
		26. 邮轮公司应建立邮轮员工的身体健康档案，强化员工健康监测，实行每日登记制度，员工进入邮轮前必须测量体温并记录。员工如有出现发热、咳嗽等不适症状者不得带病上班，并应及时离船就医
		27. 邮轮公司应按照海关的要求，调整OPRP（疫情预防和反应方案）的响应级别，按照要求配备船上医护人员，配置相关防疫物资，严格落实相关管理措施

续表

主要方面	具体内容	
三、恢复后的防控举措	（三）邮轮管理	28. 邮轮应通过各种方式进行公告，提醒游客遵守相关防控的要求、常识和注意事项，并公布医疗中心电话。免费向游客发放中英文防治新冠肺炎的宣传资料
		29. 邮轮航行期间，应免费为旅客提供测量体温服务，有条件的，应在邮轮的主要通道上安装无接触测温设备，对游客体温进行监测，对体温高于37.3度的游客应及时进行隔离治疗
		30. 邮轮公司应对旅客在访问港的旅游进行有效管理。对游客的组团情况、游览线路进行必要的记录
		31. 邮轮上的服务人员必须在服务过程中全程戴好手套，正确佩戴口罩，勤洗手，注意个人卫生，不当众咳嗽和打喷嚏，重点岗位可采取穿戴防护服等防护措施
		32. 邮轮抵港后，经海关检疫许可后，方可进行旅客和船员登离船、行李装卸等作业。船上有发热或疑似传染者的，应安排第一批下船
	（四）疑似感染者应对措施	33. 港区内发现疑似感染者，应第一时间与所在区疾控部门进行联系，报告疑似感染者基本信息，并开辟专门的隔离场所及通道，等待疾控部门到现场处置。邮轮航行期间发现疑似感染者，应及时隔离医治，并向海关报备。同时，对疑似感染者所接触的区域及时进行防疫消毒处理，消毒时要用可防御感染的防护服、口罩、橡胶手套、护目镜、橡胶鞋等物品进行个人防护
		34. 港区和邮轮上发现的疑似感染者被确诊后，与该游客接触的工作人员、游客应及时进行居家隔离或集中隔离，最大限度减少交叉感染的风险

资料来源：上海市文化和旅游局。

为贯彻落实国家“外防输入、内防反弹”的部署要求，国家海事局出台《船舶船员新冠肺炎疫情防控操作指南》。2020年4月，交通运输部印发通知，进一步强化国际航行船舶中国籍船员境内港口换班管理，规范境内港口船员换班上下船操作程序。交通运输部出台《港口及其一线人员新冠肺炎疫情防控工作指南》，交通运输部、外交部、国家卫生健康委、海关总署、国家移民管理局联合发布《关于疫情防控期间针对伤病船员紧急救助处置的指导意见》，指导疫情防控期间伤病船员紧急救助处置工作有序开展，切实履行国际公约规定的责任和义务。交通运输部、外交部、国家卫生健康委、海关总署、国家移民管理局、中国民用航空局联合发布《关于精准做好国际航行船舶船员疫情防控工作的通知》，明确提出有序保障中国籍船员换班、合同到期回国等，依法保障船员合法权益，严格落实新冠肺炎疫情防控责任，对国际航行船舶船员实施严格封闭管理，优化中国籍船员换班出入境通关防控措施，稳妥做好境外中国籍船员的回国安排，加强内外贸兼营船舶由国际航线转国内航线的管理等。在全球疫情快速蔓延，国外大多数港口均拒绝邮轮停靠的背景下，上海吴淞口国际邮轮港成功完成4月23日“海洋量子号”和5月29日“海洋光谱号”共753名合同到期中国籍船员离船入境，深圳招商蛇口邮轮母港完成歌诗达邮轮“威尼斯号”310名中国船员安全离船。交通运输部出台《关于加强游轮疫情防控和运营安全工作的通知》，提出统筹做好游轮复航与疫情防控、运营安全工作，加强游轮复航后常态化疫情防控，复航初期载客率不超过定额50%，严格执行实名制、公共场所通风消毒和人员体温检测、载客率控制等要求，引导游客落实戴口罩、手卫生，加强个人健康防护。

（三）完善升级邮轮船上安全及医疗措施

各大邮轮公司积极采取措施应对疫情影响，在船上启动更加严格的卫生防疫政策，加强港口游客筛查，对所有登船游客进行体温检测，进一步提高船上的消毒频次，在船上设立的隔离区具有开展流行病学调查、采样及核酸检测等能力，制定邮轮新冠肺炎疫情防控方案，加强邮轮疫情防控。皇家加勒比在全球部署的各艘船只都加强了相关的安全防范措施，在登离船的安检环节中实施严格的体温监测等措施。在执行原有严格的船上卫生标准之外，启动了更加严格的卫生防疫流程。邮轮船只的公共区域及娱乐设施都要实行更加严格的消毒措施，并在船上要求游客及船员提高洗手、消毒频次，所有船员上岗前均经过严格的体温及卫生检测。在船上对船员实行严格的分区管理，将正常人员标识为绿色、密切接触者标识为橙色、确诊病例标识为红色。船上配备的专业医护人员将24小时值守，并建立由专人负责的发热隔离区。歌诗达邮轮全面加强船员个人健康卫生防护举措，对所有船员进行体温监测，包括在全面停航后依然每天进行体温监测，以确保随时掌握船员的健康状况。同时按卫生部门与医疗专业人士所提出的与“新型冠状病毒肺炎”相关的公共场所及设施清洁消毒要求，旗下所有船只均采用严格的卫生防疫和清洁消毒措施，并增加船上的消毒频次。星旅远洋邮轮“鼓浪屿号”优化船舶空调通风系统，从右舷吸入新风，从左舷侧排出。全船分为7个主竖区，各区均采用A级防火隔离，并具备独立通风系统，若发生疫情，正常舱室通过遥控或本地操控，关闭两道风闸切断回风，实现100%新风供应，并设置独立的封闭线路将病患从医疗中心撤离到隔离区。设立独立的隔离红区，启用隔离舱房，以保障全船的安全运营，并且隔离舱房采用独立通风系统。加强登船口筛查，安排游客错峰抵达集合地点，领队协助游客进行健康申报、行李托运和申领房卡，在船上配有测温系统随时监测。

（四）各方积极筹划加快邮轮经济复苏

2020年3月，国家发展改革委等二十三部门出台的《关于促进消费扩容提质加快形成强大国内市场的实施意见》明确提出，“加快中国邮轮旅游发展示范区和实验区建设”。2020年2月，文化和旅游部出台《关于暂退部分旅游服务质量保证金支持旅行社应对经营困难的通知》，向旅行社暂退部分旅游服务质量保证金。为应对疫情对邮轮旅游的影响，2020年3月，海南省人民政府出台《海南省旅游业疫后重振计划——振兴旅游业三十条行动措施（2020～2021年）》，提出大力发展邮轮游艇旅游，积极与邮轮企业合作，落实《海南邮轮港口海上游航线试点实施方案》，推动实施更加开放的免签入境政策，积极推动邮轮从海南入境15天免签政策落地。上海市文化和旅游局出台《关于上海市全力防控疫情支持服务旅游企业平稳健康发展的若干政策措施》，从多渠道宣传相关政策、协调落实国家及我（上海）市相关政策措施、做好企业疫情防控及复产复工保障工作等方面给予支持。海南省人民政府出台《海南省应对新型冠状病毒肺炎疫情支持海南旅游企业共渡难关六条措施的通知》，支持旅游企业积极解决疫情带来的生产经营困难，促进旅游业健康有序发展。海南省推进邮轮游艇产业发展领导小组办公室印发《2020年海南省邮轮游艇产业工作要点》，提出制定出台更加开放的国际船舶登记管理制度、推动邮轮船供物流监管运营模式创新、有序推进邮轮码头基础设施建设、研究推进邮轮物料供应集散中心建设等。2020 年 3 月，上海市宝山区出台新版《关于加快宝山邮轮经济发展的实施意见》，提出促进邮轮产业政策创新，推动宝山迈向更富魅力的国际邮轮之城，打造千亿规模邮轮产业集群，推动建设首个中国邮轮旅游发展示范区。青岛国际邮轮母港区开工暨全球招商推介仪式在青岛港举行，将建设成为青岛市国际航运贸易金融创新中心的承载区、国际资源对接的思想策源地、中国邮轮旅游发展实验区核心区。

表 10　推动邮轮经济复苏的政策措施

序号	政策名称	发布部门	主要内容
1	关于促进消费扩容提质加快形成强大国内市场的实施意见	国家发展改革委等二十三部门	加快中国邮轮旅游发展示范区和实验区建设
2	关于暂退部分旅游服务质量保证金支持旅行社应对经营困难的通知	文化和旅游部	向旅行社暂退部分旅游服务质量保证金，暂退标准为现有交纳数额的 80%
3	关于积极应对疫情影响保持导游队伍稳定相关工作事项的通知	文化和旅游部	从强化劳动权益保护、开展线上免费培训、完善综合服务保障、不断加强关爱引导等方面推动导游队伍稳定
4	关于加快宝山邮轮经济发展的实施意见	上海市宝山区	推动宝山迈向更富魅力的国际邮轮之城，打造千亿规模邮轮产业集群，推动建设首个中国邮轮旅游发展示范区
5	海南省旅游业疫后重振计划——振兴旅游业三十条行动措施（2020～2021 年）	海南省人民政府	大力发展邮轮游艇旅游，积极与邮轮企业合作，落实《海南邮轮港口海上游航线试点实施方案》
6	关于上海市全力防控疫情支持服务旅游企业平稳健康发展的若干政策措施	上海市文化和旅游局	从多渠道宣传相关政策、协调落实国家及我市相关政策措施、做好企业疫情防控及复产复工保障工作等方面给予支持
7	海南省应对新型冠状病毒肺炎疫情支持海南旅游企业共渡难关六条措施的通知	海南省人民政府	支持旅游企业积极应对疫情带来的生产经营困难，促进旅游业健康有序发展

资料来源：国家发展改革委、文化和旅游部等官网。

皇家加勒比国际游轮推出针对旅游合作伙伴的扶持政策，出资3500万元人民币设立皇家加勒比“旅业振兴专项资金”，用于实施一系列的旅业配套帮扶、资金补贴、免费培训等措施，专门针对原有预订被取消的情况提供补贴，惠及全国各地近300家旅行社。虽然受到新冠肺炎疫情影响，国产大型邮轮建造也加快推进，2020年3月，上海外高桥造船有限公司大型邮轮船厂适应性改造重点工程——2号船坞改造项目主体结构完工，将船坞从540米向陆侧延伸200米，使总长度达到740米，满足一艘半大型邮轮或一艘大型邮轮和一艘大型散货船串联建造需求，为保障大型邮轮建造打下了坚实的基础。2020年4月，上海外高桥大型邮轮管子制作开工仪式在上海外高桥造船海洋工程有限公司正式举行，标志着上海外高桥造船邮轮建造正式进入管子生产制作阶段。2020年4月，上海建工集团与外高桥造船公司签订《H1508邮轮餐饮及冷库区域背景工程合同》意向书，这标志着上海建工集团向邮轮建造领域进军。2020年8月，上海外高桥造船有限公司大型邮轮H1508项目总段总组正式开工建造。

三 推动疫情后中国邮轮经济发展的建议

（一）加快提升邮轮旅游消费市场信心

游客在旅游中的安全感知直接影响其出游意愿，会影响潜在旅游者的出游动机，也会影响邮轮出游时间段的选择。虽然从整体邮轮行业来说，传染病大规模暴发的概率很小，但新冠肺炎疫情依然对邮轮业造成一定的不良影响，尤其是“钻石公主号”疫情的传播，与邮轮行业一直宣传的“邮轮是最为安全的海上旅游设施，邮轮行业是装备最完善、经验最丰富的行业之一”相悖，在一定程度上对邮轮游客心理上造成一定的阴影。不少媒体对“钻石公主号”冠以“恐怖邮轮”“海上牢笼”“邮轮噩梦”等，使得人们对邮轮的安全性产生一定程度上的担忧，这对邮轮旅游业发展较为不利。据中国旅游研究院、携程旅游大数据联合发布的《国人疫情后旅游意愿调查报告》，90%以上的被调查者选择国内游，城市周边游、国内中短程游、国内长线游三项是主要选择，游客对邮轮旅游的顾虑较大。但从长期来看，疫情的影响只是暂时的，游客对邮轮旅游的需求依然会逐步恢复，这需要一定的时间自我修复，以不断提振市场的信心和增强游客的安全感。

对于邮轮出行进行正面的舆论宣传和引导，减少市场和客户因疫情防控期间关于邮轮的负面报道而产生的恐慌，同时大力宣传各邮轮公司近期对中国市场的投入和新船部署计划，提振市场消费信心。皇家加勒比游轮于2021年将“海洋光谱号”和“海洋航行者”布局上海、天津、香港三大母港，未来全球最大邮轮“海洋奇迹号”将布局中国市场。针对各邮轮公司的防疫措施和流程开展检查，出台在中国市场运营的邮轮公司的卫生检疫筛查报告，以及在疫情发生的不同阶段政府和邮轮公司联动的应急响应方案，并将报告和方案向全社会公示，加强宣传邮轮出行的安全保障。联合有关邮轮公司邀请国内外主要船级社召开小型技术研讨会，邀请各类媒体记者适时考察体验邮轮，通过各方专家研讨和主流媒体对邮轮产品的防疫情况予以真实的解读，消除社会各界的误解，传播邮轮高科技的品质，让消费者可以更加安心。在确保充分安全的情况下，举行邮轮开放日活动，组织游客和媒体亲身体验邮轮安全设施，让人们更加全面了解各邮轮公司的卫生防疫设施、应急技术手段，从而对邮轮有更加全面、准确的了解。

（二）加强国际邮轮卫生风险防控体系建设

建立邮轮游客信息可追溯管控机制和邮轮卫生监管标准是完善邮轮卫生防疫制度的重要内容。邮轮不断地从一个国家驶向另一个国家，游客、船员频繁上下，这些健康信息需要向当地卫生防疫部门开放。完善游客和船员信息追溯系统。口岸部门利用大数据技术，要求邮轮公司和旅行社将邮轮游客及船员数据信息提前转交海关、港口和相关卫生健康部门，进一步完善游客船员登轮信息可追溯管控机制。依据《中华人民共和国国境卫生检疫法》及其实施细则、《中华人民共和国传染病防治法》、《中华人民共和国食品安全法》、《突发公共卫生事件应急条例》等，加强邮轮公共卫生突发事件联防联控工作机制建设，制定口岸突发公共卫生事件应急处置预案并依据情况启动预案，构建一套完整、科学、实用的国际邮轮传染病疫情风险评估方法及程序，对相关传染病突发事件进行风险分析与判断，以便于口岸卫生检疫人员根据风险判定结果采取响应措施，有效应对相关疫情，这对于疫情的防控具有重要的作用。

进一步完善邮轮卫生管理体系，主动做好登船前和航行中船员和游客的健康监测工作，采取更为严格的卫生防疫措施和消毒流程，包括全覆盖的清洁与消毒、增加高频接触物体表面的消毒频率等。建立邮轮母港疫情防控综合体系，将母港邮轮公共卫生安全纳入地方公共卫生安全管理体系，在药品配置、人员培训、医废处置等方面提供支持。推动属地政府和港口联合第三方研究机构建立公共卫生防疫的管理标准和操作流程，由各邮轮公司配合第三方的医疗专家、检疫专家，一起构建科学、实用的国际邮轮针对三类传染病的风险评估方法及应急响应程序，建立区域或国家层面邮轮卫生防疫标准。邮轮保险体系是有效应对突发事件的重要基础。有效解决因邮轮旅游延误或取消而造成的游客纠纷群体性事件，促进邮轮旅游市场健康发展，设立邮轮突发事件的团体保险，建立风险处置基金作为今后承担应急公共事件处理的资金来源。

国际邮轮经济在高速发展中逐渐全面转型走向全球合作，邮轮旅游产业发展将更加注重整体性与国际协调性。加强邮轮国际联防联控体系建设，邮轮旅游涉及国际邮轮公司、母港和访问港当地政府、船籍注册国、游客和船员等多个利益相关方，而良好的国际合作应对机制缺失，易造成疫情防控的失效，应建立邮轮国际合作突发疫情应对机制。

（三）加快推动邮轮旅游产品创新体系建设

中国始发的母港邮轮航线较为单一，这在本次疫情中更为凸显，我国常规邮轮旅游航线主要限于日本、韩国等地。在新冠肺炎疫情期间，从全球疫情防控成效来看，中国结束疫情在先，而中国母港邮轮的主要目的地日本等国家疫情结束在后。但在这一特定时期，邮轮复航的航线选择只能限于国内或无目的地海上游；交通运输部的《关于推进海南三亚等邮轮港口海上游航线试点的意见》明确，邮轮无目的地海上游只限于中资方便旗邮轮在海南邮轮港口试点运营，在我国市场运营的绝大部分是外籍邮轮，没有特批就无法开展国内游和无目的地海上游。加大对本土邮轮的支持力度，做大做强本土邮轮品牌也是掌握邮轮市场主动权、稳定中国邮轮市场、增强国际邮轮市场话语权的重要基础。将中资邮轮无目的地游（公海游）不视为出境旅游，直接用身份证就可以登船，增强更多公职人员参与邮轮旅游的意愿，将邮轮旅游纳入工会职工休假体系，有效扩大市场需求，发挥旅游消费对拉动我国经济增长的作用，更好地促进旅游经济发展。同时，交通运输部《关于外国籍邮轮在华特许开展多点挂靠业务的公告》规定，外国籍邮轮可以在华多点挂靠，但须经特案批准，且必须是国际航线。加快开启“多点挂靠”航线，开发长航线和“一带一路”航线等，尽快推动恢复中国到韩国的邮轮航线，进一步丰富邮轮旅游航线选择空间，提升应对国际突发公共事件应急能力。

同时，加强邮轮旅游产品创新，激发邮轮旅游需求，新经济形势带来旅游消费和需求的新转变、产业融合成为主流发展趋势和科技赋能驱动邮轮产品新变革。在文旅融合和全域旅游引领下，深化供给侧改革，优化邮轮旅游供给体系，完善产业结构、产品结构，提升邮轮旅游能级和核心竞争力，打造体现国际风范、具有地域特色的世界著名旅游目的地，实现由供给不足向供需基本平衡转变。深化邮轮文旅融合发展，丰富邮轮旅游的内容，提升邮轮旅游的精神内涵，形成适应市场需要、层级丰富的邮轮旅游产品体系。

参考文献

汪泓主编《邮轮绿皮书：中国邮轮产业发展报告（2019）》，社会科学文献出版社，2019。

汪泓主编《邮轮绿皮书：中国邮轮产业发展报告（2018）》，社会科学文献出版社，2018。

汪泓主编《邮轮绿皮书：中国邮轮产业发展报告（2016）》，社会科学文献出版社，2016。

汪泓主编《邮轮绿皮书：中国邮轮产业发展报告（2015）》，社会科学文献出版社，2015。

汪泓主编《邮轮绿皮书：中国邮轮产业发展报告（2014）》，社会科学文献出版社，2014。

叶欣梁、梅俊青：《中国邮轮经济运行分析与发展预测（2018）》，上海交通大学出版社，2018。

G.3

2019~2020年中国邮轮产业发展十大热点

叶欣梁　邱　羚*

摘　要： 2019~2020年中国邮轮产业发展的热点涉及新冠肺炎疫情对中国邮轮经济影响、邮轮旅游发展示范区揭牌、邮轮经济扶持政策、国产邮轮建造、本土邮轮发展、邮轮港服务标准、邮轮公司战略布局、邮轮合作平台等方面，具体包括：新冠肺炎疫情冲击中国邮轮经济，国际邮轮卫生防控体系加速完善；中国邮轮旅游发展示范区正式揭牌，打造邮轮经济高质量发展全国样板；各级邮轮经济扶持政策出台，助推中国邮轮经济振兴发展；海南自贸区相关法律实施拟暂作调整，支持开展中资方便旗邮轮海上游业务；首艘国产大型邮轮正式开工点火，邮轮建造迈入实质性实施阶段；本土邮轮船队纷纷组建，推动民族邮轮品牌发展壮大；大力推动邮轮港口设施建设，推动邮轮接待能级全面提升；全国首个邮轮港服务标准正式实施，推动邮轮港口服务规范发展；邮轮公司加强中国战略布局，助推中国邮轮高质量发展；国际邮轮经济合作平台全面拓展，引领中国邮轮经济创新发展。

* 叶欣梁，博士，上海工程技术大学教授、上海国际邮轮经济研究中心副主任、上海吴淞口国际邮轮港副总经理，研究方向：邮轮经济；邱羚，博士，上海工程技术大学教授、上海国际邮轮经济研究中心副主任，研究方向：邮轮经济、战略管理。

关键词： 邮轮产业　邮轮建造　全产业链　创新发展

在新时代高质量发展阶段，中国邮轮经济正奋力向邮轮设计制造、本土邮轮运营、邮轮服务贸易等高产值环节迈进。随着全国首个中国邮轮旅游发展示范区正式揭牌，首艘国产大型豪华邮轮正式开工建造，中船嘉年华“大西洋号”正式交付，中国邮轮经济全产业链发展的新时代正式开启。2020年是实施“十三五”规划的收官之年，也是“十四五”规划谋篇布局之年，但同时新冠肺炎疫情也对中国邮轮经济造成巨大的影响。在中国邮轮经济的发展中，诸多热点事件引起国内外邮轮业界的广泛关注。热点事件是具有显著标志性和里程碑意义的事件，对中国邮轮经济的发展具有重要的现实价值和深远影响。

为深入解读邮轮经济热点事件所带来的影响和启示，上海国际邮轮经济研究中心对我国邮轮经济发展最新形势，以影响力强、典型性强、影响深远等为原则，通过与国内外邮轮业界和学术界的集思广益，深入研讨，经过国内外邮轮业界及学界专家共同努力，从众多的热点事件中，筛选出十个热点事件。通过对热点事件的阐述与剖析，深度解读热点事件背后的规律、原因以及结果，从而更好地推动中国邮轮经济的健康持续发展。

热点一：新冠肺炎疫情冲击中国邮轮经济，国际邮轮卫生防控体系加速完善

（一）热点事件

2020年本应是中国邮轮旅游由调整期转向稳健增长的恢复期，但受到新冠肺炎疫情的影响，邮轮这种高度聚集的大型旅游产品，由于登轮时间集中、载客量大、游客集聚度高等特点，易受呼吸道传染性疾病的影响。2020

年1月24日，文化和旅游部办公厅发布《关于全力做好新型冠状病毒感染的肺炎疫情防控工作暂停旅游企业经营活动的紧急通知》，提出全力做好文化和旅游系统新型冠状病毒感染的肺炎疫情防控工作，有效切断病毒传播途径，坚决遏制疫情蔓延势头，确保人民群众生命安全和身体健康，要求全国旅行社及在线旅游企业暂停经营团队旅游及“机票+酒店”旅游产品。为积极响应国家控制疫情发展的需要，更好保护游客的人身安全，邮轮公司纷纷响应并暂停邮轮运营，1月29日起航次全部暂时取消，并实施免费退款和改签的政策，这对中国邮轮经济造成巨大冲击。2020年1月30日，交通运输部印发《关于统筹做好疫情防控与水路运输保障有关工作的紧急通知》，提出在国际邮轮运输方面，省级交通运输主管部门要会同卫生健康、文化旅游、海关等部门，积极指导国际邮轮公司开展邮轮运营疫情防控风险评估，审慎决定暂停航线的恢复，切实做好邮轮疫情防控工作。

（二）事件点评

疫情发生后，上海港的最佳防控和天津港的及时处置，增添了邮轮疫情有效防控的底气和信心。为有效应对疫情，各大邮轮公司制定了邮轮新冠肺炎疫情防控方案，升级了邮轮公共卫生管控措施，全方位加强对船员及旅客的健康检测和管理，各大邮轮港口修订了“国际邮轮港突发重大公共卫生事件应急处置预案”，开展了港口硬件设施改造，进一步提升港口测温、隔离等防疫设施标准，优化旅客进出港流程。地方政府部门积极作为，上海市文化和旅游局编制印发了《上海市邮轮旅游新型冠状病毒肺炎疫情防控工作指南》，涵盖港口服务与管理、卫生防疫、邮轮管理等方面共34项具体措施，确保防疫措施到位。中国邮轮疫情防控实施出入境分流措施，做到了早启动、早防控、早隔离，实现“零输入、零输出、零感染”，防控工作交出了优秀答卷，打了一场完美的邮轮防疫阻击战，得到了国际邮轮业界的广泛赞誉。中国成功防控新冠肺炎疫情不仅为全世界抗击疫情树立了标杆，增添了邮轮疫情有效防控的底气和信心，也让全球邮轮界看到了邮轮业重振的希望。

（三）重要启示

邮轮属于国际聚集型海上旅游产品，具有人员集中度高、数量大、来源广泛、流动性强、封闭性强等特点，同时，邮轮港口是大量邮轮游客集散中心，人员高度密集、空间相对封闭、联通国内国际，对疫情防控有更高的要求，要全面提升疫情防控方案、标准体系、流程规范。突发疫情既重创了邮轮旅游市场，也让社会各界充分意识到邮轮疫情防控的重要性，有效管控疫情风险将是邮轮全行业面临的共同问题。各邮轮公司必须采取更严格的突发公共卫生事件应急处理方案，加强船员的健康管理，更好保障游客的安全。邮轮港口城市应及时总结新冠肺炎疫情防控实践经验，全面评估邮轮防疫工作，加快建立邮轮港疫情防控综合体系，将母港邮轮公共卫生安全纳入地方公共卫生安全管理体系，在药品配置、人员培训、医废处置等方面提供大力支持，更好地推动突发公共卫生事件的有效联防联控。

热点二：中国邮轮旅游发展示范区正式揭牌，打造邮轮经济高质量发展全国样板

（一）热点事件

2019 年 9 月 30 日，国家文旅部正式同意在上海设立首个中国邮轮旅游发展示范区，要求充分发挥中国邮轮旅游发展示范区的优势，推动邮轮产业政策创新，引领中国邮轮经济高质量发展，增强服务国家战略发展能力，打造邮轮经济高质量发展的全国样板，为各地提供可复制可推广的经验。2019 年 10 月 10 日，中共中央政治局委员、上海市委书记李强到宝山参加 2019 亚太邮轮大会，为中国邮轮旅游发展示范区揭牌。2019 年 11 月 15 日，时任文化和旅游部长雒树刚在云南昆明巡展中国邮轮旅游发展示范区展台，为宝山邮轮旅游发展成效“点赞”。为更好推动中国邮轮旅游发

展示范区建设，编制了《中国邮轮旅游发展示范区总体方案》和《中国邮轮旅游发展示范区建设三年行动计划》。上海牵头制定全国邮轮港口服务标准《邮轮港服务规范》，2020 年 3 月 1 日正式全国施行。通过中国邮轮旅游发展示范区建设，上海可以更好代表国家参与全球邮轮业的合作与竞争，打造邮轮经济高质量发展全国样板，增强服务国家战略发展能力，建成具有国际影响力的世界一流邮轮母港、亚太邮轮企业总部基地和具有全球影响力的邮轮经济中心。

（二）事件点评

2020 年是实施“十三五”规划的收官之年，也是“十四五”规划谋篇布局之年，是宝山“双城战略”的全面实施之年，也是高质量建设中国邮轮旅游发展示范区的开局之年。中国邮轮旅游发展示范区的建立，是国家部委对上海邮轮经济发展成果的充分肯定和支持。示范区应承担起打造邮轮经济高质量发展全国样板的新使命，在示范引领作用方面，率先建立适应中国邮轮市场发展特点的管理模式，在体制机制方面起示范作用、率先建立同国际邮轮发展规则相适应的制度体系，在邮轮领域对外开放方面起示范作用、率先建立邮轮经济全产业链发展体系，在推动高质量发展方面起示范引领作用、率先构筑邮轮发展服务配套体系，在优化营商环境方面起示范作用，奋力创造新时代邮轮经济发展新奇迹。

（三）重要启示

全国第一个邮轮旅游发展示范区具有重要标杆意义，要在更高起点、更高层次、更高目标上树立新高峰，成为新典范。聚焦邮轮经济高质量发展，增强服务国家战略发展能力，打造邮轮经济高质量发展的全国样板。要借鉴国际先进理念，适应邮轮市场新需求，主动研究并加快推进相关政策法规修订，为邮轮经济发展提供更优的业务流程、更高的通关效率、更低的办事成本，精准支持邮轮新业态发展和产业链延伸。要对接上海打造“四大品牌”，深化改革开放和创新，加强与全球优势资源对接，主动融入长三角一体化发展，打造千亿级邮轮产业集群，加快建设具有竞争力的邮轮经济中心，进一步提升中国首个邮轮旅游发展示范区国际影响力，有效提升示范引领效应，助推中国邮轮经济全产业链发展。

热点三：各级邮轮经济扶持政策出台，助推中国邮轮经济振兴发展

（一）热点事件

2019 年 8 月，国务院办公厅出台《关于进一步激发文化和旅游消费潜力的意见》，支持邮轮游艇旅游、非物质文化遗产主题旅游等业态发展。2019 年 8 月，交通运输部、公安部、文化和旅游部、海关总署、移民局出台《关于推广实施邮轮船票管理制度的通知》，邮轮船票制度得以全国推广。2019 年 8 月，中共中央、国务院出台《关于支持深圳建设中国特色社会主义先行示范区的意见》，提出有序推动国际邮轮港建设，进一步增加国际班轮航线，探索研究简化邮轮、游艇及旅客出入境手续。2019 年 12 月，海南省推进邮轮游艇产业发展领导小组办公室出台《关于促进海南邮轮经济发展的实施方案》，提出积极探索海南邮轮政策制度创新开放，不断优化邮轮产业发展环境，扩展邮轮旅游消费发展空间，全面推动邮轮旅游消费提质升级，全力打造业态丰富、品牌集聚、特色鲜明的海南邮轮旅游消费胜地。2020 年 2 月，文化和旅游部出台《关于暂退部分旅游服务质量保证金支持旅行社应对经营困难的通知》，向旅行社暂退部分旅游服务质量保证金。2020 年 3 月，国家发展改革委等二十三部门出台的《关于促进消费扩容提质加快形成强大国内市场的实施意见》明确提出，加快中国邮轮旅游发展示范区和实验区建设。2020 年 3 月，海南省人民政府出台《海南省旅游业疫后重振计划——振兴旅游业三十条行动措施（2020～2021 年）》，提出大力发展邮轮游艇旅游，积极与邮轮企业合作，落实《海南邮轮港口海上游航线试点实施方案》。上海市文化和旅游局出台《关于上海市全力防控

疫情支持服务旅游企业平稳健康发展的若干政策措施》。2020 年 3 月 31 日，上海市宝山区出台新版《关于加快宝山邮轮经济发展的实施意见》。

（二）事件点评

邮轮经济是典型的口岸经济，具有全球化、外向型特点，国际邮轮产业普遍集聚于经济高度自由的港口城市，对创新性政策的需求较高。对标世界著名邮轮产业集聚区，我国在政策创新方面依然存在较大的差距，需要进一步加大政策创新力度，打造良好的营商环境，助力中国邮轮经济参与国际竞争，推动中国邮轮经济健康持续发展。随着社会各界对邮轮经济发展战略意义认识更加清晰，国家及地方政府制定邮轮经济政策时重点从扶持向创新转变，并且邮轮经济政策的精准性显著增强。随着邮轮经济政策的逐步落实，政策红利将进一步释放，把政策红利转化为推动邮轮经济发展的强大动力，将推动中国邮轮经济的更好发展。邮轮停航导致邮轮相关企业承受巨大的经济损失，为此，要出台扶持政策予以相应的资金扶持。适当降低邮轮企业的运营成本，考虑适当减免包括码头在内的相关费用、税费和公司税收等。

（三）重要启示

邮轮经济是高度国际化的新兴经济，邮轮企业均是跨国型企业，高水平的邮轮经济发展需要推动全球各类相关企业的集聚，形成产业集群，进而构筑完善的邮轮全产业链体系。加快完善以服务邮轮经济为主要特色的海关监管制度，创建以邮轮经济为特色的综合保税区，实施有利于邮轮经济新业态发展的综合配套政策制度，推动国际邮轮港、邮轮产业园区与自贸试验区对接联动，建立与中国邮轮旅游发展实验区和中国邮轮旅游发展示范区相适应的配套政策，进一步增强对国内外邮轮企业的吸引力，为邮轮经济发展创造更大的创新空间，加快推动中国邮轮经济“换道超车”，实现中国邮轮经济高质量发展。同时，各地要贯彻落实国家及地区支持和服务企业发展的政策措施，降低邮轮企业融资成本，加大对邮轮旅游企业的融资担保支持力度。

热点四：海南自贸区相关法律实施拟暂作调整，支持开展中资方便旗邮轮海上游业务

（一）热点事件

十三届全国人大常委会第十七次会议2020年4月26日审议相关决定草案，拟授权国务院在中国（海南）自由贸易试验区暂时调整实施土地管理法、种子法、海商法的有关规定。在邮轮方面，暂时调整实施《中华人民共和国海商法》第四条第二款的有关规定，将海南自贸试验区港口开展中资方便旗邮轮海上游业务的邮轮企业（经营主体）及邮轮的市场准入许可、仅涉及海南自贸试验区港口的外籍邮轮多点挂靠航线许可权限由国务院交通运输主管部门下放至海南省交通运输主管部门。基于海南海域情况及海南国际邮轮发展状况，在五星红旗邮轮投入运营前，允许中资邮轮运输经营主体在海南三亚、海口邮轮港开展中资方便旗邮轮海上游业务。由海南省人民政府制定具体管理办法，组织相关部门及三亚、海口市人民政府依职责落实监管责任，加强对试点经营主体和邮轮运营的监管。草案明确，上述调整在2024年12月31日前试行。暂时调整实施有关法律规定，必须建立健全事中事后监管制度，有效防控风险，国务院及其有关部门要加强指导、协调和监督，及时总结试点工作经验。对实践证明可行的，修改完善有关法律；对实践证明不宜调整的，恢复施行有关法律规定。

（二）事件点评

支持海南全岛建设自由贸易试验区，支持海南逐步探索、稳步推进中国特色自由贸易港建设，是党中央、国务院作出的重大决策。海南自由贸易试验区相关法律实施拟暂作调整，是支持海南全面深化改革开放、推动海南自贸试验区试点政策落地的重要举措。2019年5月7日，交通运输部出台《交通运输部关于推进海南三亚等邮轮港口海上游航线试点的意见》，提出

试点邮轮企业应提前2个月提出邮轮无目的地航线方案申请（具体航线及航行水域、时间及航次安排等情况），海南省交通运输厅会同省外事部门按相关规定报批后，及时通报当地外事、旅游、公安、边检、海关、海事等相关部门。此次审批权限将下放至海南省，由海南省交通运输厅负责参与试点邮轮企业（经营主体）及邮轮的市场准入管理，准入情况及时通报当地外事、旅游、公安、边检、海关、海事等相关部门，将更好地推动海南邮轮旅游的快速发展。

（三）重要启示

海南省制定《海南邮轮港口海上游航线试点实施方案》，确定了海南邮轮港口海上游（即邮轮无目的地）航线的范围及相关企业准入的管理制度。《关于促进我国邮轮经济发展的若干意见》指出严禁邮轮试点沿海游、无目的地游发生涉黄涉赌问题。习近平总书记重要讲话指出，海南全岛建设自由贸易试验区，要以制度创新为核心。目前国际邮轮船队在中国市场的主要航线为日韩航线，南海邮轮旅游是丰富我国邮轮旅游航线的重要方面。南海区域具有广阔的海域，具有很多的无人岛、风格奇异的海洋生物，是绝佳的旅游目的地，有利于推进南海旅游经济的发展。要鼓励邮轮企业设计丰富多样的无目的地邮轮航线，满足游客和居民海上看日出、潜水海钓、企业休闲商旅以及私人聚会等多样性的消费需求，逐步引导我国居民形成成熟的邮轮休闲消费理念，促进三亚邮轮母港建设，支撑海南国际旅游消费中心发展。

热点五：首艘国产大型邮轮正式开工点火，邮轮建造迈入实质性实施阶段

（一）热点事件

2019年10月18日，我国首艘国产大型邮轮正式开工点火钢板切割，

全面进入实质性建造阶段，标志着中国船舶工业实现“零”突破，正式跨入大型邮轮建造新时代，代表着中国造船的最高水平。首艘国产大型邮轮吨位为13.55万总吨，总长为323.6米，最大载客量为5246人，入级英国劳氏船级社和中国船级社，挂巴拿马旗，首艘国产大型邮轮基本确定采用源自德国的爱达（AIDA）品牌，计划于2023年9月30日交付，第二艘实船计划于2024年12月交付。2020年4月21日，上海外高桥造船有限公司与上海建工集团签署战略合作协议，推动大型邮轮内装工程建设。工程总包是邮轮项目的重要组成部分，2020年4月24日，上海外高桥造船厂召开大型邮轮H1508项目工程总包经理任命大会。2020年4月27日，国产大型邮轮项目薄板分段连续开工转阶段顺利通过审核。2019年9月6日，招商局在江苏海门举行中国首制极地探险邮轮命名交付仪式，正式交付第一艘极地探险邮轮，命名为“格雷格·莫蒂默号”。这是中国造船史上第一艘极地探险邮轮。应推动邮轮配套产业园建设，依托国家级材料及技术试验检测中心、研发服务平台、配套产业保税仓库、产业展示中心四个公共服务平台建设，打造成国际一流的邮轮配套产业园。

（二）事件点评

目前全球大型邮轮建造产能略显不足，此外世界邮轮设计建造及配套产业链主要集中在欧洲，推动国产邮轮建造是提升我国造船业国际竞争力和增强现代制造业能级的重要方向。大型邮轮的设计建造符合国家海洋战略方针，能够促进船舶行业供给侧改革，推动我国船舶工业转型升级。与欧美国家成熟的邮轮产业体系相比，我国邮轮市场起步较晚，但发展迅猛，应走国际合作、引进消化吸收再创新的发展道路，实现国产邮轮建造的“弯道超车”。我国首艘国产邮轮建造是引进了国际最新的三维设计软件，下一步要推动我国邮轮三维设计软件的自主研发投入，实现从设计、采购、生产建造、调试到交付的全时段追踪，通过数字化模式实现科学高效生产建造，为国产邮轮建造提供良好的技术支持。

（三）重要启示

中国首艘具有世界先进水平的大型邮轮开始实质性的设计建造，具有技术先进、性能优良、节能环保、高度智能等特点，代表着中国造船的最高水平，是响应国家战略的重要举措，对我国建设海洋强国、科技强国和制造强国而言具有重大且深远的战略意义。大型邮轮的设计规范标准远远高于其他船舶产品，且设计工作物量极大。大型邮轮实船工程各项工作已全面进入实质性阶段，全力推动中国首艘大型邮轮项目的实施，突破大型邮轮总布置设计的关键技术。大型邮轮科研项目体量较大，应加强大型邮轮科技创新顶层设计，不断完善自主创新体系，积极推动大型邮轮相关创新平台建设，推动大型邮轮科技研发能力、项目管理能力和生产建造效率不断提升。

热点六：本土邮轮船队纷纷组建，推动民族邮轮品牌发展壮大

（一）热点事件

2020 年 1 月 11 日，中船嘉年华邮轮有限公司旗下第一艘邮轮“大西洋号”在上海吴淞口国际邮轮港交付运营，成为其拥有并投入运营的第一艘大型邮轮，这标志着中国船舶集团有限公司在组建并运营中资控股的邮轮船队、打造中国最大的邮轮公司等方面迈出了实质性的一步。另一艘为“大西洋号”的姊妹船“地中海号”，交付日期将有待宣布。“大西洋号”2000 年由芬兰克瓦纳玛莎船厂建造，总吨位 8.56 万总吨，最大载客量为 2680 人。按照中船邮轮产业发展规划，到 2029 年，中船嘉年华邮轮有限公司旗下计划拥有 8 ~ 10 艘大型邮轮，有望成为中国最大的国际化运营的中资邮轮船东公司。2019 年 8 月 12 日，星旅远洋国际邮轮有限公司正式签署“鼓浪屿号”交接船法律文件，船名正式变更为“Piano Land”，完成“鼓浪屿号”实体接船。福建中运集团控股的上海蓝梦国际邮轮股份有限公司已经收购

2.5 万吨级“钻石辉煌号”，并更名为“蓝梦之星号”。上海世天邮轮在三亚投资设立海南世天邮轮有限公司，将首艘豪华邮轮命名为“三亚号”，以三亚凤凰岛国际邮轮港为母港，运营从三亚到南海西沙的航线运。

（二）事件点评

中国邮轮旅游市场供给主要依赖于外籍邮轮，缺乏本土邮轮船队，导致邮轮经济贡献外流，对本地经济拉动不足，必须通过系统性政策创新为本土邮轮经济发展松绑，为中国邮轮经济提供源源不断的动力。做大做强本土邮轮品牌是掌握邮轮市场主动权、稳定中国邮轮市场、增强国际邮轮市场话语权的重要基础。中船集团 2 艘在建的 VISTA 级 13.5 万吨邮轮和 4 艘优先订造 VISTA 级邮轮将于 2023 年起陆续加入，预计 2028 年中船嘉年华将拥有 8 艘大型邮轮，成为中国最大的邮轮运营公司。国家及地方层面需要加大对本土邮轮品牌的支持力度，如对本土邮轮购置取消其购买外籍邮轮的船龄限制并享受购买外籍邮轮税收减半政策，从而更好推动本土邮轮品牌发展壮大。

（三）重要启示

中国作为邮轮新兴市场，外籍邮轮占有绝对份额，并且邮轮公司根据自身战略布局不断调整船队布局，如在疫情初期不少外籍邮轮从中国市场调整到欧美市场，对外籍邮轮的过度依赖会影响中国邮轮市场发展的稳定性和持续性。拥有本土邮轮船队才可以更好地掌握国际邮轮市场的主导权，自主规划设计邮轮航线，开发国内或长航线。邮轮公司是邮轮产业链中经济效益最好的环节，所以近年来国内企业纷纷组建本土邮轮船队，打造本土邮轮品牌。中资邮轮品牌不仅要布局中国本土邮轮市场，更为重要的是布局海外市场，通过收购兼并国外邮轮公司，运营全球市场，向世界传递中国海洋文明。中国邮轮市场潜力巨大，但仍处于初级阶段且未被充分渗透，应将中资邮轮无目的地游（公海游）不视为出境旅游，邮轮旅游纳入工会职工休假体系，有效扩大邮轮旅游市场需求，发挥旅游消费对拉动我国经济增长的作用，更好地促进旅游经济发展。

热点七：大力推动邮轮港口设施建设，推动邮轮接待能级全面提升

（一）热点事件

2019 年 5 月，上海吴淞口国际邮轮港后续工程正式全面完工，具备“四船同靠”能力。2019 年 11 月 17 日，全国规模最大的广州港国际邮轮母港正式开港，可停靠目前世界上最大的邮轮，年设计通过能力达 75 万人次。广州港国际邮轮母港是目前我国建筑面积最大的邮轮母港综合体，位于广东自贸区南沙湾区块、粤港澳大湾区的地理几何中心，规划岸线 1600 米，目前建设的一期工程岸线总长 770 米，建成 22.5 万总吨和 10 万总吨邮轮泊位各 1 个，以及建筑面积约 6 万平方米的航站楼。2020 年 3 月，厦门港东渡港区 0# ~4#泊位改建工程分期（一期）顺利通过竣工验收，这标志着厦门邮轮中心接待能力完成升级，0#泊位端部开始的 440 米岸线，水工结构满足世界最大的 22.5 万总吨邮轮靠泊，1# ~2#泊位剩余岸线满足 10 万吨级邮轮靠泊，同时还可以靠泊 2 万吨级滚装船，改建完成后，邮轮母港年吞吐量为邮轮旅客 80 万人次、客滚旅客 25 万人次、客滚车辆 3.5 万辆次、客滚集装箱 2.4 万标箱。福建平潭加快推进国际邮轮港建设，平潭港区金井作业区 3#泊位技改工程的客运联检中心基础部分完工，将已建成的多用途泊位通过技术改造后形成客货兼备的多功能码头，能同时满足 15 万吨级邮轮靠泊使用的要求，码头设计年客运通过能力达 8 万人次。

（二）事件点评

邮轮港口是邮轮经济发展的重要基础设施，为邮轮旅游提供了良好的硬件支持和服务体验。邮轮港口的建设应遵循市场主导，政府引导、分类指导，合理定位、统筹协调，有序推进等原则。《全国沿海邮轮港口布局规划

方案》提出，2030 年前，全国沿海形成以 2～3 个邮轮母港为引领、始发港为主体、访问港为补充的港口布局，构建能力充分、功能健全、服务优质、安全便捷的邮轮港口体系。随着新兴科技的发展，人工智能等智能化技术在邮轮港口得到更加广泛地应用。南沙邮轮母港的口岸查验通道数量将位居国内第一，通过人脸识别、邮轮管控系统等高科技、信息化手段的应用，通关效率得以大幅提高。南沙邮轮母港也是国内首家与地铁直接接驳的邮轮母港，应提升邮轮旅游增值服务，创新“邮轮＋景区”旅游模式，设立邮轮“第二候船厅”。开发建设邮轮码头、大力发展海洋旅游，对提升平潭国际旅游岛形象和影响力具有重要意义。

（三）重要启示

中国各大邮轮港口群基本形成，包括华北、华东、东南、华南、南海等五大邮轮港口群，并且随着烟台国际邮轮母港、广西北海邮轮港等港口的建成，邮轮港口接待能力将显著提升。国外邮轮港口与当地中心城区毗邻，交通通达性较高，旅游资源具有较高的丰富性。我国邮轮港口在港口靠泊能力方面较为领先，但在服务体系方面还需要进一步提升。广州应高标准建设南沙邮轮母港，完善各项服务接待设施，将其打造成为世界邮轮旅游航线的著名节点。要进一步完善邮轮港口规划方案，全面统筹推进邮轮港规划建设，更好推动邮轮港口良性发展。

热点八：全国首个邮轮港服务标准正式实施，推动邮轮港口服务规范发展

（一）热点事件

邮轮港服务标准化建设是提升邮轮旅游服务品质的重要基础，2019 年 12 月 27 日全国首个邮轮港服务标准《邮轮港服务规范》正式发布，2020 年 3 月 1 日正式全国实施。本标准由上海工程技术大学负责起草，参加标准

编制工作的协作单位有上海吴淞口国际邮轮港发展有限公司、交通运输部水运科学研究院、上海市交通委员会等。本标准规定了邮轮港服务的一般要求和设施设备、标志标识、服务人员、运营服务、应急保障等，适用于我国邮轮港服务。本标准的制定为邮轮港口的服务质量管理和政府、社会公众对邮轮港口的监督提供了科学依据。

（二）事件点评

当前我国邮轮业发展参照的规范，主要源于国家层面的法律法规，在区域、地方和行业协会层面制定的规范和标准不多。本服务规范的制定可以使得邮轮旅游的服务标准化，可以使得工作人员在服务游客的过程中有章可循，提升我国邮轮旅游的服务品质，提升游客体验。本标准是基于当前国内各地邮轮港服务现状和未来发展趋势提出的，具有较好的可实施性。本行业标准部分技术要求与国外技术水平接轨，目前我国多是从海洋船舶等涵盖范围较广的层面来设置标准，专门针对邮轮母港或邮轮旅游的标准较少。邮轮母港的建设与发展遵循的标准，按聚焦类型主要分为环境保护、安全保障、主权管理及口岸服务管理等。

（三）重要启示

本标准的编制结合国内邮轮港服务现状，参考相关国家标准、行业标准和法律法规，借鉴相近行业国家标准和行业标准的编制经验，充分收集现有行业资料，使行业标准具有科学性、前瞻性，在邮轮港服务中具有可操作性和可推广性。游客是邮轮港服务的对象和主体，因此邮轮港服务标准的制定要以邮轮游客为本，在充分理解的基础上按照游客和邮轮公司的期望/需求来制定标准，以游客所能感受到和体验到的邮轮港口服务范畴为主来设定标准。借鉴和参考国际、国内的相关法规和行业标准，遵守与标准制定有关的基础标准以及相应法律法规，吸收国际上多年实践积累的先进经验和做法，强调标准的科学性和规范性，与国际接轨。

热点九：邮轮公司加强中国战略布局，助推中国邮轮高质量发展

（一）热点事件

地中海邮轮将最新旗舰“荣耀号”布局中国市场，总吨位达17.2万吨，全长316米，舱房数2217间，载客量达5686人。目前皇家加勒比国际游轮在法国圣纳泽尔大西洋船厂建造的第五艘绿洲级邮轮“海洋奇迹号”将布局上海，总吨位近23万吨。“海洋奇迹号”将融合姊妹邮轮所具有的标志性七大社区概念以及一系列新奇有趣的体验、富有想象力的美食、无与伦比的娱乐活动和最前沿的科技，为跨代家庭游客提供邮轮度假的完美体验。星梦邮轮旗下首艘20.8万吨“环球级”邮轮“环球梦号”，拥有2350间客房及套房，标准载客量为4700人，旺季船上员工人数可达2500人，最大载客量超过9000人，船上不仅将有业内最宽敞的客房及最豪华的套房系列，还设有全球首个海上主题乐园，配备最长海上过山车。

（二）事件点评

在中国市场发展的推动下，亚太地区成为世界第三大区域性邮轮市场。目前，中国邮轮市场仍处于调整期，国际邮轮业界对中国市场仍持观望态度。新船、大船陆续布局中国市场，为其发展注入了新的动能。地中海邮轮新旗舰“荣耀号”的到来标志着中国邮轮市场正迈入“旗舰时代”。世界23万吨级最大邮轮“海洋奇迹号”的到来具有划时代的意义，标志着皇家加勒比将为中国邮轮产业的发展揭开新的一页，成为中国邮轮市场发展新的里程碑。首个亚洲本土豪华邮轮品牌星梦邮轮“环球梦号”专为亚洲邮轮市场量身定制，满足未来十年全球增幅最大的中产阶级市场的需求。随着大船、新船的到来，邮轮设施设备更为完备、更为齐全、更加现代化，推动中

国邮轮游客消费需求不断升级，为中国邮轮市场带来更为强大的发展信心，更好满足邮轮旅游市场的新需求。

（三）重要启示

邮轮业的发展对促进出境游和入境游、丰富人民的生活、推动地方经济发展等起到了重要的推动作用。随着我国的消费升级，人们对美好生活的需求更加强烈，对中高端旅游的需求也逐渐增加。各大邮轮公司加速大船、新船在中国邮轮市场的布局，持续为中国母港邮轮树立全新标杆，这对于中国邮轮经济发展具有重大的意义，将进一步提升中国在全球邮轮市场的地位和影响力。同时，新技术的应用成为新型邮轮的亮点，如“环球梦号”邮轮应用声控、人脸识别、智能机器人等人工智能科技完美定义“未来之船”的发展趋势，将使得游客在船上体验人工智能带来的方便快捷，为游客带来高品质的邮轮度假享受，更好地推动中国邮轮经济高质量发展。

热点十：国际邮轮经济合作平台全面拓展，引领中国邮轮经济创新发展

（一）热点事件

2019 年 8 月 22 日，首届中国国际邮轮（配套）产业发展论坛暨展览会在上海举行，为期两天的论坛议题涵盖邮轮产业发展、邮轮内装、邮轮装备、邮轮设计规范及技术开发等内容。亚太邮轮大会是上海发展邮轮经济的重要展示平台和国际合作交流平台，应进一步发挥其在国际邮轮行业中的示范引领作用，提升其在全球邮轮业界的影响力。2019 Seatrade 亚太邮轮大会于 2019 年 10 月 9 ~ 11 日在上海宝山举办。Seatrade 亚太邮轮大会（上海）成为国际邮轮领域三个 A 级会议之一，大会主题为“邮轮之城，魅力之都”，以期共同推动亚太地区邮轮旅游市场的健康快速发展。2019 年 11 月 9 日，第二届国际邮轮服务贸易高峰论坛在上海国家会展中心举办，围绕

“紧抓进博会机遇，打造国际邮轮之城”主题，结合上海邮轮服务贸易发展特色，以邮轮全产业链创新发展为核心，加快打造全国邮轮服务贸易“标杆领航”。2019年11月15日，第十四届中国邮轮产业发展大会暨国际邮轮博览会在广州开幕。本届邮轮大会以“海丝邮轮·从广州启航”为主题，国内外邮轮业界的企业家、专家学者等600多位嘉宾出席了开幕式。2020年8月3日，以“坚定信心、携手同行，推动邮轮产业加快复苏”为主题的东北亚邮轮产业国际合作会议暨第八届中国（青岛）国际邮轮峰会在青岛举办。

（二）事件点评

中国邮轮市场规模稳居全球第二，是全球发展最快的邮轮新兴市场之一，成为世界邮轮产业发展的重要引擎，也进一步提升了中国邮轮产业相关会议的号召力和影响力。中国邮轮产业的发展得益于强有力的智力支持，通过举办中国邮轮产业相关的国际国内会议，以主题论坛、技术演讲、政策讨论、未来展望论坛等形式，为中国邮轮产业提供国际交流与合作的平台，共同探讨中国及亚太邮轮市场的发展前景以及未来趋势，积极探索国际邮轮产业的中国规律，更好地提升邮轮产业服务水平，进一步加强国际邮轮产业合作，促进邮轮业界协同发展、创新发展，深化邮轮产业发展，为中国邮轮产业保持持续、快速、健康发展势头注入新的活力。

（三）重要启示

邮轮产业具有鲜明的国际属性，通过举办各类邮轮会议论坛，汇聚来自邮轮行业以及相关产业的各方专家，增强国际邮轮业界的合作与交流。邮轮产业关联性强，与相关产业的融合发展是延伸邮轮产业链的重要举措，需要发挥产业的协同作用。通过会议论坛，不仅是让世界听到中国邮轮产业的声音，看到中国邮轮经济的发展成果，向世界传递中国发展邮轮经济的信心和决心，也可以进一步扩大国际交流与合作，在合作中实现双赢，加强与世界邮轮业界的联系，提升中国邮轮产业的国际竞争力和影响力。同时，中国也要积极参与全球邮轮市场的治理体系建设，成为世界邮轮市场发展的重要推动者。

参考文献

汪泓主编《邮轮绿皮书：中国邮轮产业发展报告（2019）》，社会科学文献出版社，2019。

汪泓主编《邮轮绿皮书：中国邮轮产业发展报告（2018）》，社会科学文献出版社，2018。

汪泓主编《邮轮绿皮书：中国邮轮产业发展报告（2016）》，社会科学文献出版社，2016。

汪泓主编《邮轮绿皮书：中国邮轮产业发展报告（2015）》，社会科学文献出版社，2015。

汪泓主编《邮轮绿皮书：中国邮轮产业发展报告（2014）》，社会科学文献出版社，2014。

叶欣梁、梅俊青：《中国邮轮经济运行分析与发展预测（2018）》，上海交通大学出版社，2018。

专 题 篇

Special Topics

G.4

新形势下中国邮轮经济发展战略路径研究

张言庆*

摘 要： 邮轮是大型聚集性海上旅游产品，游客数量多、来源地广泛、聚集性强、行程时间长，一旦发生疫情容易传播，很难控制。随着新冠肺炎疫情的暴发，全球范围内各大邮轮运营公司纷纷停航。邮轮行业成为受这次疫情冲击最大、最直接的行业之一。中国邮轮市场最先受到新冠肺炎疫情影响，为积极响应国家控制疫情的要求，各大邮轮公司纷纷取消航程，并推出相应的退改签政策，这也使得邮轮港口、邮轮免税店、邮轮船供服务、邮轮旅行社、邮轮设计建造等受到严重的影响。

* 张言庆，博士，青岛大学旅游与地理科学学院副教授，副院长，硕士生导师，研究方向：旅游产业经济与政策、区域旅游开发与管理、邮轮旅游。

这次突发疫情对世界邮轮市场造成了深远影响，也暂时延缓了中国邮轮旅游市场的复苏步伐。本文主要研究新冠肺炎疫情对中国邮轮经济发展的影响，从邮轮经济产业链各个环节的影响进行研究，并提出相应的对策建议，以更好地推动中国邮轮经济的复苏，促进邮轮经济的有序发展。

关键词： 邮轮经济　邮轮旅游　港口

2020 年本应是中国邮轮旅游由“调整期”转向“稳健增长”的恢复期，地中海邮轮新旗舰 17.1 万总吨的“荣耀号”与歌诗达邮轮“佛罗伦萨号”将布局中国市场，但受到新冠肺炎疫情的影响，中国邮轮市场遭遇严重的冲击，成为中国邮轮经济发展史上受影响最为严重的时期。2019 年中国邮轮市场依然处于调整期，布局中国市场的母港邮轮有海洋量子号、海洋光谱号、海洋航行者号、赛琳娜号、大西洋号、威尼斯号、辉煌号、盛世公主号、喜悦号、世界梦号、探索梦号、宝瓶星号、钻石辉煌号、中华泰山号、鼓浪屿号等 15 艘邮轮。中国 14 个邮轮港口接待邮轮 808 艘次，同比下降 17.6%，接待出入境邮轮游客量为 414.3 万人次，同比下降 14.5%，其中接待母港邮轮 733 艘次，同比下降 15.2%，接待母港出入境游客量为 395.9 万人次，同比下降 15.7%。2020 年 1 月 24 日，文化和旅游部出台《关于全力做好新型冠状病毒感染的肺炎疫情防控工作暂停旅游企业经营活动的紧急通知》，为积极响应国家控制疫情发展的要求，更好保护游客的人身安全，各国际邮轮公司纷纷暂停近期相关运营航班，并提供免费退款和改签的政策。2020 年 1 月 30 日，交通运输部出台《关于统筹做好疫情防控与水路运输保障有关工作的紧急通知》，提出在国际邮轮运输方面，省级交通运输主管部门要会同卫生健康、文化旅游、海关等部门，积极指导国际邮轮公司开展邮轮运营疫情防控风险评估，审慎决定暂停航线的恢复，切实做好邮轮疫情防控工作。受新冠肺炎疫情的影响，国产邮轮外籍研发人员返回延期，相关供应商供应滞后，邮轮公司因停航遭受船票收入损失、船上消费损失、岸上消费损失以及退改签带来的经济损失。暂无邮轮港靠泊，还涉及邮轮港靠泊费、游客服务费、免税店商品销售收入、船供补给等损失。同时邮轮停航，造成邮轮港周边住宿餐饮收入的损失等。总体而言，新冠肺炎疫情对中国邮轮产业造成数十亿元的经济损失。

一 新冠肺炎疫情对全球邮轮经济发展的影响

（一）全球邮轮公司运营全面暂停

邮轮产业作为旅游业和航运业的复合型新兴业态产业，具有天然的环境敏感性和受损脆弱性，极易受政治、政策、疫情等多种外部不确定因素的影响。2011 年日本 9 级地震、2016 年韩国萨德事件等都对我国邮轮产业航线布局和市场拓展产生了广泛而深远的影响。2020 年新冠肺炎疫情暴发，邮轮行业遭遇前所未有的外部危机和挑战。受新冠肺炎疫情影响，世界旅游组织（UNWTO）预测，2020 年国际游客人数将比 2019 年下降 20% ~30%。为了防止邮轮疫情暴发成为新冠病毒的“移动传染源”，1 月 30 日，国际邮轮协会（CLIA）发布声明，提出游客的安全和健康是协会成员的第一要务，暂停从中国大陆出发的船员往来，禁止过去 14 天内从中国大陆出发或者途经中国大陆的任何乘客和船员登船。3 月 4 日，国际邮轮协会（CLIA）提出禁止中国、韩国、伊朗和意大利四个国家和地区的游客乘坐邮轮。3 月 13 日，国际邮轮协会（CLIA）提出为应对新冠肺炎疫情，保障游客与船员的安全，暂停运营以美国为停靠港的邮轮 30 天。4 月 10 日，美国疾病控制与预防中心（CDC）提出对所有邮轮的“禁止航行令”延长至少 100 天，或者直到新冠肺炎疫情不再视为公共卫生紧急事件。嘉年华邮轮宣布在 8 月 1 日开始复航，8 艘邮轮分别在加尔维斯顿、迈阿密和卡纳维拉尔港（奥兰多）三个北美母港运营，其他母港邮轮于 8 月 31 日之前的航次都将取消。

表 1　全球各大邮轮公司暂停运营截止时间

序号	邮轮公司	邮轮品牌	截止时间
1	嘉年华集团	嘉年华邮轮	北美航线暂停运营至 11 月 1 日
2			澳新航线暂停运营至 10 月 29 日
3			阿拉斯加航线暂停运营至 11 月 1 日
4			所有 2020 年从旧金山和纽约出发的航线取消
5		公主邮轮	澳新航线暂停运营至 10 月 30 日
6			其他航线停航至 12 月 15 日
7		冠达邮轮	暂停运营至 10 月 31 日
8		荷美邮轮	暂停运营至 12 月 15 日
9		歌诗达邮轮	暂停运营至 9 月 5 日
10		爱达邮轮	暂停运营至 9 月 5 日
11		P&O 邮轮	暂停运营至 11 月 12 日
12		P&O 澳大利亚	暂停运营至 10 月 30 日
13		世邦邮轮	暂停运营至 11 月 20 日
14	皇家加勒比游轮	皇家加勒比国际游轮	暂停运营至 11 月 1 日
15		精致邮轮	暂停运营至 11 月 1 日
16		精钻邮轮	暂停运营至 11 月 1 日
17		银海邮轮	暂停运营至 10 月 10 日
18	诺唯真游轮集团	诺唯真游轮	暂停运营至 11 月 1 日
19		大洋邮轮	暂停运营至 11 月 1 日
20		丽晶七海邮轮	暂停运营至 11 月 1 日
21	地中海邮轮	地中海邮轮	暂停运营至 8 月 16 日
22	云顶邮轮集团	星梦邮轮	世界梦号暂停运营至 9 月
23			云顶梦号暂停运营至 9 月
24			探索梦号暂停运营至 7 月，且澳新航季取消
25		水晶邮轮	暂停运营至 2021 年 1 月 3 日

资料来源：嘉年华集团、皇家加勒比游轮等邮轮公司公告。

（二）邮轮港口暂时拒绝邮轮停靠

由于担心新冠肺炎疫情会对当地造成影响，全球范围内部分邮轮港口拒绝邮轮停靠。由于被怀疑邮轮上存在新型冠状病毒感染者，荷美邮轮“威士特丹号”邮轮自驶离中国台湾高雄港后再未靠岸，先后被菲律宾马尼拉、中国台湾、日本冲绳石垣港、韩国、美国属地关岛、泰国等数个国家和地区拒绝入境，2 月 13 日，停靠在柬埔寨西哈努克港。2 月 15 日，“威士特丹号”邮轮 1 名游客从柬埔寨入境马来西亚吉隆坡后被确诊感染新冠肺炎。地中海邮轮“传奇号”原计划开展为期 15 天的“迈阿密—牙买加—开曼群岛—墨西哥—巴哈马—伯利兹—洪都拉斯—迈阿密”航程，然而途经牙买加、开曼群岛、墨西哥等地时靠泊申请均被拒绝。英国维珍集团首艘邮轮“绯红女巫号”计划在纽约经停，但纽约方面出于对新冠肺炎疫情的担忧，拒绝其停靠。

中国台湾从 2 月 6 日起禁止国际邮轮靠泊其港口，日本从 2 月 7 日起禁止搭乘邮轮的外国人入境；韩国政府决定暂时禁止所有邮轮入境；马来西亚从 3 月 8 日起禁止任何邮轮停泊；菲律宾暂时禁止来自中国内地及香港、澳门的所有旅客入境，并拒绝 14 天内从中国港口出发船舶直接进港；越南暂停发放部分旅游签证。

表 2　全球范围受新冠肺炎疫情影响邮轮靠港被拒事件

<table>
<tr><th>序号</th><th>邮轮</th><th>所属公司</th><th>停靠港口</th><th>出现状况</th></tr>
<tr><td rowspan="6">1</td><td rowspan="6">威士特丹号</td><td rowspan="6">荷美邮轮</td><td>菲律宾</td><td>停靠被拒</td></tr>
<tr><td>中国台湾</td><td>停靠被拒</td></tr>
<tr><td>日本</td><td>停靠被拒</td></tr>
<tr><td>韩国</td><td>停靠被拒</td></tr>
<tr><td>关岛</td><td>停靠被拒</td></tr>
<tr><td>泰国</td><td>停靠被拒</td></tr>
<tr><td rowspan="3">2</td><td rowspan="3">传奇号</td><td rowspan="3">地中海邮轮</td><td>牙买加</td><td>停靠被拒</td></tr>
<tr><td>开曼群岛</td><td>停靠被拒</td></tr>
<tr><td>墨西哥</td><td>停靠被拒</td></tr>
<tr><td rowspan="2">3</td><td rowspan="2">太阳公主号</td><td rowspan="2">公主邮轮</td><td>留尼旺岛</td><td>停靠被拒</td></tr>
<tr><td>马达加斯加</td><td>停靠被拒</td></tr>
<tr><td>4</td><td>炫目号</td><td>歌诗达邮轮</td><td>牙买加奥乔里奥斯港</td><td>停靠被拒</td></tr>
<tr><td>5</td><td>辉宏号</td><td>歌诗达邮轮</td><td>维尔京群岛</td><td>停靠被拒</td></tr>
<tr><td rowspan="2">6</td><td rowspan="2">海洋航行者号</td><td rowspan="2">皇家加勒比</td><td>瓦努阿图</td><td>停靠被拒</td></tr>
<tr><td>新喀里多尼亚</td><td>停靠被拒</td></tr>
<tr><td>7</td><td>绯红女巫号</td><td>维珍邮轮</td><td>纽约</td><td>停靠被拒</td></tr>
<tr><td>8</td><td>抒情号</td><td>地中海邮轮</td><td>印度芒格洛尔港</td><td>停靠被拒</td></tr>
</table>

资料来源：各大邮轮公司信息。

（三）全球邮轮公司面临财务压力

虽然邮轮停航，但邮轮公司依然需要承担巨额的支出。诺唯真游轮控股预计，停航期间每月的邮轮运营支出和行政运营成本为7000万美元至1.1亿美元，每月资金消耗总额为1.1亿～1.5亿美元，停航时间若再延长，公司的现金流动性和财务状况可能会受到重大影响。邮轮公司加大融资力度，嘉年华集团4月6日筹集62亿美元现金，包括5亿美元股票，可用资金达到75亿元，仍然享有投资等级，但40亿美元的3年期优先抵押债券年息高达12%。皇家加勒比游轮于3月23日获得22亿美元贷款，可用资金达到36亿美元。诺唯真游轮于3月5日获得6.76亿美元贷款，流动资金总额提升到15.5亿美元。途易集团于3月20日获得18亿欧元贷款担保，可用资金达35亿欧元。各大邮轮公司开始大幅削减船员工资、食品、燃油、保险和港口费等运营支出，陆续遣返非必要船员回原籍，减少岸上工作人员数量，皇家加勒比游轮裁撤岸上员工约1300人，诺唯真游轮集团岸上员工每周工作4天，岸上员工工资削减20%，计划将支出减少5.15亿美元。

二　新冠肺炎疫情对中国邮轮经济的影响

（一）邮轮旅游市场面临严峻压力

由于各大邮轮公司纷纷取消航次，2020年中国邮轮市场规模将再次下滑，超过“萨德事件”对中国邮轮市场的影响。2020年布局中国市场的母港邮轮为14艘，包括为海洋光谱号、海洋量子号、海洋航行者号、威尼斯号、赛琳娜号、新浪漫号、世界梦号、探索梦号、大西洋号、辉煌号、荣耀号、双子星号、鼓浪屿号、中华泰山号。2020年2月17日，公主邮轮决定暂停运营“蓝宝石公主号”从2020年6月3日至9月30日由上海出发往返的所有航次，取消在中国运营的所有航次。新冠肺炎疫情同样对访问港邮轮造成影响，诺唯真游轮取消“诺唯真之勇号”从2020年4月15日到12月7

日在亚洲运营的所有航次。情境假设下，到5月前全部取消，以2~5月游客量占全年比重达到25.2%计算，将损失游客量120万人次，2020年全年出入境游客量为355万人次左右；到6月前全部取消，将损失游客量为166万人次，占全年的35%，全年出入境游客量将为309万人次；到7月前全部取消，将损失游客量达到218万人次，全年出入境游客量为257万人次。

表3　2020年中国邮轮市场规模预估

单位：%，万人次

情境假设	损失艘次全年占比	占全年总人次比重	人次减少量	2020年总人次预估
4月复航	2~3月艘次占全年的15%	13	71	404.4
5月复航	2~4月艘次占全年的22%	19	100	375
6月复航	2~5月艘次占全年的29%	25	120	355
7月复航	2~6月艘次占全年的38%	35	166	309
8月复航	2~7月艘次占全年的47%	46	218	257
9月复航	2~8月艘次占全年的57%	58	276	181
10月复航	2~9月艘次占全年的76%	68	323	152

（二）新冠肺炎疫情对中国邮轮公司收入影响

就疫情对中国邮轮市场的影响进行测算，7月母港邮轮复航，损失游客量将达到78.18万人次，邮轮公司船票收入损失为35.88亿元，按照一般船上消费占总消费的1/4计算，船上消费损失预估为11.96亿元，合计经济损失为47.84亿元。假定疫情对中国邮轮的影响延续至9月底，10月母港邮轮复航，由于临近国庆节假期，邮轮船票价格有一定幅度的上升，并综合考虑各大邮轮往年的邮轮产品价格等因素，损失游客量将达到144.9万人次，邮轮公司船票收入损失为74.91亿元，按照一般船上消费占总消费的1/4计算，船上消费损失预估为24.97亿元，合计经济损失为99.88亿元。

表 4　邮轮停航至 9 月各大邮轮公司船票收入预估

邮轮公司	邮轮名称	最大载客量(人)	载客率(%)	取消航次(次)	损失游客量(人次)	平均票价(预估,元/人)	收入损失(预估,亿元)
皇家加勒比	海洋光谱号	4985	95	47	222580	6500	14.46
	海洋量子号	4985	95	28	132601	6500	8.62
	海洋航行者	3840	95	17	62016	5500	3.41
歌诗达邮轮	赛琳娜号	3780	85	45	144585	4500	6.51
	威尼斯号	5260	85	46	205666	4500	9.25
	大西洋号	2680	85	37	84286	4500	3.79
	新浪漫号	1800	85	11	16830	4500	0.76
地中海邮轮	荣耀号	5686	95	24	129640	5500	7.13
星梦邮轮	世界梦号	3360	90	64	193536	5500	10.64
	探索梦号	1870	85	39	61990	4500	2.78
丽星邮轮	双子星号	1530	80	34	41616	4000	1.66
星旅远洋邮轮	鼓浪屿号	2014	85	60	102714	4000	4.11
渤海邮轮	中华泰山号	1000	85	60	51000	3500	1.79

注：损失游客量数据按照载客量进行预测，与前文预测方式不同，略有差异。

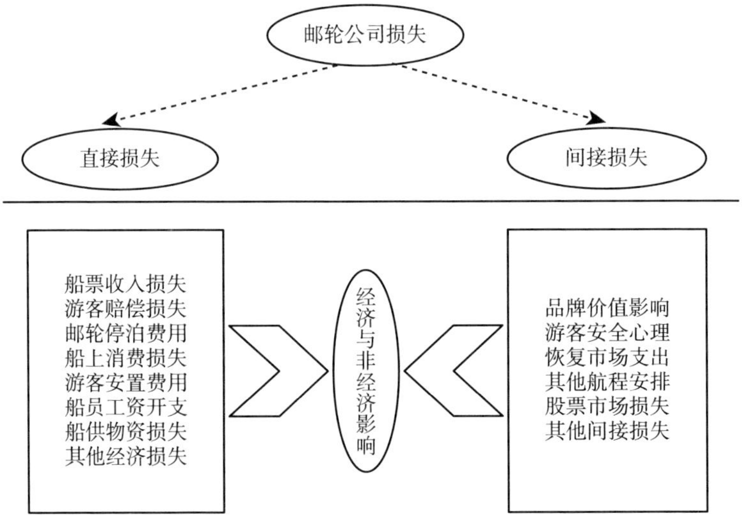

图 1　邮轮公司损失情况

（三）新冠肺炎疫情对中国邮轮港口经济影响

近年来，我国邮轮市场发展不平衡问题较为严重，国内大部分邮轮港口处于亏损状态。在邮轮市场蓬勃发展的时期，靠泊量较大的邮轮专用码头收益良好，但也面临着收益水平严重依赖于邮轮靠泊的问题，邮轮港口收益来源单一的问题较为严重。受本次疫情的影响，邮轮纷纷停航，不少邮轮港口失去了靠泊费和游客服务费等收入来源。与邮轮靠泊紧密相关的进出境免税店、邮轮港广告业务、邮轮船供、邮轮旅行社及相关商业服务等也纷纷失去了收入来源。因此，丰富邮轮港口的收入来源成为未来发展中的重要问题。同时，由于缺少邮轮靠泊，客源流失对邮轮港周边餐饮住宿也造成了较大的影响。另外，我国近年来大量兴建的邮轮港口投资较大，不少投资资金来源于银行借款，在没有收入来源的同时，仍需要支付较大额度的贷款利息，这使得邮轮港口发展面临较大的经济压力。

（四）新冠肺炎疫情对中国本土邮轮品牌影响

中资邮轮船队目前全部布局于中国本土市场，依然是单船运营，缺少海外运营经验，主要是本土客源，承受市场风险的能力较弱。国际大型邮轮公司拥有众多的邮轮船队，并且多数是全球运营，在亚太邮轮市场的船队布局仅是其一部分，但对于我国本土邮轮品牌而言却是全部家底，受到本次疫情的影响，原本经营较为困难的本土邮轮品牌雪上加霜，不仅丧失了全部收入，而且需要承担巨大的损失。原本计划进军邮轮运营领域的中资企业受到本次新冠肺炎疫情的影响，可能会将邮轮购置、邮轮旅游开发计划延后，这对于我国本土邮轮发展而言较为不利。2020 年 1 月 11 日，歌诗达“大西洋号”正式交付中船嘉年华邮轮，中船嘉年华将船“光租”给歌诗达邮轮并锁定租金，因此受到本次疫情影响较小。受到疫情的影响，多家国际邮轮公司的股价大幅度下跌，中国本土企业可以借助此次机会，收购国外邮轮公司部分股权，甚至控股部分邮轮公司，实现从单船采购到邮轮公司并购的跨越，更好介入全球邮轮运营市场。

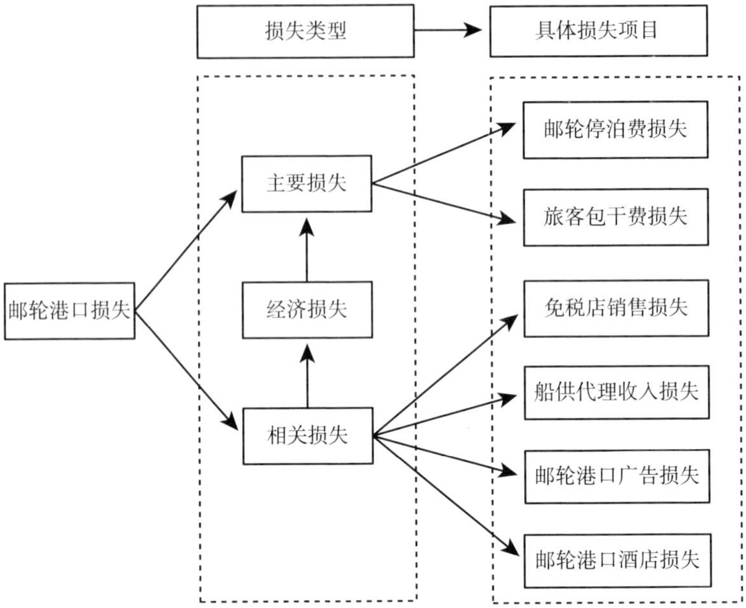

图 2　邮轮港口的损失情况

三　应对疫情影响，促进中国邮轮经济发展的对策建议

（一）加快推动恢复游客邮轮出游的信心

“钻石公主号”邮轮新冠肺炎疫情事件引起了国际社会的广泛关注，与邮轮行业一直宣传的“邮轮是最为安全的海上旅游设施，邮轮行业是装备最完善、经验最丰富的行业之一”相悖，这在一定程度上对邮轮游客心理造成一定的阴影。同时不少媒体对“钻石公主号”冠以“恐怖邮轮”“海上牢笼”“邮轮噩梦”等，使得人们对邮轮的安全性会有一定程度的担忧，对邮轮旅游业的发展较为不利。疫情结束后一般会迎来行业回弹期，但邮轮由于自身特殊性，需要更长的时间来渡过此次难关，应加强邮轮安全的宣传，提升游客对邮轮安全的认知，降低游客对邮轮安全的担忧。在管理和监

控乘客及船员健康状况方面，邮轮行业是装备最完善、经验最丰富的行业之一。通过各种官方渠道，联合其他的主流媒体对邮轮行业予以真实的传播和解读，消除社会各界对推进过程当中的一些误解，给邮轮公司和员工多一些理解和关爱，同时更多的宣传邮轮旅游这个产品的属性和特征，为未来行业的恢复做好准备。宣传各邮轮公司近期对中国市场的投入和新船部署计划，提振市场的信心。

（二）进一步提升我国邮轮航线丰富程度

进一步丰富邮轮旅游市场供给，邮轮公司需要策划更加具有吸引力的航线和主题，通过优化供给刺激需求恢复。丰富的邮轮航线是增加需求的重要方向，我国受先天地理位置和相关政策的影响，邮轮航线一直较为单一。“萨德事件”导致 2017 年 3 月中国到韩国的邮轮航线暂停，这使得本来航线就相对单一的中国邮轮市场的航线选择更为捉襟见肘，主要邮轮目的地只剩日本，影响了游客的旅游体验。为更好促进邮轮旅游业尽快恢复，有必要恢复韩国航线。可以逐步推动中韩邮轮航线的恢复，同时探索推动中资邮轮“多点挂靠”航线、无目的地游航线、海南环岛游航线、“上海—香港—广州”和“广州—香港—上海”等近海邮轮航线、南海邮轮航线以及“一带一路”长航线的发展，以更多的邮轮航线选择刺激邮轮市场需求。推进多母港邮轮产品创新，根据中日韩等国邮轮游客共同喜好进行设计，增强差异性。促进多母港出入境政策协调，简化多母港邮轮旅客出入境检查流程，实现信息和数据的协同共享。

（三）加快推进中国本土邮轮产业体系构建

邮轮产业是先进制造业与现代服务业深度融合的综合性高端产业，我国邮轮产业起步晚，技术储备不足、经验十分欠缺、产业资源匮乏，特别是核心领域与关键环节，面临着欧美国家的技术封锁与规范壁垒，不得不寻求国际合作与外部支持。因此，当前我国邮轮产业发展受制于人，缺乏自主性、安全性。统筹国内邮轮设计建造、供应链、运营等领域的各类优势力量与要素资源，发挥地方政府、中央企业等各方积极性，组建统一专业化平台，打造中国邮轮产业发展的国家队和主力军，组建产业联盟打造中国邮轮产业的命运共同体。加强科研支持，推动构建自主可控的本土邮轮产业生态，突破关键核心技术，解决发展邮轮产业的“卡脖子”问题，完成工程示范，提升我国大型邮轮的自主核心研发制造、关重件供应与运营能力。针对“钻石公主号”等邮轮事件暴露出的设计缺陷，如空间布局、暖通空调系统等，完善邮轮专项科研创新支持体系，鼓励相关企业实现行业技术引领，推动我国邮轮产业实现弯道超车。

四　结语

总体而言，新冠肺炎疫情严重影响了我国人民生活与经济社会发展，不仅直接对正在调整转型中的邮轮产业造成沉重打击，而且间接暴露了我国邮轮产业发展中的深层次问题，各类深层次问题交织。旅游业面临外部突发事件时是非常脆弱的，新冠肺炎疫情在春节期间对旅游业的影响已经超过2003年的“非典”疫情，但旅游业也是非常具有韧性的，且具有较强的恢复力。这次疫情没有改变中国邮轮以及全球邮轮长期向好的发展趋势，市场消费升级的趋势没有改变，应加大邮轮旅游宣传和营销力度，开展正面宣传营销，恢复邮轮公司信心。同时，各大邮轮公司不会轻易放弃中国这一全球第二大邮轮客源市场，中国依然是全球最具增长潜力的新兴市场，也是邮轮公司全球战略布局的重要市场，中国邮轮产业的发展空间仍然十分广阔。

参考文献

汪泓主编《邮轮绿皮书：中国邮轮产业发展报告（2019）》，社会科学文献出版社，2019。

汪泓主编《邮轮绿皮书：中国邮轮产业发展报告（2018）》，社会科学文献出版社，2018。

汪泓主编《邮轮绿皮书：中国邮轮产业发展报告（2017）》，社会科学文献出版社，2017。

孙瑞红、叶欣梁、徐虹：《中国邮轮市场的价格形成机制与“低价困境”研究》，《旅游学刊》2016 年第 11 期。

孙晓东、侯雅婷：《邮轮旅游的负效应与责任性研究综述》，《地理科学进展》2017 年第 5 期。

余有勇：《我国邮轮旅游产业发展形势研究》，《中国经贸导刊（中）》2020 年第 4 期。

彭先伟、吴亚男：《新冠病毒疫情下的邮轮检疫处置问题初探——以国际卫生法为视角》，《中国海商法研究》2020 年第 1 期。

史秀伍、王铁、米伟：《国际邮轮大规模应急救援行动研究》，《中国海事》2020 年第 3 期。

G.5

我国邮轮港口发展新时期的挑战和对策研究

甘胜军*

摘　要：　近年来，为推动我国海洋经济发展，各地港口城市大力兴建邮轮港口，多数以邮轮母港为发展定位和战略目标。2020年随着新冠肺炎疫情的全球蔓延，为避免境外输入，强化邮轮疫情防控，邮轮运营全面停航，这对邮轮公司造成巨大的经济损失，也对邮轮港口的发展造成巨大的影响。各大邮轮港口纷纷采取措施，推动邮轮港口硬件设施改造，进一步提升港口测温、隔离等防疫设施标准，完善邮轮港口突发重大公共卫生事件应急处置预案。我国邮轮市场分布均衡性较低，多数邮轮港口依然处于亏损状态，尤其受本次疫情影响，各大邮轮港口更是面临严重的经营压力，并且部分邮轮专用码头并无其他船舶接靠业务，导致基本是零收入。本文主要研究新冠肺炎疫情对中国邮轮港口发展的影响，从我国各邮轮港口应对疫情的典型案例、新冠肺炎疫情对中国邮轮港口的影响等方面进行研究，并提出相应的对策建议，以更好地推动中国邮轮港口的发展。

关键词：　邮轮经济　邮轮港口　港口城市

---

* 甘胜军，博士，上海海事大学经济管理学院工商管理系讲师，研究方向：战略管理、邮轮游艇经济。

邮轮港口是发展邮轮旅游、保障邮轮服务质量和提升邮轮经济贡献的重要基础设施。我国目前在使用的邮轮港口共15家，其中邮轮专用码头8家，为上海吴淞口国际邮轮港、天津国际邮轮母港、广州南沙邮轮母港、深圳招商蛇口邮轮母港、厦门国际邮轮中心、青岛邮轮母港、三亚凤凰岛国际邮轮港、舟山群岛国际邮轮港。近年来，我国邮轮市场发展不平衡问题较为严重，国内大部分邮轮港口处于亏损状态。在邮轮市场蓬勃发展的时期，靠泊量较大的邮轮专用码头收益状况良好，但也面临着收益严重依赖邮轮靠泊的问题，邮轮港口收益来源单一的问题较为严重。

表1　我国邮轮市场发展情况

排名	港口	邮轮接待艘次			邮轮游客量		
		数量（艘次）		同比增长（%）	数量（万人次）		同比增长（%）
		2018年	2019年		2018年	2019年	
1	上海吴淞口国际邮轮港	375	240	-36	271.5	187.14	-31
2	天津国际邮轮母港	116	121	4	68.3	72.55	6
3	广州南沙邮轮母港	0	4	—	0	0.748	—
4	广州港国际邮轮母港	97	89	-8	48.12	43.44	-10
5	深圳招商蛇口邮轮母港	89	97	9	36.46	37.30	2
6	厦门国际邮轮中心	96	136	42	32.48	41.37	27
7	青岛邮轮母港	44	51	16	10.99	17.62	60
8	大连国际邮轮中心	37	39	5	8.44	8.85	5
9	海口秀英港	0	0	—	0	0	—
10	上海港国际客运中心	28	18	-36	3.72	2.20	-41
11	三亚凤凰岛国际邮轮港	20	4	-80	2	0.64	-68
12	温州国际邮轮港	5	0	—	1.4	0	—
13	连云港国际客运中心	20	0	—	1.3	0	—
14	舟山群岛国际邮轮港	0	5	—	0	1.60	—
	总计	924	808	-12.5	484.71	414.3	-14.5

资料来源：中国交通运输协会邮轮游艇分会（CCYIA）。

邮轮港口作为邮轮服务重要的节点，具有人员集聚度高的显著特点，很有可能成为各类突发事件（自然灾害、事故灾难/公共卫生事件和社会安全事件等）的汇聚点。受本次疫情的影响，邮轮纷纷停航，不少邮轮港口失去了靠泊费和游客服务费等收入来源。同时，与邮轮靠泊紧密相关的进出境免税店、邮轮港广告业务、邮轮船供、邮轮旅行社及相关商业服务等纷纷失去了收入来源。因此，增加邮轮港口的收益来源成为未来发展中的重要问题。由于缺少邮轮靠泊，客源流失对邮轮港周边餐饮住宿也造成较大的影响。另外，由于我国近年来大量兴建的邮轮港口投资较大，不少投资资金来源于银行借款，在没有收入来源的同时，仍需要支付较大额度的贷款利息，使得邮轮港发展面临较大的经济压力。

一　我国各邮轮港口应对疫情的典型案例

（一）上海吴淞口国际邮轮港应对措施

作为亚洲最大最繁忙的上海吴淞口国际邮轮港，新航站楼建成后，配备了先进的出入境测温设备，能够对每名出入境旅客进行快速准确的测温，这些机制和设备设施在本次疫情防控中发挥了重要作用。从 1 月 20 日国家卫健委将新冠肺炎纳入乙类传染病，并采取甲类管理预防、控制措施开始，到 1 月 29 日最后一个邮轮航次抵港，上海吴淞口国际邮轮港共接靠邮轮 10 艘次，接待出入境游客 4.27 万名和船员 2.18 万名，未发现一例与上海母港邮轮相关的确诊病例，以“零输入、零输出、零感染”的优秀答卷体现了国际水准、上海水平，为国际邮轮港口防疫提供了鲜活的“上海样本”。

在防控第一阶段，要求船代公司汇总武汉旅行社组团旅客信息，做到集中到港、集中通关，集中进行出境检疫；对邮轮港航站楼体温检测设备、视频监控设备、医学排查室等设施设备进行全面检查，要求每日进行校准维护；修订《吴淞口国际邮轮港突发公共卫生事件应急处置预案》，加强人员培训，重点学习突发公共卫生事件处置流程、处置预案、个人防护等规程。在第二阶段，加强源头管控，严格实施分批到港制度，做到重点地区游客最后一批登船、第一批下船；全面升级口岸检疫，出入境通道检测报警温度从

37.3℃调整为37℃，做好港口疫情防控工作，加强港口通风和公共场所的消毒。在第三阶段，海关要求所有入境旅客实施健康申报，邮轮港也专门印制《旅客信息登记表》，对14天内来自或途经湖北的旅客逐一进行筛查；设立留观区和集中观察点。在疫情防控中，邮轮船票信息平台和邮轮口岸“单一窗口”的对接，为提前掌握游客信息以了解游客出行轨迹、及时做好游客工作提供了时间窗口，为精准防疫和分级防控奠定了基础。

（二）天津国际邮轮母港应对措施

天津国际邮轮母港是中国第二大国际邮轮母港和华北第一大邮轮母港。春节期间是天津国际邮轮母港运营的黄金季节。在新冠肺炎疫情初期，载有4806人的歌诗达邮轮“赛琳娜号”将靠泊天津国际邮轮母港，但邮轮上出现人员发热的情况，并且船上有100多名来自湖北的游客，需要予以科学有效的处置。为此，邮轮停驻锚地暂不进港，邮轮抵达锚地以后，组织专家带医疗队上船进行体温等监测，第一时间掌握现场情况，让所有游客留在自己的房间，首先对17名发热病人进行咽拭子采样，然后分组逐一进入房间对船上3706名游客和1100名船员进行采样、体温监测和流行病学调查。锚地距离邮轮母港15海里，若用驳船运输需2小时，因此采用直升机前去邮轮取样，时间缩短为15分钟，第一时间对17个样本进行检测，经检测结果全部为阴性，排除新型冠状病毒感染肺炎。下船过程中，天津海关按照程序对游客再进行逐一拍照和测温，把好第二道安全关。下一个航次的3700多名游客中约120人来自湖北，因此要求邮轮公司采取退票措施，并且天津国际邮轮母港邮轮航线全部停航。

（三）深圳招商蛇口邮轮母港应对措施

歌诗达邮轮“威尼斯号”原定于26日到达深圳招商蛇口邮轮母港，船上有游客4973名和船员1249名，其中湖北籍旅客414名。卫健委、文旅局、海关、边检及邮轮母港等迅速成立应急处置工作组并启动应急预案。由于船上人员众多并且空间较为密闭，要求邮轮游客不下船，而是由疾控中心和海关检验检疫人员乘摆渡船登船进行排查检测。经过检查共筛查出4例女性发热病例。随后对4例发热病例和9例曾发热病例进行采样，并立即将样本送至深圳市疾控中心和南山区疾控中心实验室检测，送检样本检测结果全部为阴性，排除新型冠状病毒感染肺炎。经过排查，船上4973名游客中，有武汉旅游史、居住史和接触史的人员为148名，为此，对148名游客按规定进行集中隔离和医学观察。

二　新冠肺炎疫情对中国邮轮港口的影响

（一）邮轮港口靠泊收入损失巨大

为加强疫情防控，1月29日起，上海吴淞口国际邮轮港邮轮航次暂时全部取消。2020年1月25日，广州港国际邮轮母港发布《关于广州南沙国际邮轮港暂停运营的公告》，提出广州南沙国际邮轮码头暂时停止邮轮相关业务（含三期邮轮码头及大沙头邮轮旅客办票乘车集散服务点）。假设受疫情影响，中国母港邮轮从6月底复航，造成的邮轮港靠泊费损失达到2964.7万元，邮轮港游客服务包干费损失达到15952.8万元，合计经济损失达到18917.5万元；中国母港邮轮从9月底复航，造成的邮轮港靠泊费损失达到5982.98万元，邮轮港游客服务包干费损失达到29608.56万元，合计经济损失达到35591.54万元。

表2　邮轮停航到6月底邮轮港靠泊费损失情况

邮轮名称	净吨(吨)	靠泊费（元/时）	靠泊时间（小时）	靠泊费损失（万元/天）	取消航次数（次）	靠泊费损失总计（万元）
海洋光谱号	168402	25260.30	8	20.21	29	586.04
海洋量子号	153251	22987.65	8	18.39	10	183.90
赛琳娜号	87278	13091.70	8	10.47	27	282.78
威尼斯号	129292	19393.80	8	15.52	33	511.99
大西洋号	53578	8036.70	8	6.43	17	109.30

续表

邮轮名称	净吨（吨）	靠泊费（元/时）	靠泊时间（小时）	靠泊费损失（万元/天）	取消航次数（次）	靠泊费损失总计（万元）
新浪漫号	34290	5143. 50	8	4. 11	11	45. 26
荣耀号	144142	21621. 30	8	17. 20	3	51. 89
蓝宝石公主号	78815	39407. 50	8	31. 52	5	157. 63
世界梦号	121040	18156. 00	8	14. 52	42	610. 04
探索梦号	45235	6785. 25	8	5. 43	19	103. 13
双子星号	28641	4296. 15	8	3. 44	34	116. 85
鼓浪屿号	37559	5633. 85	8	4. 51	36	162. 25
中华泰山号	10096	1514. 40	8	1. 21	36	43. 61
总计	—	—	—	—	—	2964. 70

注：靠泊费 = 净吨 ×0. 15 × 靠泊时间（小时），靠港时间假设为 8 小时。部分邮轮净吨按照类似年份和总吨位邮轮测算。

表 3　邮轮停航到 6 月底邮轮港游客服务包干费损失情况

邮轮名称	损失游客量（人次）	港口服务包干费率（元/人次）	港口服务包干费损失（万元）
海洋光谱号	137336	100	2746. 72
海洋量子号	47357	100	947. 14
赛琳娜号	86751	100	1735. 02
威尼斯号	147543	100	2950. 86
大西洋号	38726	100	774. 52
新浪漫号	16830	100	336. 60
蓝宝石公主号	15840	100	316. 80
荣耀号	16205	100	324. 10
世界梦号	127008	100	2540. 16
探索梦号	30200	100	604. 00
双子星号	41616	100	832. 32
鼓浪屿号	61628	100	1232. 56
中华泰山号	30600	100	612. 00
总计	—	—	15952. 80

注：各个港口的港口服务包干费率不同，按照 100 元/人次计算，出入港各计算为 1 次。

表 4　邮轮停航到 9 月底邮轮港靠泊费损失情况

邮轮名称	净吨(吨)	靠泊收费（元/时）	靠泊时间（小时）	靠泊费损失（万元/天）	取消航次数（次）	靠泊费损失总计（万元）
海洋光谱号	168402	25260.30	8	20.21	47	949.78
海洋量子号	153251	22987.65	8	18.39	28	514.92
海洋航行者	105011	15751.65	8	12.60	17	214.22
赛琳娜号	87278	13091.70	8	10.47	45	471.30
威尼斯号	129292	19393.80	8	15.51	46	713.69
大西洋号	53578	8036.70	8	6.43	37	237.88
新浪漫号	34290	5143.50	8	4.11	11	45.26
蓝宝石公主号	78815	39407.50	8	31.52	26	819.52
荣耀号	144142	21621.30	8	17.30	24	415.13
世界梦号	121040	18156.00	8	14.52	64	929.58
探索梦号	45235	6785.25	8	5.43	39	211.69
双子星号	28641	4296.15	8	3.44	34	116.85
鼓浪屿号	37559	5633.85	8	4.51	60	270.42
中华泰山号	10096	1514.40	8	1.21	60	7.27
总计	—	—	—	—	—	5982.98

注：靠泊费 = 净吨 ×0.15 × 靠泊时间（小时），靠港时间假设为 8 小时。部分邮轮净吨按照类似年份和总吨位邮轮测算。

表 5　邮轮停航到 9 月底邮轮港游客服务包干费损失情况

邮轮名称	损失游客量(人次)	港口服务包干费率（元/人次）	港口服务包干费损失（万元）
海洋光谱号	222580	100	4451.60
海洋量子号	132601	100	2652.02
海洋航行者	62016	100	1240.32
赛琳娜号	144585	100	2891.70
威尼斯号	205666	100	4113.32
大西洋号	84286	100	1685.72
新浪漫号	16830	100	336.6
蓝宝石公主号	82368	100	1647.36
荣耀号	129640	100	2952.8
世界梦号	193536	100	3870.72
探索梦号	61990	100	1239.80

续表

邮轮名称	损失游客量(人次)	港口服务包干费率(元/人次)	港口服务包干费损失(万元)
双子星号	41616	100	832.32
鼓浪屿号	102714	100	2054.28
中华泰山号	51000	100	1020.00
总计	—	—	29608.56

注：各个港口的港口服务包干费率不同，按照 100 元/人次计算，出入港各计为 1 次。

（二）邮轮港口配套服务的经济收入损失巨大

邮轮免税店是邮轮港口的重要盈利点，我国各大邮轮港口基本建有出境免税店。出境免税店游客人均消费标准参照国内各大邮轮港口日常数据为 100 元/人次。若邮轮 7 月复航，全国邮轮港口将损失出境游客量 797640 人次，全国各邮轮港口出境免税店收入损失将达 7976.40 万元；若邮轮 10 月复航，出境免税店收入损失将达到 15314.28 万元。邮轮船供是邮轮母港的重要功能，以上海吴淞口国际邮轮港为例，2019 年全年本地采购发生船供代理 234 个航次，船供本地采购总金额预计为 23032.67 万元。其中吴淞口邮轮港代理船供 116 个航次，船供本地采购金额为 9838.77 万元；外轮供应代理船供 77 个航次，船供本地采购金额为 9426.44 万元；上港船舶服务代理船供 28 个航次，船供本地采购金额为 3012.59 万元；远洋供应代理船供 13 个航次，船供本地采购金额为 754.87 万元。2019 年全年货柜转运 25 个航次，共转运 74 个货柜，转运件总数为 44479 件，转运总重量为 830562 千克，价值 408.87 万美元，由于邮轮停靠取消，船供业务业已停止，暂时失去船供方面的收入。

（三）邮轮港口卫生防控体系进一步完善

在疫情防控体系建设方面，由上海宝山海关牵头制定的《出入境邮轮卫生检疫作业指引》，纳入了国家海关总署《口岸新型冠状病毒肺炎卫生检疫操作指南》，成为内部操作规范。深圳招商蛇口邮轮母港为加强疫情防控，严格落实疫情期间各项申报和报告制度；严格人员上岸管理，强化码头工作人员自身防护工作；旅客进出要进行红外测温，码头、船只等严格执行防疫消杀。上海市文化和旅游局制定《上海市邮轮旅游新型冠状病毒肺炎疫情防控工作指南》，明确邮轮港内部防控管理，提出邮轮港应成立邮轮港防疫卫生工作专班，负责邮轮港各区域的消毒、通风工作，并建立消毒、通风的记录和检查台账，做到有据可查、有迹可循；邮轮港应建立港口员工的身体健康档案，强化员工健康监测，实行每日登记制度，员工进入港区前必须测量体温并记录。员工如有出现发热、咳嗽等不适症状不得带病上班，应及时就医；加强办公区域通风换气，并按时进行消毒，保持环境卫生。减少人员聚集，减少会议频次。港口临时关闭阶段，可以通过网上培训等形式，做好职工的培训及业务能力提升工作。

表 6　上海市邮轮旅游新型冠状病毒肺炎疫情防控工作指南（邮轮港口部分）

主要方面	主要内容
港口服务与管理	邮轮港口在邮轮旅游恢复前应完成疫情防控工作的全员培训，一线员工应熟悉掌握防控工作各项要求，并具有处理突发事件的能力
	严格实施预约进港、分批抵港制度，港区日接待量应不超过日最大承载量的50%，瞬时流量应不超过最大瞬时流量的50%。疫情防控期间的游客最大承载量要予以公告
	实施旅客信息报告和健康申报制度，对游客一律按照上海“一网通办”中“随申码”绿码标准进行登记，利用互联网、大数据等手段掌握游客基本信息，以便及时与相关人员取得联系
	港区应在主入口醒目位置进行公告，提醒游客遵守相关防控的要求、常识和注意事项，并公布当地疾病控制中心电话。在游客中心放置中英文防治新冠肺炎的宣传资料，免费向游客发放
	港口区应严格实施出境检疫，对来自重点地区的游客或者体温高于37.3度等疫情传播风险较大的游客予以劝返
	港区应严格落实室内场所的通风和消毒措施
	港区内不举办聚集性营销推广活动。原则上不接待邮轮参观、考察活动
	港区一线服务员工必须在服务过程中全程戴好手套，正确佩戴口罩，勤洗手，注意个人卫生，不当众咳嗽和打喷嚏，重点岗位可采取穿戴防护服等防护措施

续表

主要方面	主要内容
港口服务与管理	引导游客之间保持1米以上距离,避免人群拥挤和聚集。港区内引导人员应与游客保持1米以上距离
	加强群防群控,强化与属地的防疫、公安、文旅等部门联动,对不配合体温检测、随意吐痰、乱扔垃圾等游客不文明行为要予以制止和劝导,对明显违反防控规范的游客或有关行为,第一时间报告当地防控有关部门处置
邮轮港区卫生防疫	港区游客中心内公用设施、电子触摸屏每天至少消毒两次,为游客提供使用的轮椅等物品,做到"一客一消毒"。港区内备有消毒液等物品,免费供游客使用。对所有行李在进入船舶前有相应的消毒措施。所有船供物品必须符合防疫的要求,且可追溯
	强化港区停车场防控和消毒管理,团队和自驾车辆实行分区停放,车辆宜隔位停放,引导游客分散进入
	港区垃圾箱(桶)每天至少消毒两次,保持港区内环境整洁。增设防疫用品回收专用箱(桶)
	港区卫生间应通风良好,卫生设施完善,须配备洗手液、一次性擦手纸,并确保供水正常和烘干机正常使用。便池、洗手台、把手等重点部位消毒每两小时一次,地漏每天用消毒水冲洗

疫情防控指南也明确了恢复后的港口服务与管理防控举措、卫生防疫等内容，并明确疑似感染者应对措施，提出港区内若发现疑似感染者，应第一时间与所在区疾控部门进行联系，报告疑似感染者基本信息，并开辟专门的隔离场所及通道，等待疾控部门到现场处置。邮轮航行期间若发现疑似感染者，应及时隔离医治并向海关报备。

三　促进中国邮轮港口发展的对策建议

（一）做好邮轮港口疫情源头管控

目前我国邮轮港口在应急管理方面已经建立了较为成熟的联防联控机制，这对于有效应对突发事件具有良好的作用。要将母港邮轮船上突发卫生事件防控体系与岸上突发卫生事件体系进行有效地对接，确保在突发事件发生时，岸上卫生处置体系能够有效弥补船上医疗体系不完善的问题。做好源头管控是有效控制突发公共卫生事件的重要基础，邮轮公司可以根据情况采取预防措施，在登船前对乘客和船员进行被动和主动筛查，要求乘坐邮轮的游客进行健康申报，并签署责任书，与个人诚信系统进行对接，告知游客一旦瞒报虚报将影响其个人诚信，提升健康申报信息的准确性。

（二）强化邮轮港口风险预防体系

在本次疫情过程中，虽然我国邮轮港口均未出现疫情，但也暴露出重“应急管控”而非“风险防控”的问题，重视在疫情出现后开展紧急处置工作，而不具备完善的风险预警体系，并且尚未形成完善的防疫物资常态化储备机制。因此，不仅要建立完善的应急预案体系，还要建立完善的风险防控体系，联合邮轮公司在港口建立完备的防疫物资储备体系，如口罩、应急帐篷、84 消毒液等，并完善港口杀菌杀毒设备和疫情医疗垃圾处理设备体系。在疫情发生时，及时将邮轮靠港，将游客安置在港口及周边的临时观察点，避免如“钻石公主号”进行船上隔离造成交叉感染的风险。同时，应建立口岸传染病和疫情监测体系，对口岸突发公共卫生事件信息进行研究和分析，为应急处置工作提供专业指导和技术支持，保证突发事件得到高效科学的处置。

（三）完善邮轮港口防控标准体系

在邮轮复航期间，邮轮港口要做好充分的应对方案准备，建立符合邮轮疫情防控标准化登船流程。港口和港口属地政府联合第三方研究机构建立公共卫生防疫的管理标准和操作流程，由医疗专家、检疫专家提供指导，由邮轮公司提供内容，协助构建科学、实用的国际邮轮针对三类传染病的风险评估方法及应急响应程序，建立国家层面的邮轮港口防控标准，制定《国际邮轮新冠肺炎疫情防控工作指南》。邮轮港口应推出相应的优惠政策，如免除邮轮停航期间的靠泊费用，同时在邮轮恢复运营一定时期内减少邮轮公司的靠泊费用，进一步增强邮轮港口与邮轮公司合作共赢的凝聚力。

参考文献

汪泓主编《邮轮绿皮书：中国邮轮产业发展报告（2019）》，社会科学文献出版社，2019。

汪泓主编《邮轮绿皮书：中国邮轮产业发展报告（2018）》，社会科学文献出版社，2018。

汪泓主编《邮轮绿皮书：中国邮轮产业发展报告（2017）》，社会科学文献出版社，2017。

丁相顺：《国际邮轮的检疫管辖权与政策考量》，《中国社会科学报》2020 年 5 月 6 日。

中共天津市委党校课题组、孙明增：《国际邮轮疫情处置的中国经验——以“赛琳娜”号与“钻石公主”号等邮轮疫情处置比较为视角》，《求知》2020 年第 4 期。

彭先伟、吴亚男：《新冠病毒疫情下的邮轮检疫处置问题初探——以国际卫生法为视角》，《中国海商法研究》2020 年第 1 期。

梅俊青：《疫情过后，中国邮轮经济如何“靠岸”?》，《珠江水运》2020 年第 6 期。

徐峰：《邮轮疫情事件中港口卫生应急法律制度研究》，《武汉交通职业学院学报》2020 年第 1 期。

G.6
我国邮轮公共卫生防疫体系构建研究

梅俊青*

摘　要： 在邮轮业两百年的发展历史中，一直关注卫生和航行安全。邮轮属于人群高度密集的封闭场所，对公共安全风险较为敏感，一旦有患者登船，疫情扩散风险较高。新冠肺炎疫情暴发初期，邮轮公司和游客对新冠病毒的传播性未充分认知，并且国际邮轮客源分布广，邮轮内活动具有高集聚性，涉及国际邮轮公司、母港和访问港当地政府、船籍注册国、游客和船员等多个利益相关方的国际合作应对机制不完善，使得疫情失控。疫情防控阶段，各邮轮公司以游客及船员的安全和健康为首要原则，纷纷制定了邮轮新冠肺炎疫情防控方案，对健康申报、登临检疫、健康管控等公共卫生管控措施进行升级，在船上对船员实行严格的分区管理，对空调通风系统采取全新风方式运行并定期消毒，提升邮轮公共卫生安全标准。本文分析了疫情防控下邮轮公司采取的应对举措及其构建的邮轮疫情防控体系，以便对邮轮卫生防控体系有更深入地认识和理解，并就推进邮轮疫情防控体系完善提出对策建议。

关键词： 邮轮　防控体系　公共卫生事件

* 梅俊青，硕士，上海吴淞口投资（集团）有限公司，研究方向：邮轮经济。

邮轮属于海洋大型聚集型旅游产品，具有载客数量大、游客及船员来源多样、人员流动性强、聚集度高、封闭性强等显著特点，对突发公共卫生事件的防控难度较大。社会公众对于邮轮安全性较敏感，“钻石公主号”邮轮新冠肺炎确诊人数较多，被冠以“恐怖邮轮”的称号，造成了不良的社会舆论影响。1 月 24 日，文化和旅游部发布《关于全力做好新型冠状病毒感染的肺炎疫情防控工作暂停旅游企业经营活动的紧急通知》，提出即日起全国旅行社及在线旅游企业暂停经营团队旅游及“机票 + 酒店”旅游产品，已出行的旅游团队，可按合同约定继续完成行程。为减少负面影响，各大邮轮公司为支持中国开展的疫情防控工作，保障游客和船员的安全与健康，采取有力的应对措施，树立了良好的品牌形象，对于邮轮市场恢复具有较大的帮助。皇家加勒比国际游轮向中国捐赠 100 万只 N95 防护口罩、歌诗达邮轮向中国捐赠了 10 万只高级别防护口罩、地中海邮轮向中国捐赠了 10 万只欧洲标准的医疗口罩，充分体现了各大国际邮轮公司的社会责任担当。皇家加勒比国际游轮出资 3500 万元人民币设立皇家加勒比“旅业振兴专项资金”，用于实施一系列的旅业配套帮扶、资金补贴、免费培训等措施，专门针对原有预订被取消的情况提供补贴，这一补贴将惠及全国各地近 300 家旅行社。同时，制定未来航次扶持政策，覆盖包括华东、华北、华南、华西在内的全部国内市场，适用于中国母港及海外航线，在原有订单回馈、代理等级保护、新增预订奖励等方面给予皇家加勒比国际游轮旅业伙伴政策支持和资金补贴。

一　疫情防控下邮轮公司采取的应对举措

（一）皇家加勒比国际游轮采取的措施

在新冠肺炎疫情暴发初期，皇家加勒比国际游轮推出航次行程免费取消及全额退款保障政策，并强烈建议疑似新型冠状病毒肺炎症状的游客近期不要前往码头登船，加强安全检查和防范措施。在船上启动更加严格的卫生防疫措施，配备专门的医护人员，为游客及船员提供出行保障。随着疫情的蔓延，公司提出暂停接受近期在湖北居住或距离航次出发前 15 日曾在湖北逗留的客人登船，为自愿取消航次的中国游客提供免费航次取消及全额船票、港务税费和预收服务费退款服务。

表 1　皇家加勒比国际游轮通知（1 月 23 日）

<table>
<tr><td>适用航次</td><td>始发母港</td><td>适用邮轮</td></tr>
<tr><td>2020 年 1 月 23 日</td><td rowspan="2">上海</td><td rowspan="2">海洋光谱号</td></tr>
<tr><td>2020 年 1 月 27 日</td></tr>
<tr><td>2020 年 1 月 24 日</td><td rowspan="2">新加坡</td><td rowspan="2">海洋量子号</td></tr>
<tr><td>2020 年 1 月 28 日</td></tr>
<tr><td rowspan="4">适用人群</td><td colspan="2">出行前已被确诊新型冠状病毒肺炎的游客及作为密切接触者的同行人</td></tr>
<tr><td colspan="2">来自武汉地区的游客，以及作为密切接触者的同行人</td></tr>
<tr><td colspan="2">对于持有卫生医疗机构发热证明的游客，以及作为密切接触者同行人</td></tr>
<tr><td colspan="2">因为疫情工作需要的医护人员及同行家属，提供有关工作证明</td></tr>
<tr><td>政策措施</td><td colspan="2">推出航次行程免费取消及全额退款保障政策</td></tr>
</table>

随着新冠肺炎疫情的持续蔓延，皇家加勒比国际游轮开始暂停“海洋光谱号”航次运营，推出邮轮航次退改保障政策，游客可根据情况选择规划未来邮轮行程，继而暂停更多邮轮运营航次，推出免费取消改签政策。随着新冠肺炎疫情的全球蔓延，一些国家针过往 15 天到过中国的游客采取入境限制措施。皇家加勒比国际游轮暂停中国母港 2 月期间航次，进而皇家加勒比国际游轮取消 3 月前在中国市场所有母港航次，并因新冠肺炎疫情影响的持续扩大而继续停航。

表 2　皇家加勒比国际游轮通知（1 月 29 日）

<table>
<tr><td>适用航次</td><td>邮轮</td><td>始发港</td><td>航次类型</td><td>运营状态</td></tr>
<tr><td>2 月 8 日</td><td>海洋光谱号</td><td>上海</td><td>母港航次</td><td>免费取消改签政策</td></tr>
<tr><td colspan="5">游客可选方案</td></tr>
<tr><td>方案一</td><td colspan="4">免费取消，全额退款</td></tr>
<tr><td>方案二</td><td colspan="4">改期至 2020 年 3 月 1 日至 2020 年 4 月 30 日中国母港出发的皇家加勒比航次，船票和港务税费多退少补，并将额外获赠船上消费抵用金，具体如下：
a. 更改短航次（≤5 晚），每间舱房获赠 200 美元船上消费抵用金
b. 更改长航次（≥6 晚），每间舱房获赠 300 美元船上消费抵用金</td></tr>
</table>

续表

适用航次	邮轮	始发港	航次类型	运营状态
方案三	改期至2020年5月1日至2021年5月31日中国母港(包括但不限于上海、天津、香港)出发的皇家加勒比航次,船票和港务税费多退少补,并将额外获赠每间舱房100美元船上消费抵用金			
方案四	全额港务税费退款;获得不含税船票费用等额的未来航次抵用券。抵用券自发放之日起一年之内有效,在使用抵用券的房间可以额外获得每间舱房100美元的船上消费抵用金			

表3　皇家加勒比国际游轮通知（2月5日）

适用航次		航次类型	运营状态
2月29日(含)之前上海出发的航次		母港及海外航次	暂停运营及退改签
游客可选方案			
方案一	改期至2020年3～4月中国母港出发的指定航次,船票和港务税费多退少补,并将额外获赠船上消费抵用金,具体如下: · 更改指定短航次(≤5晚),每间舱房获赠400美元船上消费抵用金 · 更改指定长航次(≥6晚),每间舱房获赠600美元船上消费抵用金		
方案二	改期至2020年4月28日至2021年5月31日中国母港(包括但不限于上海、天津、香港)出发的皇家加勒比航次,船票和港务税费多退少补,并将额外获赠每间舱房200美元船上消费抵用金		
方案三	全额港务税费退款;获得不含税船票费用等额的未来航次抵用券。抵用券自发放之日起一年之内有效,在使用抵用券的房间可以额外获得每间舱房200美元的船上消费抵用金		
方案四	免费取消,全额退款		
备注	优惠退改政策同样适用于所有中国母港出发暂停运营的航次和其他前序海外产品		
进一步加强全球船队的健康安全防控措施			
所有航次出发前15天曾出入、途经、逗留中国大陆、香港特别行政区、澳门特别行政区的游客,不分国籍,都将无法登船,此政策适用于皇家加勒比在全球运营的在2020年2月29日(含)之前出发的所有船队的航次			

（二）歌诗达邮轮采取的应对措施

歌诗达邮轮全年在中国华南、华东及华北地区均有布局，航线取消涉及旗下4艘船以及三亚、厦门、深圳、上海和天津5个港口。在新冠肺炎疫情暴发初期，歌诗达邮轮发布《歌诗达邮轮春节航次针对疫情的退改保障》，提出与各地港口相关管理部门一起协作，加强港口游客筛查，对所有登船游客进行体温检测，旗下所有船只均采用严格的卫生预防措施和遵循严谨的程序，进一步提高船上的消毒频次。船员每天都会使用医用级别免洗消毒产品对所有经常接触的表面进行至少三次消毒。随着疫情蔓延，歌诗达邮轮暂停接收所有持武汉籍身份证、近期在武汉居住或逗留的游客登船，进而暂停营运中国母港出发航次。

表 4　歌诗达邮轮退票及改期方案更新（1 月 23 日）

适用范围	2020 年 2 月 7 日(含)前出发的航次
措施一	在航次出发前 14 天内已确诊发烧、肺炎或因疑似新型冠状病毒肺炎被隔离的游客，以及作为密切接触者的同行人，持有效医疗诊断证明可申请全额船票及港务费退款，或者申请改期截至 2020 年 12 月 31 日前的同等航次
措施二	来自武汉地区的游客，以及作为密切接触者的同行人，凭借有效身份证件及相关证明文件，可申请全额船票及港务费退款，或者申请改期截至 2020 年 12 月 31 日前的同等航次
措施三	自 2020 年 1 月 1 日起，曾途经武汉或在武汉短暂停留的游客，以及作为密切接触者的同行人，凭相关证明可申请全额船票及港务费退款，或者申请改期截至 2020 年 12 月 31 日前的同等航次
措施四	因疫情工作需要而无法出行的医护人员及其同行家属，可申请全额船票及港务费退款，或者申请改期截至 2020 年 12 月 31 日前的同等航次
措施五	在码头被劝返的游客，以及作为密切接触者的同行人，可申请全额船票及港务费退款，或者申请改期截至 2020 年 12 月 31 日前的同等航次
措施六	其他申请适用歌诗达邮轮一般退票退款政策

表 5　歌诗达邮轮天津航次改签方案（2 月 28 日）

适用范围	“赛琳娜号”3 月 16 日、3 月 21 日、3 月 26 日和 3 月 31 日从天津出发航次
改签方案一	改期至 2020 年 4 月 30 日前的航次，每舱将额外获得 150 美元的船上消费抵用额
改签方案二	改期至 2020 年 5 月 1 日至 6 月 30 日的航次，每舱将额外获得 100 美元的船上消费抵用额
改签方案三	改期至 2020 年 7 月 1 日至 8 月 31 日的航次，船票和港务费多退少补，每舱将额外获得 150 美元的船上消费抵用额

续表

备注	10 月 2 日从天津出发的航次不含在内
	仅适用于改签具有相同晚数的航次，也同时适用于之前宣布停航的所有歌诗达邮轮从天津出发的航次
	如果在此期间仍无法安排出行，游客也可以获得全额船票及港务费退款

（三）地中海邮轮采取的应对措施

在新冠肺炎疫情暴发初期，为加强邮轮疫情防控，地中海邮轮发布针对"新型冠状病毒肺炎"的退改保障政策，提供退改保障计划。并且，随着新冠肺炎疫情防控形势的变化及时更新退改政策，扩大退改签政策的适用航次范围，并暂停当时所有近期在武汉居住或逗留的游客及其密切接触的同行人登船。随着新冠肺炎疫情蔓延，地中海邮轮全面取消邮轮航次，并持续完善退改签政策。

表 6　地中海邮轮退改签政策（1 月 22 日）

适用航次	1 月 24 日、1 月 28 日、2 月 1 日上海出发的"辉煌号"航次
适用人群	①游客名单中，身份证号码是武汉的游客，以及作为密切接触者的同行人 ②从武汉出发的团体游客，如因新型冠状病毒肺炎相关管理办法而无法完成出行（凭政府相关部门通告） ③出发前已被专业医疗机构确诊为新型冠状病毒肺炎患者或认定为疑似新型冠状病毒肺炎患者的游客（凭医院证明），以及作为密切接触者的同行人 ④由外地前往上海搭乘邮轮，但是机场和火车站未能通过体温检测而被劝返的游客（凭相关证明文件），以及作为密切接触者的同行人 ⑤在码头未能通过海关体温检测而被劝返的游客，以及作为密切接触者的同行人 ⑥因受本次事件影响而奋战在一线的所有医护人员
备注：	第 2、3、4、5、6 类游客需要提供相应书面证明
退改方案	全额退款：支付的 100% 船票款及未发生的港务税费
	未来航次抵用券：适用于始发港和抵达港均为中国的母港航次的 MSC 地中海荣耀号船票费用抵扣，有效期至 2021 年 5 月 31 日

表7　地中海邮轮退改签政策（2月1日）

退改方案	具体内容
方案一	现金返还：游客可以从原购买渠道获得支付金额的等额费用返还，及未发生的港务税费退款（费用返还和退款方式请咨询原购买渠道）
方案二	改期至17.2万吨的旗舰邮轮地中海荣耀号2020年6月17日至2021年5月31日出发、始发港和抵达港均为中国母港的航次，船票与港务税费多退少补，并将额外获得每舱100美元的船上消费抵用金，可用于支付包括海上太阳马戏团表演、米其林星厨餐厅在内的多种旗舰体验项目。船上消费抵用金可用于支付该航程船上所有消费项目（未来航程预订金除外）及邮轮服务费，不可提现，且航程结束时未被用完的部分不予退还

二　各邮轮公司邮轮疫情防控体系构建

（一）皇家加勒比国际游轮疫情防控体系构建

皇家加勒比国际游轮“海洋量子号”停止运营后，对船上船员一直实行严格的健康管理和卫生防疫措施，所有船员都被安排在阳台房单独居住（夫妻两人一间）。自2月18日开始对所有船员进行一天一次测温，3月15日起对所有船员实行每天早晚两次测温。邮轮设置了专门的隔离区域。隔离区域和其他区域之间有专门的缓冲区，隔离室及缓冲区全面消毒和严格管理。隔离区设置了106间独立的隔离舱室。“海洋量子号”共拥有阳台房1571间，在必要的时候所有阳台房均可通过设置新风系统或关闭“热能回收转轮”对非疑似病症的船员进行隔离医学观察。皇家加勒比“海洋光谱号”设置有15间隔离房，且每个客舱均有独立的机舱风机管理单元，公共空间装有过滤器，另一侧设有排气出口，避免交叉污染。船上的通风空调系统也是在进行邮轮现代化设计时的核心硬件之一。皇家加勒比国际游轮在中国运营的“海洋光谱号”“海洋量子号”“海洋航行者号”都可以做到100%新风进入、100%“旧风”排出船外，空气不在客房之间循环。船上也具有足够的隔离区域，通过舱房和走廊之间的负压控制，避免隔离区域空气因压力过大而流通到走廊，隔离室均安装了 HEPA 高效过滤系统，可过滤掉 99.9% 的 0.1 微米的病毒。皇家加勒比和诺唯真游轮展开合作，共同提升邮轮健康和安全标准，邀请全球领先专家成立“安心启航专家组”，由来自公共卫生、传染病、生物安全、酒店管理和航海等领域的专家组成，为邮轮防疫提供建议，提高新冠肺炎疫情防控下的公共卫生安全应对能力，保障邮轮运营的安全性，并为邮轮恢复运营提供技术支持。

（二）歌诗达邮轮疫情防控体系构建

在疫情防控期间，歌诗达邮轮采取更加严格的卫生消毒措施，遵照歌诗达邮轮集团的《全球健康环境卫生安全防护规定》，对游客最常接触的地方进行深度清洁和消毒，增加厨房、客房、卫生间、公共区等重点区域的消毒频次。餐饮部每天对厨房区域进行四次消毒作业，所有的餐具都会在经过严格的消毒检查后提供给客人；客房服务部加强对门把手、椅子扶手、墙壁墙纸、电视遥控器等游客经常接触到的地方的消毒和清洁工作；娱乐部对迷你高尔夫、乒乓球、桌上足球、篮球、飞镖等设施进行消毒；儿童俱乐部用专门的消毒液对玩具进行清洁。在邮轮公共区域的主要通道放置免洗洗手液，提醒游客时常清洁双手。严格执行欧洲及美国卫生保健条例，建议游客使用纸巾开卫生间的门。

（三）云顶邮轮疫情防控体系构建

自新冠肺炎疫情暴发以来，在邮轮停航期间，星梦邮轮、丽星邮轮船队实施最高标准的卫生防疫措施，船队均可实现客房及公共区域 100% 室外新鲜空气循环，持续开展船上深度消杀清洁工作，并对员工展开有针对性的安全防疫培训。为增进公众对邮轮防控工作的了解，云顶邮轮集团根据疫情的传播特点制定并公布新冠肺炎疫情邮轮防控细则，包括船上正在进行的持续消杀清洁措施，以及复航后将进行的行前筛查、客房区域、公共区域、食物卫生、休闲娱乐活动、船员防护等各方面的防控措施，其中部分措施将作为未来邮轮运营中的常态化操作，以推动邮轮旅游安全性的进一步提升。云顶邮轮集团以公开、透明的态度增进公众对邮轮防控工作的了解，在一定程度上消解公众对邮轮安全性的担忧，有利于促进邮轮复航。星梦邮轮“探索梦号”荣获全球医疗业感染风险管理及防控认证专业权威机构挪威劳氏船级社（DNV GL）颁授海事业感染风险管理及防控认证 CIP-M，成为全球首艘获此认证的邮轮，通过审核船上的防控体系与相关措施，评估业者防控及减轻感染风险的能力，严格规范防疫流程及措施为邮轮复航奠定了良好的基础。

表 8　云顶邮轮集团新冠肺炎疫情邮轮防控细则

主要方面	具体要求
登船 & 离船	所有人员登船前须进行健康申报和体温检测(旅行出行历史记录/高危地区过境记录/高危地区人员接触史/实时身体健康状况)
	登船舷梯口及廊桥配备红外线体温监测仪
	登船舷梯及登船通道进行高频次消杀清洁
	对所有登船人员相关旅行证件进行严格检查
	旅客可通过在线值船系统,获取分时段登船通行证,快速办理登船流程,减少码头等待集聚
	增加邮轮上下船集合点数量,错峰错时安排旅客离船
	配合当地港口检疫和卫生部门进行进一步安全检查
客房区域	客房全面提高消杀清洁等级,并使用专业医用级消毒剂进行消杀清洁
	客房的浴室使用专用碱性清洁剂和消毒剂进行消杀清洁
	及时处理客房遗留食物,防止食物变质滋生微生物和细菌
	及时更换客房床品并对床品进行专业清洁和高温杀毒
	在下水道中注入稀释消毒剂,保证管道畅通,避免滋生细菌
	如有人员生病,依据标准清洁消杀操作流程,采用专业医用级消毒或雾化消杀方式妥善处理
公共区域	全船公共区域均采用专业医用级消毒剂进行清洁(雾化和擦拭双重消杀清洁)
	公共区域提升消杀清洁频次,2 ~4 次/日,对高频接触面(包含电梯按钮、门把手、扶梯把手、扶手栏杆、桌面等)在繁忙时段(登离船、岸上观光上下船、用餐时段)进行每小时一次或更高频次的消杀清洁
	使用高性能中性地板清洁剂对全船地板进行高频次消杀清洁
	公共区域广泛放置消毒免洗洗手液,在主要通道和场所入口服务人员主动提供洗手液并提醒旅客使用

续表

主要方面	具体要求
食品卫生	结束营业后对餐厅、酒吧和后厨等餐饮区域进行专业消杀清洁(3次/日)
	旅客进入餐饮场所前,建议在各个餐饮场所出入口使用免洗洗手液进行清洁消毒
	安排旅客分时分区用餐,并按需提供一次性餐具
	暂停自助取餐服务,由穿戴口罩和一次性手套的船员协助取餐
	严禁采购使用野生动物及其制品
	禁用来自疫区及高危地区的食品,严格执行采购标准,保证采运安全
活动演出	剧院每场演出前后均进行消杀清洁,3D眼镜(如配备)派发前/使用后须进行专业清洁消毒
	儿童活动区游乐设备及玩具均使用专业医用级消毒剂消杀清洁(2次/日),或每次使用后均进行消杀清洁
	免税商店及娱乐场所开放前后均使用专业医用级消毒剂消杀清洁(2次/日)
	所有娱乐游艺场设备使用前,均用专业医用级消毒剂进行消杀清洁(2小时/次)
	活动场所及剧院客流密度严格控制在50%以下,观众须保持安全间距
	娱乐区域和活动场所进出口处配备免洗洗手液
	岸上观光旅游大巴载客量须低于50%,且进行高频次消毒清洁(依据世界卫生组织指导及相关培训)
	水疗中心和健身房设施在每位旅客使用前后进行消杀清洁
新风系统	客房及公共区域均配备100%新鲜室外空气循环系统
	全面深入检查及清洁空气过滤器和冷却器
医疗设施	医疗中心设有隔离病房
	污染医疗物品及病患弃物均按照安全健康操作标准统一密封处理
	设置废弃口罩收集点统一处理防护用品
	使用专业医用级消毒剂对医用垃圾桶进行高频消杀清洁(2次/日)

续表

主要方面	具体要求
船员防护	实行全体船员动态体温检测[2 次/(日·人)]
	全体服务人员须佩戴口罩
	客房和餐饮部员工还另须戴一次性手套
	特需人员在必要时须穿着防护服和佩戴护目镜。所有人员应使用抗菌洗手液在流动活水下洗手不少于 20 秒
	医疗隔离区参与疑似病例高危工作的相关人员必须穿戴足够的个人防护用品、上班前后遵循正确的洗手步骤、每天及时更新个人健康信息
	加强相关船员健康安全措施培训和信息普及
	减少邮轮间或者地区间船员更替

三　推进邮轮疫情防控体系完善的对策建议

（一）强化邮轮卫生防疫管理体系建设

邮轮公司在邮轮恢复运营前应完成疫情防控工作的全员培训，邮轮上的员工应熟悉掌握防控工作各项要求，并具有应急处理突发事件的能力。邮轮公司应按照海关的要求，调整 OPRP（疫情预防和反应方案）的响应级别，按照要求配备船上医护人员，配置相关防疫物资，严格落实相关管理措施。在每个航次开始前应按照口岸要求对邮轮用品用具等进行全面消毒。船上需配备必要的、能满足航程需要的防疫物资，对高频接触的门把手、电梯、开关等部位，应增加清洁消毒频次。应对船上走廊等公共场所按规范要求进行周期性消毒。公共区域配备消毒液、一次性纸巾等物品，免费供旅客使用。邮轮公司应通过各种方式进行公告，提醒游客遵守相关防控的要求和注意事项，并公布医疗中心电话。免费向游客发放中英文防治新冠肺炎的宣传资料。邮轮上的服务人员工必须在服务过程中全程戴好手套，正确佩戴口罩，勤洗手，注意个人卫生，不当众咳嗽和打喷嚏，重点岗位可采取穿戴防护服等防护措施。加强船上垃圾分类管理，垃圾及时打包并做好打包废弃物的喷洒消毒。邮轮抵港后，经海关检疫许可后，方可进行旅客和船员登离船、行李装卸等作业。

（二）建立邮轮游客信息可追溯管控机制

邮轮在运营过程中，不断地从一个国家驶向另一个国家，游客、船员频繁上下，这些人员的健康信息需要向当地卫生防疫部门开放。实施旅客信息报告和健康申报制度，旅客应按照港口所在地政府部门、口岸联检单位等要求进行登记，有条件的可结合邮轮船票制度，推出“一码通”等便捷服务，实施一次申报、全覆盖管理。完善游客和船员信息追溯系统，邮轮口岸监管部门利用大数据技术，要求邮轮公司和旅行社将邮轮游客及船员数据信息提前转交海关、港口和相关卫生健康部门，进一步完善游客、船员登轮信息可追溯管控机制，员工如有出现发热、咳嗽等不适症状不得带病上班，应及时离船就医。邮轮航行期间，若发现疑似病例或确诊病例，应立即关闭所有公共场所，停止所有人群聚集性活动，限制旅客活动范围。船上若有发热或疑似传染者，应安排其第一批下船。邮轮公司应对旅客在访问港的旅游进行有效管理。对游客的组团情况、游览线路进行必要的记录。疫情防控期间，应严格实施预约进港、分批抵港制度，要求所有在港人员间距 1 米以上。对违反防控要求的行为进行劝导和制止，拒不接受的，纳入诚信管理系统。进一步完善邮轮卫生管理体系，推动邮轮船上卫生医疗体系与邮轮港地方医疗体系的联动发展，将邮轮卫生防控体系纳入地方政府公共卫生防疫体系，在药品配置、人员培训、医废处置等方面提供支持。

（三）加强邮轮船员卫生防疫管理

在邮轮开航前，所有船员必须经过权威机构健康检测，实施开航前 14 天安全隔离，隔离期间每天对船员进行健康筛查。加强对随船工作人员的健康安全措施培训及信息普及，使其熟悉掌握岗位防控工作各项要求，并具有相应的应急处置能力。邮轮公司应建立邮轮员工的身体健康档案，强化员工健康监测，实行每日登记制度，员工进入邮轮前必须测量体温并记录。应建立随船工作人员的健康档案，强化员工健康监测，实行每日登记制度，合理安排员工轮休。如有疑似症状者，应及时隔离处置，不得带病上岗，靠岸后，应及时安排其离船治疗。随船工作人员工作期间必须正确佩戴口罩，注意个人卫生。重点岗位人员应落实穿戴防护服等措施。随船工作人员应减少参与人群聚集性活动。确有必要的（如就餐等），采取分批、错峰等措施，人员之间保持适当距离。

参考文献

汪泓主编《邮轮绿皮书：中国邮轮产业发展报告（2019）》，社会科学文献出版社，2019。

汪泓主编《邮轮绿皮书：中国邮轮产业发展报告（2018）》，社会科学文献出版社，2018。

汪泓主编《邮轮绿皮书：中国邮轮产业发展报告（2017）》，社会科学文献出版社，2017。

丁相顺：《国际邮轮的检疫管辖权与政策考量》，《中国社会科学报》2020年5月6日。

彭先伟、吴亚男：《新冠病毒疫情下的邮轮检疫处置问题初探——以国际卫生法为视角》，《中国海商法研究》2020年第1期。

谢燮：《新冠肺炎疫情下邮轮产业的核心价值探索》，《中国远洋海运》2020年第4期。

姜宏丽、李晋玉、马莹、王蓓蕾：《我国邮轮母港航线现状调查及拓展研究》，《广西质量监督导报》2020年第3期。

史秀伍、王轶、米伟：《国际邮轮大规模应急救援行动研究》，《中国海事》2020年第3期。

高鑫、谢大明：《如何预防病毒通过邮轮HAVC系统传播》，《中国船检》2020年第3期。

陈鹏：《邮轮疫情应对的主体责任分析及对策》，《世界海运》2020年第3期。

G.7
中国邮轮旅游游客消费行为特征与动机研究

罗胜锋*

摘　要： 近年来，中国成为世界最大的旅游客源国和全球第二大邮轮客源市场，成为全球邮轮旅游市场的重要组成部分。新冠肺炎疫情的暴发使得邮轮旅游行业进入萧条期，邮轮公司财务业绩和流动性受到重大负面影响。从整体邮轮行业来说，病毒大规模传染的概率很低，但新冠肺炎疫情依然对邮轮业造成一定的不良影响，尤其是“钻石公主号”等邮轮的疫情传播，与邮轮行业一直宣传的“邮轮是最为安全的海上旅游设施，邮轮行业是装备最完善、经验最丰富的行业之一”相悖，这在一定程度上对邮轮游客心理造成一定的阴影。疫情对整个邮轮行业而言影响最大的是消费者对邮轮旅游的信心和热情。游客在旅游中的安全感知直接影响其出游意愿，进而影响潜在旅游者的出游动机，也会影响邮轮出游时间段的选择。各大邮轮公司积极开展疫情防控工作，保障游客和船员的安全与健康，采取有力的应对措施，树立了良好的品牌形象，对于邮轮市场的恢复有较大的帮助。从长期来看，疫情的影响只是暂时的。随着疫情的结束，游客对邮轮旅游的需求会逐步增加，行业需要一定的时间自我修复，不断提升市场的信心和游客的安全感，以推动邮轮旅游市场复苏。

* 罗胜锋，桂林理工大学教授，博士生导师。

关键词： 邮轮旅游　消费行为　游客

新冠肺炎疫情下，旅游业作为劳动密集型行业遭受了严重冲击，影响了上百万人的就业。全球旅游业的前景取决于各国疫情防控效果、限制旅行和关闭机场等措施的持续时间。联合国世界旅游组织（UNWTO）发布的《世界旅游晴雨表》指出，受新冠肺炎疫情影响，2020 年全球国际游客数量将较上年下降 58% ~78%，同比减少 8.5 亿 ~11 亿人次，经济损失达 9100 亿美元至 1.2 万亿美元，影响直接与旅游业相关的工作岗位 1 亿 ~1.2 亿个。2020 年第一季度全球国际游客数量同比减少 6700 万人次，同比下降 22%。邮轮旅游业是受到新冠肺炎疫情影响最大的行业之一，是邮轮业两百年的发展历史上全球邮轮旅游市场首次全球停摆。“钻石公主号”“红宝石公主号”“阿塔尼亚号”“布雷马号”等邮轮先后出现疫情，不少媒体对“钻石公主号”冠之“恐怖邮轮”“海上牢笼”“邮轮噩梦”等，人们对邮轮安全性表现出现一定程度的担忧，这对邮轮旅游业的发展较为不利。疫情初期邮轮旅游受到的影响具有一定区域性，但随着疫情的全球蔓延，其对全球邮轮市场的影响迅速放大，引起全球范围内邮轮停航和部分港口拒绝邮轮停靠，进一步增加了游客对邮轮安全性的担忧，短期内均拒绝乘坐邮轮。根据世界旅游业理事会统计，2003 年“非典”疫情使得全球旅游业损失 300 亿 ~500 亿美元。消费者调查报告显示，疫情使旅游消费需求受到较大影响，在疫情结束后，78% 的消费者旅游需求将会恢复，这就需要提振消费者对于邮轮旅游的信心，同时进一步提升产品和服务水平。

一　新冠肺炎疫情对社会公众消费行为的影响

（一）疫情重创社会经济，影响邮轮旅游市场恢复

疫情对全球经济运行产生明显影响，各国采取了封城、停工、隔离等措施，

基本停止了必需品生产以外的经济活动，经济陷于停滞，全球经济增速放缓进一步导致外需下降。联合国发布的《2020年世界经济形势与展望年中报告》显示，受新冠肺炎疫情影响，2020年发达国家经济将萎缩5%，发展中国家经济将萎缩0.7%。2020~2021年，全球经济产出累计损失将达8.5万亿美元。国际货币基金组织（IMF）将2020年全球GDP增速预测值从1月的3.3%下调至-3%，为20世纪30年代大萧条以来最严重的经济衰退。世界银行也将东亚—太平洋地区2020年GDP增速预测值从2019年的5.8%下调至2.1%。亚洲开发银行的《新冠肺炎疫情潜在经济影响最新评估》显示，新冠肺炎疫情造成的全球经济损失在5.8万亿~8.8万亿美元，相当于全球GDP的6.4%~9.7%。全球疫情若持续3个月，亚太地区经济损失将达1.7万亿美元；若持续6个月，亚太地区经济损失将达2.5万亿美元，占全球产出下滑总额的30%。疫情期间全球将有1.58亿~2.42亿人失业，其中亚太地区失业人口占70%；全球劳动收入将减少1.2万亿~1.8万亿美元，其中亚太地区的损失约占全球的30%。

表1 新冠肺炎疫情对全球GDP的影响

单位：百万美元，%

区域	GDP		GDP增长率	
	短期影响	长期影响	短期影响	长期影响
全球范围	-5796893	-8789852	-6.4	-9.7
亚洲地区	-1667824	-2529912	-6.2	-9.3
澳大利亚和新西兰	-91156	-139456	-4.6	-7.0
中亚地区	-21070	-33978	-3.4	-5.5
中国以外的东亚	-164085	-256741	-6.0	-9.3
中国	-1083078	-1623381	-7.5	-11.2
东南亚地区	-163223	-252899	-4.6	-7.2
南亚地区	-141938	-217646	-3.9	-6.0
太平洋地区	-3275	-5010	-4.6	-7.0
G3	-3528842	-5327954	-7.3	-11.0
美国	-1485318	-2226466	-7.1	-10.7
日本	-324483	-491035	-5.9	-8.9
欧盟	-1719041	-2610453	-7.7	-11.7

资料来源：亚洲开发银行《新冠肺炎疫情潜在经济影响最新评估》。

表 2　新冠肺炎疫情对全球就业和工资水平的影响

单位：百万人，百万美元

区域	就业人数		工资收入	
	短期影响	长期影响	短期影响	长期影响
全球范围	-158.1	-242.1	-1201231	-1832371
亚洲地区	-109.1	-166.7	-358709	-549900
澳大利亚和新西兰	-0.3	-0.5	-11189	-17042
中亚地区	-1.9	-3.0	-3419	-5396
中国以外的东亚	-2.2	-3.6	-37751	-59730
中国	-62.9	-95.2	-253503	-385970
东南亚地区	-11.6	-18.4	-25047	-38986
南亚地区	-30.0	-45.9	-27606	-42445
太平洋地区	-0.1	-0.2	-193	-331
G3	-29.1	-24.1	-735301	-1118925
美国	-9.0	-13.5	-402675	-611233
日本	-3.6	-5.5	-60556	-92157
欧盟	-16.5	-25.1	-272070	-415534

资料来源：亚洲开发银行《新冠肺炎疫情潜在经济影响最新评估》。

根据中国社会科学院旅游研究中心、腾讯文旅产业研究院发布的《新冠肺炎疫情影响下的旅游需求趋势调研报告》，家庭预期收入和预期支出均呈增长趋势，但较上年预期增加指数明显降低。[①] 2020 年我国家庭收入预期增长指数为 102.5，较上年增长指数下降 26.4%，家庭消费预期增长指数为 137.5，比 2019 年调查数据下降 10.6%，但两类预期指数仍然大于 100，表明预期收入和消费增加的趋势依然存在。

（二）社会民众抑郁焦虑加重，影响邮轮旅游出游动机

中国科学院心理研究所国民心理健康评估发展中心的调查结果显示，新

① 指数值越大表示对未来向好的期望越强。

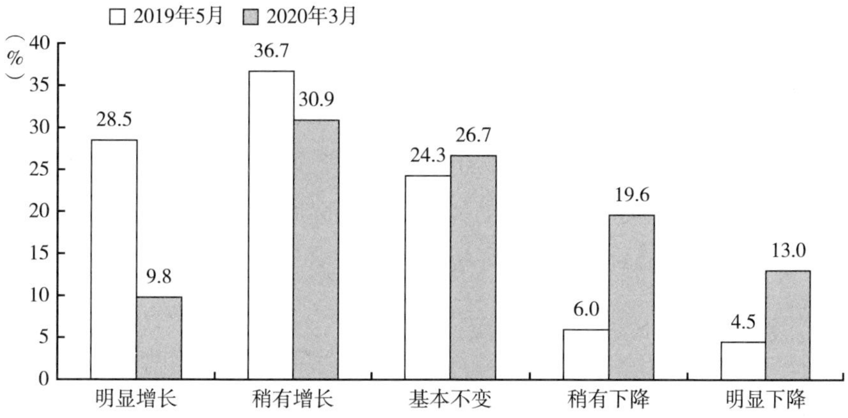

图 1　未来一年家庭月均收入较上年变化情况

资料来源：中国社会科学院旅游研究中心、腾讯文旅产业研究院发布的《新冠肺炎疫情影响下的旅游需求趋势调研报告》。

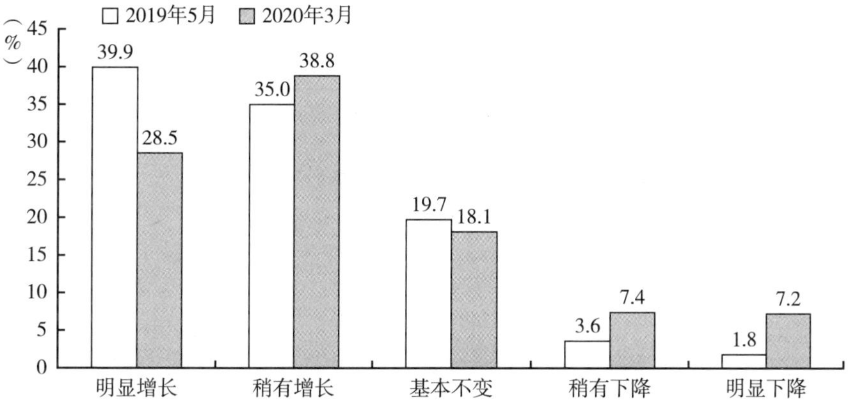

图 2　未来一年家庭月均支出较上年变化情况

资料来源：中国社会科学院旅游研究中心、腾讯文旅产业研究院发布的《新冠肺炎疫情影响下的旅游需求趋势调研报告》。

冠肺炎疫情对公众情绪健康和社会心态造成强烈的冲击和影响，并且公共卫生事件给民众带来的情绪健康影响可能会持续相当长的时间。研究表明，总体上近 30% 的调查对象有不同程度的抑郁表现，其中 30 岁以下的年轻人群体抑郁方面得分最高，其次为 31 ~ 40 岁人群，41 ~ 50 岁中年群体的抑郁水平最低，50 岁以上群体的抑郁水平有所升高。22.4% 的人具有明显的焦虑问题。将当前疫情下的国民情绪健康与 2008 年的全国调查结果进行比较分析，结果发现疫情下的抑郁平均分高于 2008 年的抑郁平均分，有抑郁倾向的群体和抑郁高风险群体的占比均高于 2008 年全国调查结果。疫情不仅直接影响民众的心理健康，所带来的经济压力也会加剧心理问题，抑郁和焦虑状况处于最高水平的均是无业待业人员。

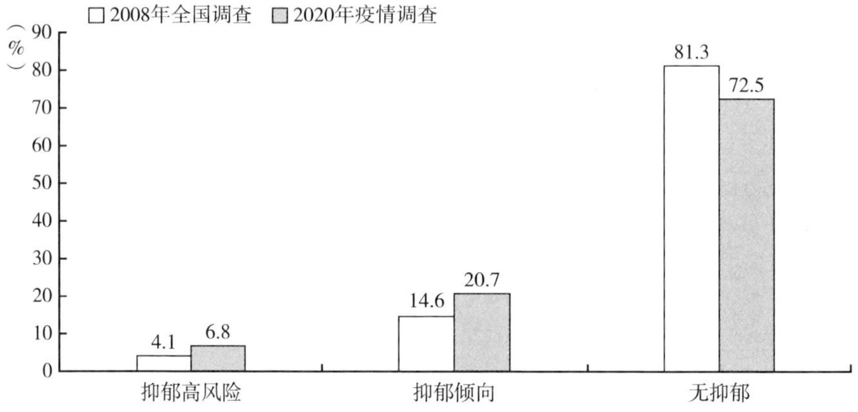

图 3　疫情对社会公众心理的影响

资料来源：中国科学院心理研究所国民心理健康评估发展中心。

二　新冠肺炎疫情下邮轮旅游消费行为趋势

（一）更加重视邮轮旅游产品安全

新冠肺炎疫情改变了人们的生活习惯，如勤洗手、人流密集场所佩戴口罩、注意运动提升免疫力、注重饮食健康等，这些习惯将延伸到旅游行为中。中国社会科学院旅游研究中心、腾讯文旅产业研究院发布的《新冠肺炎疫情下的旅游需求趋势研究报告》显示，调研发现，在人们对出游各项因素的看重比例方面，旅游者选择目的地时最看重卫生健康状况和社会安全秩序，并且对退费政策、应急措施和旅游保险等的关注程度显著提升。

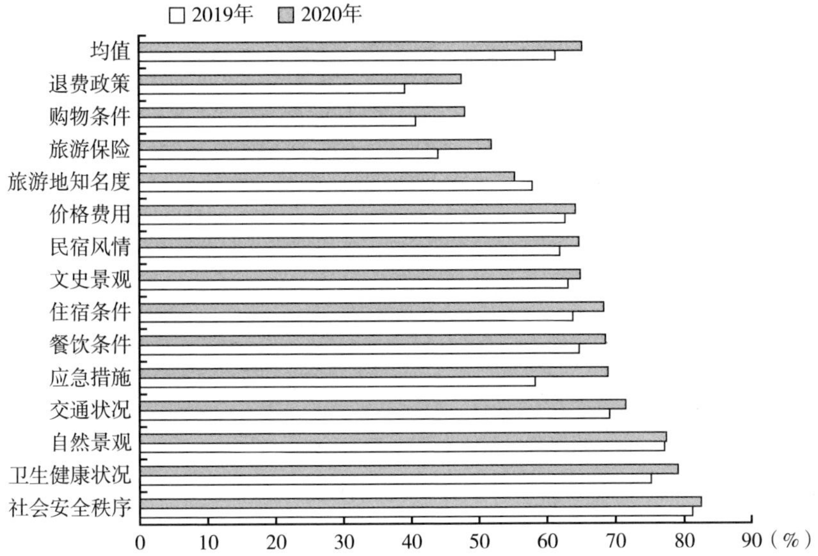

图 4　人们对出游各项因素的看重比例

资料来源：中国社会科学院旅游研究中心、腾讯文旅产业研究院发布的《新冠肺炎疫情下的旅游需求趋势研究报告》。

（二）增加游客选择邮轮出行的担忧

2003 年，我国旅游业受“非典”疫情影响较大，国内出游的客流同比增速骤减至 -0.9%，旅行社营业收入增速降低 28%。中国旅游研究院、携程旅游大数据于 3 月 20 日联合发布的《国人疫情后旅游意愿调查报告》显示，90% 以上的被调查者选择国内游，城市周边游、国内中短程游、国内长线游三项是主要选择，游客对邮轮旅游的顾虑较大。中国社会科学院旅游研究中心、腾讯文旅产业研究院发布的《新冠肺炎疫情下的旅游需求趋势研究报告》显示，在被调研者中今年有旅游计划的占比为 72.4%，但受疫情影响，“原计划取消”的占比为 28.3%，“原计划改期”的占比为 16.7%，“变更原计划旅游目的地”的占比为 9.1%。

随着我国新冠肺炎疫情防控工作取得成效，人们对旅游的关注度稳步提升，9.4% 的人在“疫情中做了新的旅游计划”。近三成旅游者预期疫情结

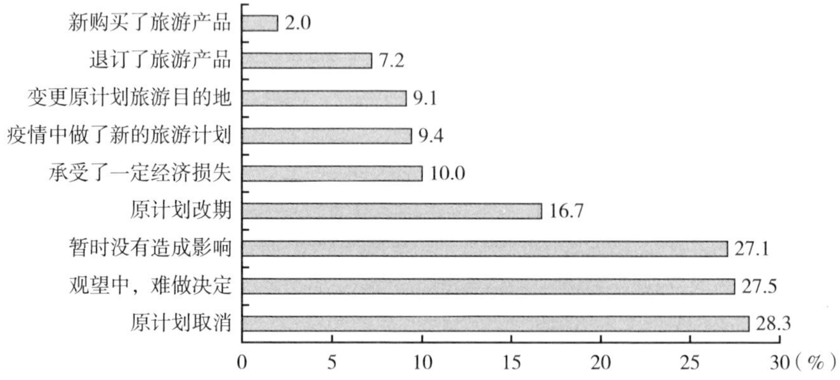

图 5　疫情对今年旅行计划的影响

资料来源：中国社会科学院旅游研究中心、腾讯文旅产业研究院发布的《新冠肺炎疫情下的旅游需求趋势研究报告》。

束后 3 ~6 个月恢复旅游活动，近三成旅游者处于观望状态，也有 21.3% 的旅游者在三个月内重启旅游活动。问卷调查和舆情数据均表明，疫情后人们更倾向于在国庆等远离疫情的时间段出游。在影响出游的外部关键因素中，时间、预算和风险是影响未来一年旅游计划的关键因素。周边游出游次数最高，省外游消费较上年增长最多。不同旅游类型中，周边游预期出游次数依然是最高的（1. 7 次），而省外境内游的人均出游次数较上年增加最多(+0. 3 次)。

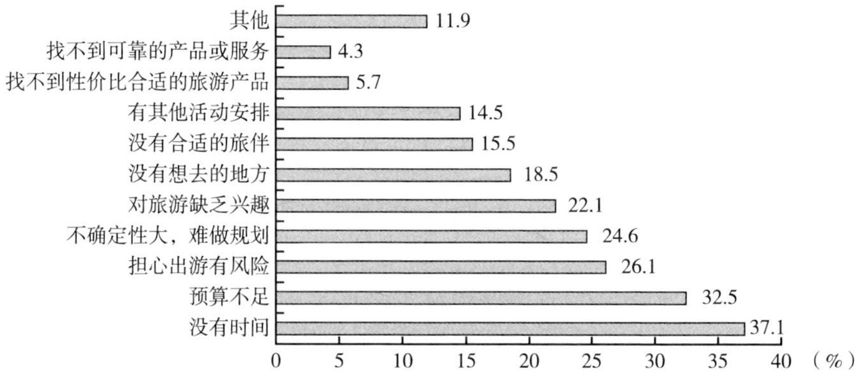

图 6　影响出游的外部关键因素

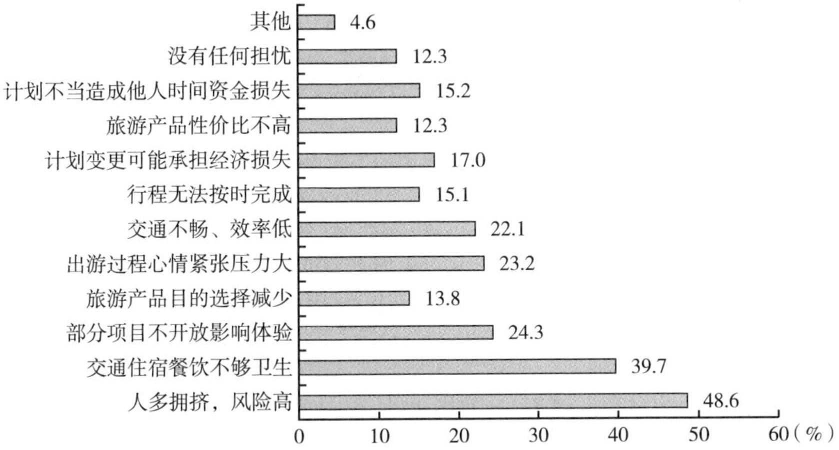

图 7　游客出游风险感知情况

资料来源：中国社会科学院旅游研究中心、腾讯文旅产业研究院发布的《新冠肺炎疫情下的旅游需求趋势研究报告》。

当旅游消费支出增加时，人群优先增加的旅游类型也是省外境内游。疫情的全球蔓延，对出境旅游目的地的选择有很大影响。受新冠肺炎疫情影响，人们最大的风险感知来自卫生安全风险，其次是受疫情影响而导致部分项目不开放使得旅游体验受影响。

（三）2021 年邮轮旅游需求明显增长

联合国世界旅游组织（UNWTO）发布的《世界旅游晴雨表》指出，亚太地区受疫情冲击最大，国际游客数量同比下降 35%，减少 3300 万人次。针对各国逐步开放边境、放宽旅行限制提出了 3 种不同情景的假设，并对 2020 年全球旅游业的发展走势做出相应预测：如果各国从 7 月初、9 月初、12 月初逐步开放边境并放宽旅行限制，预计全球国际游客数量将同比分别下降 58%、70%、78%。欧洲地区的国际游客数量减少 2200 万人次。

世界旅游组织专家小组预测，2020 年第四季度全球旅游业将出现复苏迹象，并在 2021 年迎来主要恢复期。受疫情影响，各大邮轮公司相继停航并推出相应的退票和改签政策，允许游客退票或改签成后续航班，瑞银集团

（UBS）研究报告显示，在取消2020年邮轮行程的消费者中，有高达76%同意邮轮公司以可抵用2021年行程的代金券进行退款，而选择现金退款的比例仅为24%。4月20日，美国全国广播公司商业频道CNBC报道，在线邮轮市场网站CruiseCompete表示，过去45天内，出行日期在2021年的邮轮预订量比2019年同期增长了40%，其中11%的预订量来自被迫取消2020年出行计划的游客。5月11日，美国金融博客网站Zero Hedge报道，经美国邮轮预订公司Cruise Planners统计，在嘉年华集团宣布拟8月起恢复部分航线后，邮轮预订量在3天内增加6倍。嘉年华邮轮表示其预订量与上年同期相比，增长了200%，这在一定程度上表明游客依然对邮轮旅游抱有热情，疫情结束后全球邮轮旅游需求有望出现大幅度增长。

三　对策建议

（一）重塑邮轮游客的出游信心

加大对邮轮防疫安全性的宣传力度，尤其是做好疫情后邮轮恢复首航新闻的宣传推广。政府部门要通过官方渠道加大对邮轮安全性的宣传力度，同时邮轮公司也要通过多种渠道让游客对邮轮上的安全设施和措施有更多的了解，并且让游客对邮轮公司为防疫所采取的改进措施有更多的了解，加大对分销旅行社销售人员相关邮轮安全知识的培训力度，以便能够准确地向游客介绍邮轮的安全性，更好地提升游客对邮轮安全的信心。组织国内外主要船级社召开小型技术研讨会，邀请各类媒体记者适时考察体验邮轮，通过各方专家研讨和主流媒体对邮轮产品的防疫予以真实的解读，消除社会各界的误解，传播邮轮高科技的品质，让消费者可以更加安心地消费。邮轮港需要加大对港口安全防疫设施的宣传力度，让游客对港口的安全设施和措施有更多的了解，提升游客对港口安全的信心，也进一步增进邮轮公司对港口安全的信任。在确保充分安全的情况下，举行邮轮开放日活动，组织部分市民和媒体亲身体验邮轮安全设施，让市民全面了解各邮轮公司的设施、技术、应急手段，对邮轮旅游予以全面、准确的传播。

（二）进一步激发邮轮旅游消费潜力

要制定邮轮旅游业振兴计划，充分整合、调动行业及平台资源，助力邮轮旅游企业有节奏地开展线上线下宣传推广活动。通过对销售人员的培训，可以进一步提升邮轮销售人员的专业性，这对于更好地促进邮轮销售具有重要的作用。不同人群旅游恢复时间各有差异，应进一步丰富邮轮旅游产品供给，丰富和延伸东北亚航线，加强南北区域邮轮母港联动，使多母港航线取得突破并形成常态化运营，探索开通“一带一路”航线，实施中资方便旗邮轮无目的地航线试点政策，刺激疫后邮轮消费市场。

（三）进一步完善游客权益保障体系

针对疫情影响的邮轮航次，面对游客的不同需求和担忧，各大邮轮公司推出全额退款、全额港务税费退款、获得不含税船票费用等额的未来航次抵用券、额外获得船上消费抵用额等各类退改签政策，这有利于提升邮轮公司品牌信誉和形象，保护游客合法权益。在邮轮市场复苏的过程中，要针对不同情况进一步完善邮轮游客退改签政策体系，进一步加大补贴力度，这对于促进游客消费和市场恢复有重要的作用。邮轮保险体系是有效应对突发事件的重要基础，对于避免游客纠纷群体性事件发生具有重要的作用。应针对本次疫情影响，进一步完善邮轮公共卫生事件保险体系，设立邮轮突发事件的团体保险，进一步弥补游客因突发公共卫生事件而遭受的经济损失。

参考文献

汪泓主编《邮轮绿皮书：中国邮轮产业发展报告（2019）》，社会科学文献出版社，2019。

汪泓主编《邮轮绿皮书：中国邮轮产业发展报告（2018）》，社会科学文献出版社，2018。

汪泓主编《邮轮绿皮书：中国邮轮产业发展报告（2017）》，社会科学文献出版社，

2017。

孙九霞：《中国旅游消费的日常化与惯性化》，《旅游学刊》2020年第3期。

邢剑华、张辉：《中国内地游客境外购物结构性数据分析与评价反思》，《经济问题》2019年第8期。

杨玉英、刘辉、闫静：《中国入境旅游演变特征及发展策略》，《宏观经济研究》2019年第7期。

佘升翔、费勇安、田云章、陆琳：《旅游消费者情绪量表的维度及检验》，《统计与决策》2019年第5期。

G.8

新阶段我国邮轮经济政策制度创新研究

孙瑞红 *

摘　要： 新冠肺炎疫情对全球邮轮经济发展造成深远的影响，邮轮公司面临数月的运营全面暂停，以邮轮旅游为主营业务的旅行社失去业务，邮轮港口因无邮轮停靠而面临靠泊费、港口免税店、邮轮船供等方面收入基本为零，中国邮轮经济发展面临严峻的挑战。为强化邮轮疫情防控，在中国市场运营的各大邮轮公司主动暂停邮轮运营并为保障游客权益推出相应的退改签政策，皇家加勒比国际游轮更是出资3500万元人民币设立“旅业振兴专项资金”，树立了良好的品牌形象。为减轻邮轮旅游企业经营压力，我国从国家和地方层面出台相应的政策措施，包括减免企业房屋租金、税收优惠、降低融资成本、加大信贷支持力度、给予信贷财政贴息等，这在一定程度上缓解了邮轮旅游企业的经营压力。为支持合同期满中国籍船员回国、保障船员合法权益提供了良好的政策支撑。为更好地促进疫情后邮轮市场振兴，应加快邮轮旅游企业扶持政策落实、进一步落实邮轮运营属地责任，建立健全联防联控机制、进一步落实放开邮轮运营航线政策，丰富邮轮旅游产品等，以更好地推动中国邮轮经济复苏。

关键词： 邮轮经济　邮轮政策　邮轮旅游企业

* 孙瑞红，博士，上海工程技术大学副教授，研究方向：邮轮经济、可持续旅游。

新冠肺炎疫情重创了全球邮轮旅游市场，同时减缓了中国邮轮经济快速发展的进程。为强化邮轮运营疫情防控，各级政府出台相应的政策措施，1月22日，文化和旅游部办公厅、国家文物局办公室发布《关于做好新型冠状病毒感染的肺炎疫情防控工作的通知》，提出加强组织领导，切实做好疫情防控工作、加强疫情预防，严格执行活动报批或备案制度、加强宣传引导，提升公众防范意识、加强涉外活动管理、做好旅游团队跟踪监测，建立疫情报告制度。1月24日，文化和旅游部办公厅发布《关于全力做好新型冠状病毒感染的肺炎疫情防控工作暂停旅游企业经营活动的紧急通知》，提出全力做好文化和旅游系统新型冠状病毒感染的肺炎疫情防控工作，有效切断病毒传播途径，坚决遏制疫情蔓延势头，确保人民群众生命安全和身体健康，全国旅行社及在线旅游企业暂停经营团队旅游及“机票＋酒店”旅游产品。1月30日，交通运输部发布《关于统筹做好疫情防控与水路运输保障有关工作的紧急通知》，提出在国际邮轮运输方面，省级交通运输主管部门要会同卫生健康、文化旅游、海关等部门，积极指导国际邮轮公司开展邮轮运营疫情防控风险评估，审慎决定暂停航线的恢复，切实做好邮轮疫情防控工作。为推动邮轮市场振兴，皇家加勒比国际游轮出资3500万元人民币设立“旅业振兴专项资金”，用于实施一系列的旅业配套帮扶、资金补贴、免费培训等措施。为推动合同期满中国籍船员回国和邮轮市场复苏，国家及地方层面出台相应的政策措施。

一　国家及地方应对疫情推动邮轮发展的政策措施

（一）国家层面政策措施

为减轻企业负担，推动旅游市场平稳发展，2020年2月5日，文化和旅游部办公厅出台《关于暂退部分旅游服务质量保证金支持旅行社应对经营困难的通知》，向旅行社暂退部分旅游服务质量保证金，暂退的范围为全国已依法缴纳保证金、领取旅行社业务经营许可证的旅行社，暂退标准是现有缴纳额的80%。据统计全国有3.9万家旅行社，暂时退还旅游服务质量保证金可以更好地缓解邮轮旅行社现金流的压力，为邮轮旅行社生存发展提供支持。

表1　关于暂退部分旅游服务质量保证金支持旅行社应对经营困难的通知

项目	内容
范围和标准	暂退范围为全国所有已依法缴纳保证金、领取旅行社业务经营许可证的旅行社，暂退标准为现有缴纳额的80%。被法院冻结的保证金不在此次暂退范围之内
交还期限	自通知印发之日起两年内，接受暂退保证金的各旅行社应在2022年2月5日前将本次暂退的保证金如数交还
有关要求	各地文化和旅游行政部门要依据有关规定抓紧组织实施，自本通知印发之日起，一个月之内完成暂退保证金工作；要建立工作台账，指导和督促相关旅行社企业在全国旅游监管服务平台及时完成保证金信息变更和备案工作；要加强监管，对未按期交还保证金的旅行社要依法依规查处，并记入企业信用档案。各地于2020年3月15日前将保证金退还情况报送文化和旅游部市场管理司

（二）地方层面政策措施

为减小本次疫情对企业造成的影响，切实减轻企业的经济负担，各地纷纷出台相关政策措施，包括金融扶持、减免企业房屋租金、税收优惠、信贷支持等，并且对旅行社推出暂时退还旅游服务质量保证金政策。海南省人民政府出台《海南省应对新型冠状病毒肺炎疫情支持海南旅游企业共渡难关六条措施的通知》，支持旅游企业积极解决疫情带来的生产经营困难，实施援企稳岗、延长办理社保业务期限、减免房屋租金、降低运营成本、减免和延期缴纳相关税费、强化财政金融支持等措施，促进旅游业健康有序发展，制定旅游业疫后恢复重振计划，坚定旅游业恢复重振的信心，有序有力推动旅游业恢复重振和提质升级。上海市文化和旅游局出台《关于上海市全力防控疫情支持服务旅游企业平稳健康发展的若干政策措施》，从多渠道宣传相关政策、协调落实国家及上海市相关政策措施、做好企业疫情防控及复产复工保障工作等方面给予支持。厦门市政府出台《关于应对新型冠状病毒感染的肺炎疫情支持企业共渡难关若干措施的通知》，从保持信贷规模不下降、确保融资成本降低、加大信贷支持力度、给予信贷财政贴息、给予创业担保贷款支持、优化融资担保服务等方面给予扶持。厦门市政府出台《关于应对新冠肺炎疫情促进企业复工复产八条措施的通知》，积极减小疫情对经济运行的影响，进一步促进企业复工复产和经济恢复发展。

表 2　上海市全力防控疫情支持服务旅游企业平稳健康发展的若干政策措施

切实贯彻落实国家及我市疫情防控支持政策	
多渠道宣传相关政策	搭建平台，加大政策宣传力度，帮助旅游企业应知尽知。利用市文化和旅游局官网、微信公众平台、新闻报纸等多渠道、全方位向旅游企业宣传防控疫情期间支持政策。发挥行业协会等社会组织作用，搭建政府与企业之间的沟通平台，加强信息共享，依法依规协调纠纷
协调落实国家及我市相关政策措施	贯彻落实国家及我市疫情防控支持服务企业政策措施，协调帮助旅游企业切实享受税收优惠、房屋租金减免、贷款利率优惠、失业保险稳岗返还、延长社会保险费缴费期、培训费补贴、职工医保费率下调等政策
做好企业疫情防控及复产复工保障工作	执行好《上海市旅游住宿业疫情防控工作指南》等行业疫情防控标准，督促和帮助旅游企业落实防疫安全措施。聚焦防疫物资供应、用工、市场宣传推广等经营困难，帮扶旅游企业尽早复工复产
切实发挥专项资金助力发展作用	
加快旅游专项资金工作	尽快启动 2020 年度旅游专项资金的申报、审核、拨付工作。旅游专项资金重点支持年度振兴上海旅游发展、展示上海旅游新形象、完善疫后旅游公共服务、丰富疫后重大旅游活动、支持开展业内扶持等重点项目，并按有关要求组织开展绩效评价
切实为旅游企业减轻负担	
暂时退还旅游服务质量保证金	暂退范围为我市所有已依法缴纳保证金、领取旅行社业务经营许可证的旅行社，暂退标准为现有缴纳数额的 80%，暂退保证金至 2022 年 2 月 5 日前返还。被法院冻结的保证金不在此次暂退范围之内
推进旅行社责任保险支持政策	对截至 2020 年 1 月 24 日投保旅行社责任保险且保险单仍然有效的我市旅行社，保险期限暂延 2 个月，不再另行收费，且保单保障范围赔偿限额不变。顺延期满后，视疫情具体情况另行采取有关措施
免除旅游行业协会会员单位会费	指导上海市旅游行业协会做好免除会员单位 2020 年上半年会费的工作

续表

切实加大金融助企纾困力度	
降低旅游企业融资成本	支持金融机构以服务实体经济为核心，全面落实国家及我市出台的金融扶持政策，协调指导旅游企业向我市金融机构争取信贷投放，向政策性融资担保基金争取加大对旅游企业的融资担保支持力度
加大重点旅游项目信贷支持力度	鼓励金融机构对申报全国旅游优选项目、纳入全国文旅项目管理系统的重点旅游项目优先予以信贷支持
切实提振文旅融合发展信心	
实施疫后文旅市场振兴计划	开展以"信心、安心、称心、暖心、欢心"为主题的文旅市场振兴计划，充分整合、调动行业及平台资源，助力旅游企业有节奏地开展线上线下宣传推广活动，实现防护有措施、企业有产品、市场有活动、游客有感受、城市有形象的目标
全面激发文旅融合消费潜力	研究制定上海激发文化和旅游消费潜力的专项政策，进一步丰富我市文旅产品供给，刺激疫后消费市场，提振市场信心。整合资源搭建上海世界著名旅游城市的宣传营销平台，联合我市旅游企业、行业协会等全方位推介上海。加快推进博物馆、美术馆、演艺场馆、非遗项目等文化资源与旅游业融合，推动更多文化旅游资源向社会开放
切实优化为企服务营商环境	
优化行政服务	对疫情防控期间，旅游行政审批事项实行"一网通办"或网络报送审批，做到"不见面、零跑动、网上办"。对已审批的重大旅游活动等，因受疫情影响而需要延期举办的，开展网上备案。做好专项资金申请程序线上培训、线上申报等工作
备注	本措施所指旅游企业系在上海注册的国家 A 级旅游景区（点）、旅游饭店住宿、旅行社、乡村民宿、邮轮旅游、在线旅游等企业。本政策措施执行期自印发之日起施行，有效期至新型冠状病毒感染的肺炎疫情结束后再顺延 3 个月。各区可参照本措施结合当地实际情况，采取积极有效措施扶持旅游企业解决实际问题，共渡难关

二 疫情防控期间中国籍邮轮船员入境政策措施

（一）国家层面政策措施

交通运输部、外交部、国家卫生健康委、海关总署、国家移民管理局和中国民用航空局六部门联合发布《关于精准做好国际航行船舶船员疫情防控工作的通知》，为有序保障中国籍船员换班、合同到期回国等，依法保障船员合法权益提供良好的政策支撑。交通运输部发布《关于分区分级做好水路运输服务保障工作的通知》，按照国务院联防联控机制关于分区分级差异化防控要求，统筹做好疫情防控和水路运输服务保障，服务经济社会平稳健康运行。交通运输部印发《港口及其一线人员新冠肺炎疫情防控工作指南》，加强港口从业人员特别是一线工作人员的自身防护，严格防范新冠肺炎疫情通过水路传播和扩散。国家海事局发布《船舶船员新冠肺炎疫情防控操作指南》，对测量体温、船岸沟通、口罩使用、空调新风、清洁方法、客船疫区航行等问题给出指导意见。国家移民管理局为加强疫情防控，出台《关于进一步防控境外疫情经水运口岸输入工作的通知》《关于疫情防控期间针对伤病员紧急救助处置的指导意见》《国家移民管理机构防范境外疫情输入个人防护作业指引》等。

表 3　国家层面中国籍邮轮船员入境政策

部门	政策
交通运输部	《关于分区分级做好水路运输服务保障工作的通知》 《港口及其一线人员新冠肺炎疫情防控工作指南》
国家海事局	《船舶船员新冠肺炎疫情防控操作指南》
国家移民管理局	《关于进一步防控境外疫情经水运口岸输入工作的通知》 《关于疫情防控期间针对伤病员紧急救助处置的指导意见》 《国家移民管理机构防范境外疫情输入个人防护作业指引》

（二）地方层面政策措施

为强化中国籍船员入境疫情防控工作，上海市疫情防控办出台了《关于进一步强化国际航行船舶中国籍船员境内港口换班管理工作的通知》《进一步加强境外来沪船舶船员健康管理要求》《重点国家来/返沪船舶船员健康管理要求》等。4 月 23 日，皇家加勒比国际游轮“海洋量子号”353 名合同期满中国籍船员入境，5 月 29 日，“海洋光谱号”400 名合同期满中国籍船员入境，全部入境船员检测为阴性，并实行 14 天集中隔离观察。为做好邮轮旅游新冠肺炎防控工作，避免人员聚集引发交叉感染，指导相关工作人员和游客做好个人防护，有效遏制病毒扩散和蔓延，减少新型冠状病毒危害，维护工作人员和游客的生命安全和身体健康，上海市文化和旅游局制定《上海市邮轮旅游新型冠状病毒肺炎疫情防控工作指南》，主要在防控工作机制、邮轮港内部防控管理、恢复后的防控举措等方面提出要求。江苏海事局全力构建“1+5+1”防控体系，压实“属地责任、主管责任、主体责任”，明确工作要求和防控措施，出台了《关于进一步做好港口口岸疫情防控工作的通知》，编制《新冠肺炎防控江苏港口口岸中国籍船员出入境指南》等操作性文件，为船舶疫情防控提供良好的支撑。

表4　地方层面中国籍邮轮船员入境政策

项目	政策
上海市疫情防控办	《上海市关于进一步加强疫情防控期间入境人员管理的工作方案》
	《关于进一步强化国际航行船舶中国籍船员境内港口换班管理工作的通知》
	《进一步加强境外来沪船舶船员健康管理要求》
	《重点国家来/返沪船舶船员健康管理要求》
上海市交通委员会 上海海事局 上海市公安局	《关于进一步加强所辖港口和通航水域新型冠状病毒疫情防控工作通告》
	《关于调整本市所辖港口和通航水域新冠肺炎疫情防控工作的通告》
上海市文化和旅游局	《上海市邮轮旅游新型冠状病毒肺炎疫情防控工作指南》
江苏海事局	《江苏海事局国际航行船舶疫情防控工作指南》
	《新冠肺炎防控江苏港口口岸中国籍船员出入境指南》
	《关于进一步做好港口口岸疫情防控工作的通知》
	《新冠肺炎防控江苏港口口岸引航员操作指南》
	《新冠肺炎防控江苏港口口岸国际航行船舶进厂修理操作指南》
	《新冠肺炎防控江苏港口口岸国际航行船舶登轮作业人员操作指南》

三　促进疫情后邮轮市场振兴的政策建议

（一）加快落实邮轮旅游企业扶持政策

受新冠肺炎疫情的影响，邮轮市场全面停止直接导致邮轮旅游企业收入下降甚至为零，与此同时企业在日常运营及人员工资等方面有较大的支出，这给邮轮旅游企业造成巨大的资金压力。为减轻疫情对企业的影响，我国各地出台了相关扶持政策，主要包含税收优惠、房屋租金减免、贷款利率优惠、失业保险稳岗返还、延长社会保险费缴费期、培训费补贴、职工医保费率下调等。各地积极协调落实国家相关政策措施，切实为邮轮旅游企业减轻负担，协调保险公司对邮轮公司取消航次给予相应理赔，帮助邮轮旅游企业渡过难关。为推动邮轮经济发展，加强对邮轮产业链企业专项政策扶持，近年来各地积极出台鼓励邮轮产业发展的财政补贴及相关扶持政策，尽快启动申报程序，组织企业申报，加快资金审核进度，及时拨付扶持资金，发挥财政资金效益。同时鼓励国有企业在协商的情况下通过减免、缓交等方式尽可能多地获得让利，相关减收影响在经营业绩考核中予以认可。同时，邮轮港可在疫情期间实施港口靠泊优惠政策，有效降低邮轮公司运营成本，吸引更多的邮轮公司在疫情后布局中国邮轮市场，有效稳定邮轮旅游市场供给。

（二）进一步落实邮轮运营属地责任

在此次疫情防控中，中国在邮轮运营方面实现了“零输入、零输出、零感染”，邮轮疫情防控工作取得成效，为全球邮轮疫情防控树立了标杆，但从本次应对情况来看，基本也是临时紧急完成各项预案和应对措施，暴露出仅有邮轮港突发重大公共卫生事件应急处置预案是不够的，需要根据疫情防控进一步完善邮轮及邮轮港公共卫生防疫体系。并且由于邮轮本身应对突发公共卫生事件的能力是有限的，需要推动邮轮卫生医疗体系与地方医疗体系的联动，将邮轮卫生防控体系纳入邮轮港所在地方政府公共卫生防疫体系，在药品配置、人员培训、医废处置等方面提供支持，为有效应对邮轮突发公共卫生事件提供良好的医疗人员、医疗资源和各项应急物资的保障。落实邮轮运营管理属地责任，进一步完善属地政府和管理部门的职责分工，建立常态化专项协调小组，建立健全邮轮公共卫生事件联防联控联动机制，为邮轮突发公共卫生事件提供强有力的协调保障。

（三）进一步落实放开邮轮运营航线政策

中国邮轮旅游长期以来存在航线单一问题，受新冠肺炎疫情影响，邮轮航线单一的问题更加突出。为争取进一步丰富邮轮航线，推进多点挂靠航线常态化，交通运输部的《关于外国籍邮轮在华特许开展多点挂靠业务的公告》规定，外国籍邮轮可以在华多点挂靠，但须经特案批准，且必须是国际航线，争取对原有的多点挂靠审批流程进行简化，实施多点挂靠航线备案制。加快推动复制推广无目的地航线，交通运输部的《关于推进海南三亚等邮轮港口海上游航线试点的意见》指出，邮轮无目的地海上游只限于中资方便旗邮轮在海南邮轮港口试点运营，具有较大的局限性，应尽快在全国推广，如上海作为中国邮轮旅游发展示范区，应该率先复制推广。在亚洲疫情结束以后，争取推动外交部、交通运输部、文化和旅游部等部门能够尽快早日开放韩国邮轮游航线，从而进一步丰富邮轮航线，更好地推动邮轮市场发展。

参考文献

汪泓主编《邮轮绿皮书：中国邮轮产业发展报告（2019）》，社会科学文献出版社，2019。

汪泓主编《邮轮绿皮书：中国邮轮产业发展报告（2018）》，社会科学文献出版社，2018。

刘晨虹：《疫情邮轮的责任困境与海洋法律体系的完善》，《中国海商法研究》2020年第1期。

刘晓菲、张晏玱：《论邮轮防疫应急机制的完善——以2019新冠肺炎疫情的防治为参照》，《中国海商法研究》2020年第1期。

彭先伟、吴亚男：《新冠病毒疫情下的邮轮检疫处置问题初探——以国际卫生法为视角》，《中国海商法研究》2020年第1期。

G.9
中国台湾邮轮旅游发展与后疫情时代之新常态

刘喜临*

摘　要： 邮轮产业是台湾重要的策略性产业，依存于人口出境比达74%之雄厚的出境旅游实力，近年晋升为亚洲邮轮市场的第二大客源地。自1997年起，丽星邮轮以基隆港为母港开启台湾邮轮旅游发展之新页，行政机构设立邮轮专案小组支持台湾邮轮产业发展、港埠行政与运营组织政企分离创造邮轮发展无限可能、盘点台湾各大港口进行软硬体质量升级挖掘邮轮市场发展潜力等策略结合，以区域合作为邮轮旅游发展前导战略引导下，逐步构建台湾邮轮旅游具竞争性、前瞻性之愿景。然而2020年新冠肺炎疫情冲击全球邮轮产业，迫使全球邮轮旅游停顿及市场性大崩盘，台湾在疫情稍缓情况下，推出“环岛邮轮旅游”打破僵局，未来将以新常态思维与邮轮业者合作，发展台湾新形态邮轮旅游产品。邮轮旅游产业具有特殊性，需要基于新思维来推展，方能创造多赢局面，共荣亚洲邮轮经济圈。

关键词： 中国台湾　邮轮旅游　邮轮产业

---

* 刘喜临，博士，台湾国际邮轮协会首席顾问，台湾高雄餐旅大学观光研究所教授、博士生导师，曾任台湾高雄餐旅大学副校长、台旅会副会长，研究方向：邮轮发展策略、旅游政策与国际行销。

邮轮观光版图由欧美扩展至亚太，在全球在地化的浪潮下，邮轮观光在亚洲也有着短天数、重目的地等不同于欧美邮轮旅游发展的特性，对于喜好求新求变的台湾旅游者而言，更有着无限的魅力。在台湾，全球邮轮商落地营运，挂靠品牌邮轮数屡创新高，创新包船、多母港乃至跳岛等邮轮产品操作模式，摆脱各旅游目的地竞争态势共同认知邮轮区域合作思维进而创建邮轮国际合作组织等。就发展潜力观之，台湾虽然人口数仅2300万，但具有人口出境比高达74%之雄厚的出境旅游实力，近年成为亚洲邮轮市场的第二大客源地。当全世界邮轮商都将目光集中在亚太尤其是以两岸为中心的市场时，台湾邮轮发展历程，更需要有完整的资讯及相关的记录，尤其在内容经济的时代，应鉴往知来，根据过往的资讯累积来擘画未来发展方向。

主管行政机构的鼎力支持，正是台湾邮轮旅游发展上手携手共创市场的一个关键。在过往邮轮旅游产业发展与市场布局上，产业端有着台湾国际邮轮协会、台湾游轮产业发展协会、星梦邮轮、丽星邮轮（云顶邮轮集团）、公主游轮（嘉年华集团）等大力支持；媒体端包括旅奇周刊等相关单位试着通过资讯媒体平台让台湾民众与观光各业对于邮轮观光有进一步的认识与喜爱；学术研究端除了推动产学合作及研究发展外，通过研究成果，让业界、学术、研究三位一体在未来邮轮观光发展中能有更进一步的合作空间。

一　台湾邮轮旅游发展历程与策略

环顾台湾邮轮市场之发展历史，正式起飞于2001～2009年，此期间台湾邮轮市场年均吸引约12艘次，以包船或是挂靠港的方式为主，2019年吸引约595艘靠港，市场的胃纳量稳定成长。而向前推算至1998年起，丽星邮轮便以基隆港为母港，进行基隆港—日本冲绳、石垣群岛之航线营运，不仅成功提高台湾消费者对于邮轮旅游的接受度，更逐步吸引许多全球航商以台湾为母港，甚至台湾旅行业者也开始尝试通过包销大型邮轮的方式，吸引台湾游客目光，同时酝酿邮轮爱好者体验境外 Fly Cruise 飞航邮轮的航线。除此之外，市场也发展出多元的玩法，包括多母港、机去船回延伸陆地旅游等，让台湾邮轮旅游更具多样性。

（一）台湾邮轮政策：全力支持台湾发展邮轮产业，设立邮轮专案小组专责推动

邮轮产业可创造旅游产值，亦可带动港埠作业、船舶维修、船员服务等业务及港口城市发展。台湾行政机构看准邮轮对于旅游及相关产业的牵引性，为加强台湾邮轮产业连接，建构品牌邮轮来台友善环境，特别协调各相关单位，整合所辖资源、法规等，改善整体旅游发展环境，促进旅游设施及配套服务之完备，在“观光发展推动委员会”下设“推动台湾邮轮产业发展专案小组”，期盼在各级机关全力协助下，将台湾发展邮轮产业的优势内容汇聚成形，争取更多东南亚市场旅客，利用海空领域集合所有旅游业者资源把旅客送到台湾的力量，为旅游产业创造商机。

台湾消费者搭乘邮轮旅游风气渐盛，搭乘邮轮的旅客市场量逐年增加，至 2015 年起台湾已跃升为亚洲第二大客源市场，加上各品牌邮轮湾靠台湾数量呈现稳定增长态势，为此台湾掌握发展邮轮市场潜力的利基。2020 年受到新型冠状病毒肺炎疫情（COVID－19）影响，市场有大幅衰减之势，唯此系属全球性风暴，台湾邮轮旅游发展在此段时间仍以扎根方向推动中，如邮轮港埠服务设施兴建、港口城市地面接待行程优化等。

邮轮产业牵引行业众多，因此可说是火车头产业，带动邮轮补给、人才培育及船舶维修等相关业别，再加上邮轮入港带动境内外旅客游览在地风光及引入消费力，可以说邮轮产业是促进经济发展的强心针之一。国际邮轮协会（Cruise Lines International Association，CLIA）研究调查显示，邮轮全球市场过去 20 年来，每年平均以 7.2% 的速度稳定增长。台湾观光当局经营邮轮市场多年，深知发展邮轮需要航线上邮轮旅游目的地共同合作，才有机会争取各品牌邮轮公司湾靠台湾，为此，除制定境外邮轮湾靠台湾奖助要点政策以吸引品牌邮轮湾靠台湾之外，于 2017 年实施“推动来台空海联营旅

游奖助要点”，进一步鼓励品牌邮轮公司包装贩售以台湾为节点并结合航空的“飞航邮轮 Fly Cruise 行程”，为境外旅客来台旅游提供更多选择，为台湾成为亚洲邮轮母港创造机会，扩大邮轮周边产业在台商机。同时，为加强台湾邮轮产业连接，建构品牌邮轮来台友善环境，通过观光发展推动委员会“推动台湾邮轮产业发展专案小组”，协调各级机关全力消弭邮轮产业发展中的障碍。

（二）港埠行政与运营组织盘整重塑：政企分离，创造港务及邮轮发展无限可能

航港体制改革前，由于各港务行政单位兼具港埠事业经营及航港公权力执行的双重角色，对于航港政策的制定及台湾航运政策的落实，很难有主动性及一贯性的作为，无法借政策领导行政及公共治理的目标，只能反向以公共治理的需求消极形成政策，完全违反企业型政府主动作为。通过航港体制改革，航港机构具有公权力，主管航政业务，包括：船舶管理、船员管理、航业管理、航路标识、航道测量、海上保安、海事仲裁及救难等，有助未来台湾航运政策的落实与港埠发展；台湾港务股份有限公司摆脱长久以来各港各自发展的本位主义，改以“港群”观念建立统合机制引领各港经营，全力对外招商，有助提升台湾港口竞争力。根据台湾港务公司的发展策略与目标，以现有的港埠核心服务为主要业务，顺应国际港埠经营趋势，通过资产开发、转投资、国际化等方式，寻求业务范围的多角化经营，主要工作包括：国际物流相关业务、由港埠业务水平延伸之邮轮码头和娱乐购物等新业务，以及走向国际港埠经营管理的地区多角化等，希望借此提高非核心业务收入比重。

（三）软硬体质量升级：盘点台湾各大港口，挖掘邮轮市场发展潜力

邮轮产业可创造旅游产值，亦可带动港埠作业、船舶维修、船员服务等业务发展，素有“漂浮在海上的黄金产业”的美誉，因此主管机构近

年发展旅游时，除深耕主要目标市场，如日韩、港澳、新马及美加地区外，秉持“多元开拓、全球布局”理念，积极争取邮轮旅游之新兴市场，希望打造邮轮产业成为台湾旅游要角，并与周边产业紧密结合，以促进发展，创造就业机会。

1. 小镇漫游结合邮轮旅游带动地方发展

以嘉年华集团公主游轮为例，为推广台湾岸上旅游游程深度化及在地化，吸引邮轮客探访台湾特色景点并走入小镇巷弄，特别与北海岸及观音山风景区管理处（下称“北观处”）合作推出“在地联结”（Local Connections）计划。有别于以往岸上观光安排之一般性大众路线，通过与在地达人合作，结合台湾旅游2019年“小镇漫游”主题，为品牌邮轮旅客带来不一样的岸上小镇观光体验。该项合作在2019年第1季推出第一波以基隆港出发之在地达人岸上观光深度体验行程3条及高雄港出发之南台湾达人路线，塑造台湾邮轮观光品牌特色形象。

2. 优化台湾海上通路，推出“蓝色公路10年综合发展规划”

跳岛邮轮发展除了港埠条件的配合外，岸上旅游配套的整合也是相当关键，结合在地多元化的岸上观光、生态文化体验，串联附近古迹景点，扩大发展腹地，丰富旅游体验、形塑台湾邮轮旅游口碑，吸引更多品牌邮轮靠泊，带来更多高端的旅游客源，为旅游产业增添新的发展动能。

“蓝色公路10年综合发展规划”从航、港、船、游、货五大面向，规划航线开辟奖励、智慧服务、邮轮来台跳岛行销奖励计划等行动方案，计划期程预计自2021年起逐步推动至2030年。计划内容分为“升级海运客运服务，强化观光游憩功能”“境外多元行销宣传，开发跳岛蓝海市场”“健全游艇发展环境，港埠转型招商引资”“蓝色公路货运发展”等。其中，在发展邮轮跳岛部分，拟定“港埠改善”“跳岛行销”“产业发展”三大主轴，除进行港埠改善使邮轮可直靠离岛港埠外，后续将研拟邮轮靠泊离岛奖励要点，并借由参与国际活动增进交流、行销邮轮跳岛，另强化与旅游单位及县市政府合作，促使离岛接待环境优化，以吸引品牌邮轮挂靠，进而以台湾为母港。

二　以区域合作为邮轮旅游发展前导战略新常态

（一）对内：以港口为核心之在地创生战略*

近年来，旅游目的地运营组织（Destination Management Organization, DMO）在欧美及日本已渐普及，策略联盟近年来在各种实务领域呈现了爆炸性增长态势，各种形式的策略联盟与合作模式大量地运用于各种组织间，且受到学术界与业者重视。但“DMO”及“地方创生”毕竟均属近年新兴概念，在台湾旅游领域之应用则尚处萌芽阶段。区域结盟 DMO 对提升旅游目的地行销成效具有相乘效应，必须广泛吸收当地利益相关者积极参与紧密连接整合行销，以创造更具规模之经济收益与旅游产业永续发展之综效。

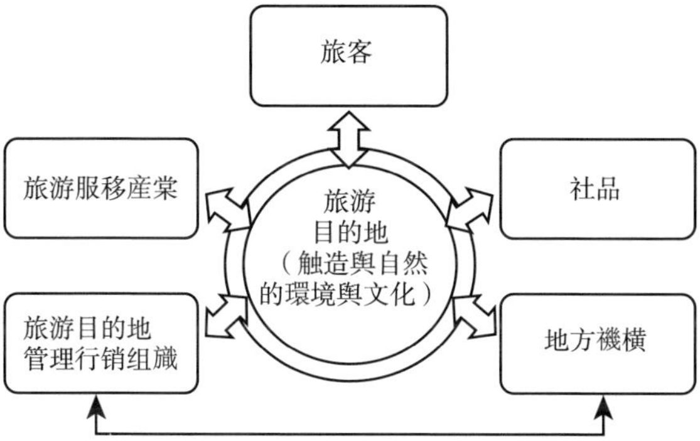

图 1　目的地管理行销组织 DMO 基本要素

资料来源：UNWTO，2007。

有感于邮轮产业庞大之发展商机，台湾国际邮轮协会结合产官学力量，主动研议预计打造邮轮区域结盟 DMO 与跳岛邮轮旅游新模式，共同推动邮轮产业经济发展，借由新形态的邮轮旅游模式将邮轮本体休闲空间、码头周

---

* 本研究整理自台湾国际邮轮协会未出版之《北台湾邮轮 DMO 计划》及高雄餐旅大学出版之《台湾邮轮观光年鉴2020》。

边陆域空间及周边海岛拓展空间相互键连，并拓展到全台及周边，发挥台湾“邻山近海”的旅游优势。跳岛邮轮系指利用邮轮往返各个岛屿、邻近国家的观光产业，有别于传统使用公路或铁道运输的旅游方式，且邮轮上的各项服务设施都较为高档、奢华。邮轮是一种实际的漂浮休闲旅馆，又比任何一般休闲旅馆，提供更多服务、活动设施及娱乐，而传统的邮轮经营方式亦使用陆地旅馆管理概念。台湾跳岛邮轮之行程可结合各港之特色在地游程，组装不同行程组合；区域跳岛部分则可结合各港特色与黄金 8 小时游程，创造境外观光客在地利基与观光利润。

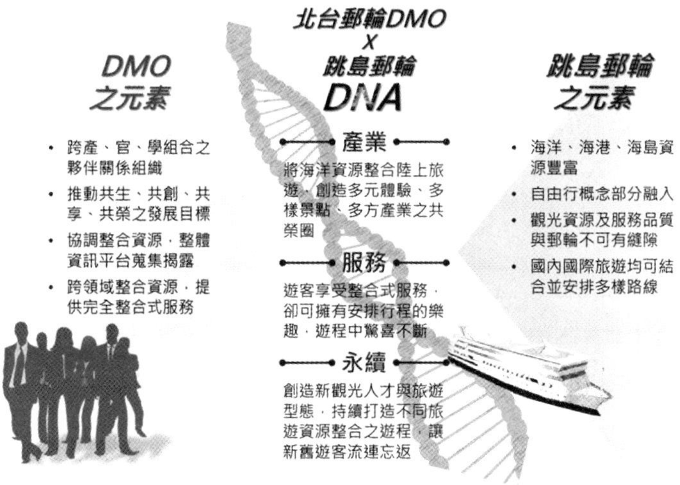

图 2　DMO 结合跳岛邮轮之 DNA 内涵

资料来源：台湾国际邮轮协会，2020。

台湾各邮轮港市要发展北台湾邮轮区域结盟 DMO 与拓展岛屿邮轮观光整合行销，势须配合各级行政机构政策远见，持续加强涵盖邮轮港口服务、观光休闲、餐饮旅馆、购物消费、国际行销与资源整合等软硬体面向之区域结盟 DMO 规划，以达成拓展北台湾邮轮区域结盟 DMO 暨拓展岛屿邮轮观光整合行销之终极目标。计划将针对 8 项计划目的面向发展，包括：设定核心愿景、目标、宗旨与策略；筹组区域结盟 DMO；定位旅游目的地品牌形象；整合行销旅游目的地；组装旅游目的地产品；电子商务顾客关系管理系统（CRM）；目的地服务品质监控与评估（KPI、PDCA）：执行区域结盟DMO使命。台湾着手规划区域结盟DMO与岛屿邮轮观光资源整合行销策略，以达成拓展北台湾邮轮区域结盟DMO暨拓展岛屿邮轮观光整合行销之终极目标。尤其，目前台湾最为倚重的邮轮母港基隆港，以其周边因有丰沛的观光资源腹地支撑，吸引多数的航商来台设置母港或湾靠。

（二）对外：以邮轮行程产品为核心之区域目的地结盟战略

台湾位于东亚航线中间枢纽地位，北往日韩、南串菲越、西走中国大陆重要港口，是仅次于中国大陆之外亚洲第二大邮轮客源市场。台湾近年来邮轮旅客成长率不断提升，显示台湾邮轮市场的发展成熟度。面对亚洲各国近年来均积极投入新建或改建邮轮码头设施，以提供更完善的邮轮停靠软硬体服务争取国际邮轮湾靠或以邮轮母港经营。台湾如何在这个利基点上持续突破创新，便有区域目的地合作模式，打破各目的地竞争态势，共谋区域邮轮旅游整体发展。台湾于2014年携手香港率先成立亚洲邮轮专案（Asia Cruise Fund，ACF）①，致力于通过区域合作加强邮轮市场布局，争取与其他周边重要的邮轮港口与品牌邮轮公司合作，希冀带动品牌邮轮未来以亚洲为母港的营运模式，带动邮轮周边产业的发展、扩大市场规模。

联盟自2014年成立后积极运作，成效卓著，后因会员增加，任务由奖励国际邮轮湾靠，逐步转型至联盟成员港口地接与亚洲邮轮航程之安排与宣传，后经联盟成员一致同意，将原“亚洲邮轮专案ACF”更名为亚洲邮轮联盟（Asia Cruise Cooperation，ACC），展开新的合作模式。ACC至今已有6席②，联盟成员辖区已涵盖东北亚至东南亚，在亚洲邮轮市场的知名度亦提高许多，行驶至联盟成员目的地的航线也日渐增加，可见邮轮发展确实仰赖合作代替竞争的模式。联盟近年将主要推广对象放在全球

---

① 亚洲邮轮专案（Asia Cruise Fund，ACF）由台湾观光局与香港旅游发展局共同发起成立。

② 亚洲邮轮联盟（Asia Cruise Cooperation，ACC）成员包括：中国台湾、中国香港、菲律宾、韩国、中国海南、中国厦门等，越南为观察员身份参与相关活动。

品牌邮轮公司，希望能增加前往联盟成员目的地的航线，开创出精彩成果。

（三）跨域：以学术进行产业研究为核心之合作战略

考量台湾邮轮旅游发展应该掌握与邻近目的地的邮轮消费市场资讯流通，台湾观光主管机构发动以高雄餐旅大学为首，整合学术研究资源，推动邮轮旅游学术研究及交流，借助台湾高校专精邮轮及旅游管理的学术知识力量，落实台湾邮轮市场数据分析，提供邮轮产业政策建言，并使台湾成为亚洲邮轮研究重镇，于2019年签署合作备忘录MOU①，致力邮轮产业跨业研究。另台湾国际邮轮协会考量将于近期与高雄餐旅大学产学合作成立“台湾国际邮轮研究院”②，以邮轮旅游DMO为基底，面向全球以邮轮产业与世界接轨。另外，思考邮轮产业发展区域合作的重要性，未来台湾国际邮轮研究院也将与上海国际邮轮经济研究中心、韩国邮轮研究院携手合作，共创亚洲邮轮研究、产学之新能量。

三　后疫情时代台湾邮轮旅游转型战略新常态

（一）全球疫情冲击超乎预期，邮轮旅游重摔后突围逆势崛起

COVID－19肆虐，全球已有40余艘邮轮确认船上有冠状病毒阳性个案，当然，全球邮轮商也在不断地思考和回应游客的不安。单以台湾市场来看，为了防疫而超前部署，从2020年1月中旬开始便开始严格管控禁止团体出台、禁止入台、来台转机等，这让旅游业陷入前所未有的低潮，甚至需要动用新台币百亿元的预算进行纾困、振兴。邮轮旅游在台湾同样影响甚

---

① 2019年2月21日合作备忘录MOU在高雄餐旅大学签署，签署单位包括：高雄餐旅大学、台湾海洋大学、高雄科技大学及台湾观光局。目前高雄科技大学成立“台湾邮轮研究发展中心”、台湾海洋大学成立“台湾邮轮产学发展中心”，主要从事学术与产业发展研究。

② 台湾国际邮轮协会在2020年理监事会议上通过此项建议。

巨，有鉴于钻石公主号邮轮疫情影响范围大，台湾流行疫情指挥中心特别于2020年2月6日起正式禁止国际邮轮靠泊台湾港口，迄今尚未开放。美国疾病管制暨预防中心（U. S. Centers for Disease Control and Prevention）扩大对所有邮轮的“禁航令”，以预防新型冠状病毒疾病蔓延。国际邮轮协会（CLIA）在CDC延长禁航令后随即提出示警①，对于此不友善禁令提出看法②，然而美国是全球新冠肺炎最大疫区，国际邮轮协会（CLIA）与会员③研商，因应新冠肺炎大流行的关注，全球主要邮轮公司已经同意于2020年9月15日前自愿暂停涉及美国港口的营运。迹象显示，邮轮业务可能需要一段较长时间才能恢复。

图3　国际邮轮协会示警新闻发布

资料来源：CLIA，2020。

“安心、安全”将会是后疫情时代邮轮旅游运营的新常态，邮轮“安全”氛围建构亦是未来研究之重点项目，Zohar（1980）指出安全氛围定义

① 国际邮轮协会（Cruise Lines International Association，CLIA）表示，针对这个一直很积极加强健康与卫生规定的产业，我们担忧这道命令会产生意料之外的后果。

② 基于世界各地的邮轮公司，医学专家和监管机构进行协调，CLIA及其成员公司将继续密切监视与COVID－19相关的发展，并将在必要时修改这些政策，最大限度考虑乘客和船员的健康和安全。在国家和国际卫生当局的指导下，如果采取严格的措施，CLIA及其成员组织与世界卫生组织的声明相一致，将不认为限制船舶通行是合理的。

③ 国际邮轮协会成员包括皇家加勒比游轮、嘉年华与挪威邮轮等。

为："组织中员工对安全的关注，而这个关注是属于整体性的认知，反映出员工对安全关系重要性的看法和管理者对于安全的态度"。全球邮轮商已积极进行邮轮对抗 COVID－19 之相关部署与策略，期盼在疫情平稳之际，能第一时间继续邮轮旅游之运营。

图 4　国际邮轮协会建议会员对于 COVID－19 之因应策略

资料来源：CLIA，2020。

（二）台湾跳岛邮轮后疫情时期新契机、新常态

当全球邮轮商以软硬体改善安全氛围、亟思如何挽回游客信心的同时，台湾发挥高度创意及超前部署，由邮轮商、港口城市与旅行业共同推出"跳岛邮轮行程"，在普遍不看好的情况下创造出另外一种新冠肺炎疫情解封的大惊喜。如何将邮轮整体防疫环境做到安全无虞，比拟生活社区之一环，让消费者愿意在后疫情时代旅游中做选择，重新拾回对邮轮旅游的信心，这正是台湾旅游的强韧生命力。

作为全球疫情复燃紧绷中第一艘复驶的品牌邮轮，云顶邮轮集团星梦邮轮探索梦号的防疫作为备受关注，因为评估过台湾拥有足够的客源市场且爆炸性旅游潮的预期，云顶邮轮集团从2020年3月就开始部署规划台湾跳岛航线，并做了高规格防疫措施，同时部门资源整合及离岛3县市政府①支持，协助邮轮旅游业者在放松管制下寻找新的生路②。云顶邮轮集团砸下破新台币亿元的重本力求防疫完善，早在首航前，送500多名船员到防疫旅馆检疫14天就花费新台币4000万元以上，除进行新冠肺炎PCR核酸检验外，回到船上再自主健康管理7天，要确认健康无虞后才能让船员执勤；餐厅工作人员全副武装备餐，原自助餐台也由服务人员代为夹取。全船在消毒清洁后，复由主管机关、公卫专家及学者登船检核，并安排具有防疫经验医师进行随船咨询，更首次安排台湾服务人员作为“星梦大使”，在船上负责翻译及协助旅客的工作，不时提醒旅客防疫事项，目前每航次都将有30位星梦大使③登船服务。

为求安全谨慎，舱房及公共空间设置了新风系统，100%新鲜室外空气循环；进餐厅前，除了登记房号及资料的实名制，并量额温、喷酒精，也落实戴口罩才能入场；各餐厅入口处新设置感应式的全套洗手装置；船上任何排队处，都可见保持社交距离的辅助地贴及消毒酒精，餐厅、剧院也都采用梅花座；若遇到紧急状况，船上还有22间作为负压隔离室的舱房。餐饮消费模式也有新突破，以往在邮轮上，大多数旅客会涌入免费餐厅用餐，为避免群聚状况，首创发给旅客“免费餐饮消费券”，首航4天3夜每位旅客都能获得新台币3400元的消费券，除能避免免费餐厅的人潮汹涌，旅客在餐饮选择上也更自由，不再受制于“不用钱比较划算”的心态而天天吃免费餐厅。

未来在台湾跳岛邮轮发展方面，已规划“2023跳岛旅游年”，从航线奖

① 跳岛邮轮行程由基隆港出发，分别安排澎湖县、金门县、连江县（马祖）相关航线及旅游行程。

② 资料来源于云顶邮轮集团台湾区业务部副总裁刘晓宁口述。

③ 云顶邮轮集团业务部副总裁刘晓宁认为，除了加强防疫措施，“星梦大使”都是与雄狮旅游的国际领队配合，他们有带团和照顾旅客的经验，也懂得如何与旅客沟通，这对提升船上服务和防疫工作水平也是很重要的。

励、港口设施改善及服务提升、各项海洋观光活动的举办等入手全面提升蓝色公路的服务水准。台湾有很多美丽的景点尤其是离岛，跳岛邮轮产品因疫情而提早实现，未来将积极部署小型、探索型邮轮执行跳岛行程，台湾邮轮旅游业者、公协会已着手研究相关产业计划，将此项目以新常态方式呈现。

四 结 语

展望未来，邮轮产业是台湾重要的策略性产业，目前已有“蓝色公路10年综合发展规划”“航”“港”“船”“游”“货”五大面向，从政策面确定各项建设能够到位，北基隆、南高雄的母港已经形成，而新的港口或旅游模式则慢慢开始推广，并与探索型邮轮业者合作，规划行程，希望能争取高端邮轮旅客来台进行邮轮跳岛旅游，同时发展出台湾的新形态邮轮旅游活动，吸引更多的游客体验台湾之美，成功的关键除了政策制定、学术研究外，还有邮轮关联产业者的共同支持。邮轮旅游产业具备特殊性，需要通过区域整合与合作来共同推展，方能创造多赢局面，共荣亚洲邮轮经济圈。

参考文献

CLIA，“CLIA Cruise Market Overview 2019”，http：//www. cruising. org.

UNWTO，“A Practical Guide to Tourism Destination Management”，Madrid，Spain，2007，Website：https：//www. e－unwto. org/doi/pdf/10. 18111/9789284412433.

Zohar，D.，“Safety Climate in Industrial Organizations：Theoretical and Applied Implications”，*Journal of Applied Psychology*，1980，65（1）.

Zvoncheck，J.，“Cruises：Selecting，Selling，and Booking”，*New Jersey*，1993，3－10.

台湾国际邮轮协会：《北台湾邮轮 DMO 计划》，2020。

台湾观光协会：《2030 台湾观光政策白皮书》，2020。

江瑞德：《基于模糊 AHP 建构餐饮业与信用卡发卡银行行销联盟之绩效指标》，台湾逢甲大学，2015。

吕江泉：《邮轮旅游概论》，新文京出版，2019。

刘喜临：《台湾邮轮观光年鉴2020》，高雄餐旅大学，2020。

刘喜临：《凝视台湾邮轮观光发展与全球布局》，旅@天下，2016。

欧阳忻忆：《从地方创生到DMO（旅游地管理暨行销组织）：日本地方观光品牌营造之研究》，台湾观光局，2019。

台湾港务股份有限公司：《开放统计资料》，https：//www.twport.com.tw/chinese/cp.aspx？n=18613DC39FE61942，2020。

国 际 篇

International Reports

G.10 突发公共卫生事件对日本邮轮经济发展影响及趋势研究

田中三郎*

摘　要： 邮轮旅游业属于对外界环境高度敏感型行业，在外界发生突发事件时，较容易受到严重的影响和冲击，出现被暂停的现象，形成所谓的邮轮旅游行业危机。在新冠肺炎疫情防控过程中，邮轮是聚集大量游客的现代海上度假产品，在航行过程中，与陆地可联动性较差，邮轮游客来源十分复杂广泛，具有较强的流动性和可接触性，加上邮轮船上的医疗设施条件较为有限，容易受到各类病毒的攻击并引发群体性公共卫生事件。在本次疫情中出现的停靠日本的"钻石公主号"邮轮大规模病毒传播事件就是典型的案例，在全球范围内引起

* 田中三郎，日本一般财团法人港口综合研究财团首席研究员，邮轮综合研究所副所长。

广泛关注。疫情暴发之初，公主邮轮公司和游客对新冠肺炎病毒的传播性未有充分认识，游客和船员依然紧密接触，游客或船员感染后较容易交叉传播，在短期即危及整船人员。邮轮具有特殊性，一旦发生感染事件，其管理权问题难以判别，会对港口当地医疗造成影响，这在本次日本应对“钻石公主号”邮轮事件中较为明显，因此，需要进一步完善邮轮卫生管理体系，推动邮轮旅游健康发展。

关键词： 邮轮旅游　风险防控　处置能力　公共卫生事件

新冠肺炎疫情作为全球性突发公共卫生事件，对整个社会经济的发展造成巨大的负面影响。邮轮行业作为极易受到外界环境影响的特殊行业，受到新冠肺炎疫情的严重冲击，全球范围内多艘邮轮出现新冠病毒确诊病例，资本市场对邮轮公司的信心持续降低，严重影响了邮轮公司的持续发展，整个邮轮旅游市场损失惨重。日本作为亚洲最为重要的邮轮旅游目的地之一，出现公主邮轮“钻石公主号”大规模群体性感染事件。通过这次疫情也使我

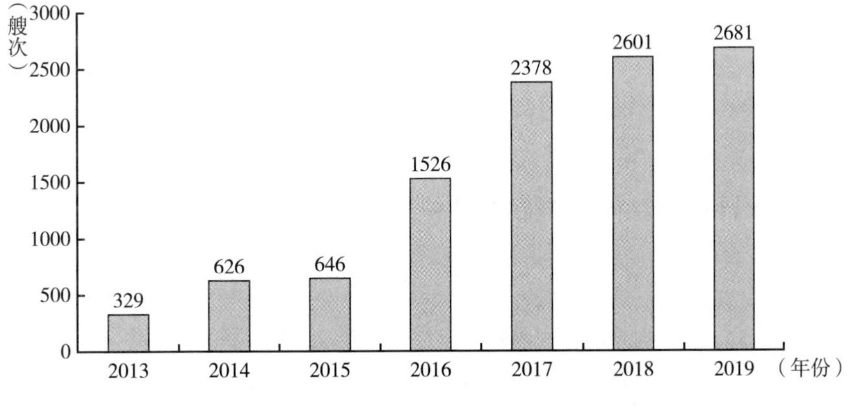

图1　2013～2019年日本接待邮轮艘次情况

资料来源：国际邮轮协会（CLIA）。

们认识到，传染病疫情对邮轮旅游的危害是巨大的。日本“钻石公主号”邮轮事件影响未来游客对邮轮旅游的信心，从而会影响邮轮公司市场战略和邮轮布局。近年来，日本邮轮旅游市场快速增长，尤其是在中韩邮轮航线停航后，日本成为中国邮轮出境旅游最为主要的旅游目的地，成为亚洲最大的过境邮轮旅游目的地。2019 年日本邮轮港口靠泊量达到 2681 艘次，同比增长约 3.1%，比 2013 年增长 2352 艘次，其中挂靠港邮轮为 2235 艘次，母港邮轮艘次为 346 艘次，过夜邮轮艘次为 100 艘次。

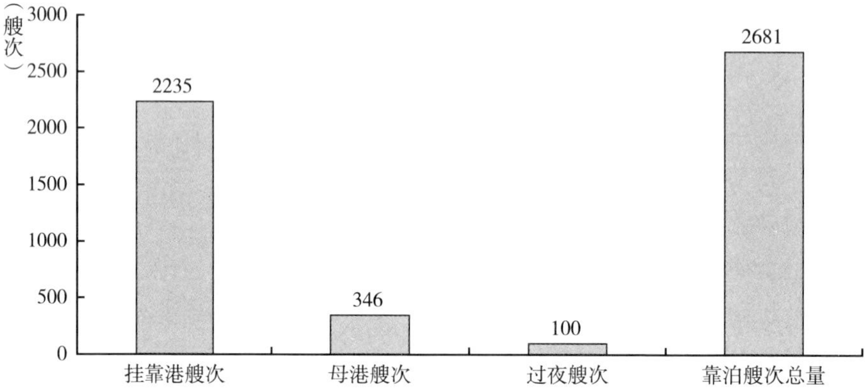

图 2　2019 年日本邮轮港接待邮轮艘次

资料来源：国际邮轮协会（CLIA）。

一　日本邮轮经济发展情况

（一）日本邮轮市场规模保持快速增长态势

亚洲是全球重要的邮轮新兴市场，2019 年亚洲邮轮市场有 39 个邮轮品牌布局，共计 79 艘邮轮，与 2018 年基本持平，自 2014 年以来，在亚洲布局的船只数量增长了 58%。其中 7 艘是总吨位在 15 万总吨以上、载客量在 3500 人以上的大型邮轮，18 艘是载客量在 2000 ~ 3500 人、总吨位在 7.5 万吨以上的中型邮轮。邮轮运营航线数量达到 1917 条。2019 年，亚洲邮轮旅游目的地接待邮轮艘次达到7154艘次，比2018年下降15艘次，但亚洲邮轮旅游目的地天数总量（Passenger Destination Days）有所增加，意味着邮轮游客在目的地停留的时间有所增加，从而对当地经济发展作出更大的贡献。2019年亚洲邮轮游客量为402万人次，同比下降5.7%，而2014年以来亚洲邮轮游客量复合增长率为122%。

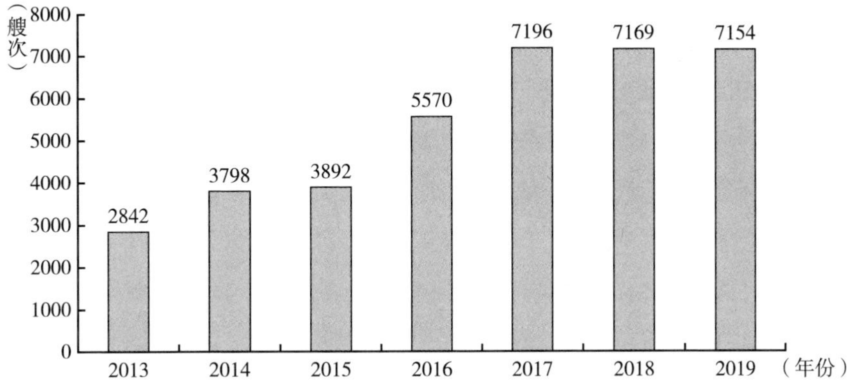

图3 亚洲邮轮港口接待量

资料来源：国际邮轮协会（CLIA）。

表1 亚洲各大邮轮港接待情况

单位：艘次

年份	2017	2018	2019
新加坡	393	374	400
中国台湾基隆/台北	237	322	284
上海宝山	466	375	240
中国香港	263	249	255
日本福冈/博多	341	245	245
日本那霸/冲绳	213	231	243
日本长崎	247	214	198
泰国芭东湾/普吉岛	150	219	188
韩国济州岛	477	22	29

资料来源：国际邮轮协会（CLIA）。

亚洲作为全球邮轮产业发展的新动能和重要新兴市场，在邮轮疫情防控中取得了良好的成效，但也出现了公主邮轮“钻石公主号”、歌诗达邮轮“大西洋号”等群体性感染事件，需要进一步提升风险防控和应急管理能力。为更好提升应对新冠肺炎疫情等突发性公共卫生事件的处置能力，推动亚洲邮轮市场健康发展，应构建完整、科学、实用的国际邮轮传染病疫情风险评估方法及程序，建立健全邮轮口岸疫情监测体系，提升对传染病突发事件的风险分析与判断能力，增强各项处置能力和相关部门协同能力。

日本接待邮轮较多的港口为福冈、博多、那霸、冲绳、长崎等。福冈/博多港 2018 年接待邮轮 245 艘次，2019 年接待邮轮 245 艘次，其中挂靠港邮轮为 217 艘次，母港邮轮为 24 艘次，过夜邮轮为 4 艘次；那霸/冲绳港 2018 年接待邮轮 231 艘次，2019 年接待邮轮 243 艘次，其中挂靠港邮轮为 234 艘次，母港邮轮为 5 艘次，过夜邮轮为 4 艘次；长崎港 2018 年接待邮轮 214 艘次，2019 年接待邮轮 198 艘次，其中挂靠港邮轮为 195 艘次，母港邮轮为 2 艘次，过夜邮轮为 1 艘次。另外，2019 年，横滨/东京接待邮轮 202 艘次，其中挂靠港邮轮为 14 艘次，母港邮轮为 166 艘次，过夜邮轮为 22 艘次；宫古岛/平良接待邮轮 166 艘次，全部为挂靠港邮轮。

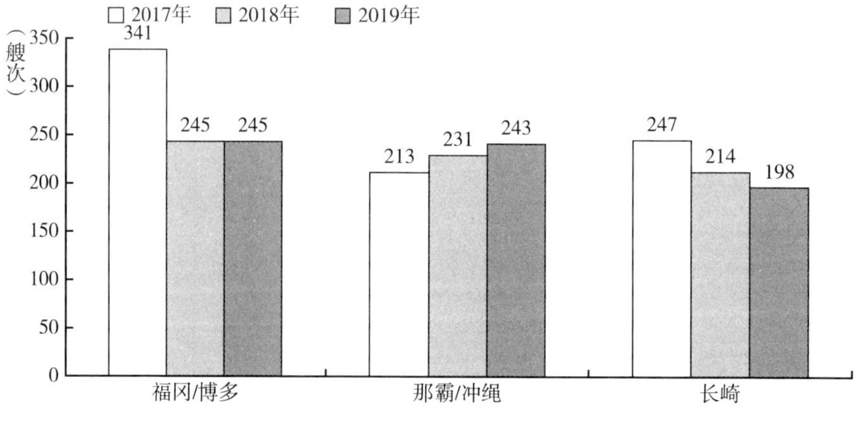

图 4　2017～2019 年日本主要邮轮港口接待邮轮艘次

资料来源：国际邮轮协会（CLIA）。

表2　2019年日本主要邮轮港口接待邮轮情况

单位：艘次

邮轮港口	挂靠港邮轮艘次	母港邮轮艘次	过夜邮轮艘次	总艘次
福冈/博多	217	24	4	245
那霸/冲绳	234	5	4	243
横滨/东京	14	166	22	202
长崎	195	2	1	198
宫古岛/平良	166	0	0	166

资料来源：国际邮轮协会（CLIA）。

2019年日本接待邮轮游客目的地天数达到4726万天，其中日本接待挂靠港邮轮游客目的地天数为4224万天，接待母港邮轮游客目的地天数为394万天，接待过夜邮轮游客目的地天数为108万天。

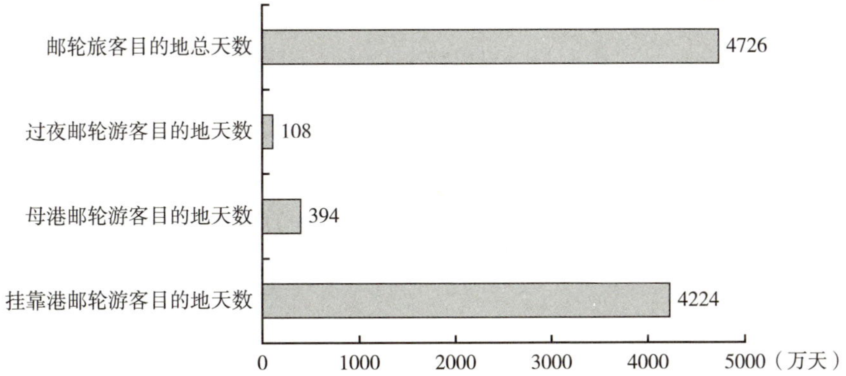

图5　2019年日本接待邮轮游客旅游目的地天数

资料来源：国际邮轮协会（CLIA）。

（二）日本邮轮游客呈现年龄较大、偏爱短途航线的特征

日本邮轮游客平均年龄为57岁，是亚洲邮轮游客年龄最大的国家，远高于45.4岁的亚洲邮轮游客平均年龄。2019年日本邮轮游客小于12岁的占比为5%，13～19岁的占比仅为1%，20～29岁的占比为5%，30～39

岁的占比为8%，40~49 岁的占比为9%，50~59 岁的占比为12%，60~69 岁的占比为29%，70 岁以上的游客占比有小幅度增长。2019 年日本游客中，60 岁以上的占比最多，占比达到60%；40 岁以上的日本邮轮游客占比高达81%，反映出日本邮轮游客年龄较大。

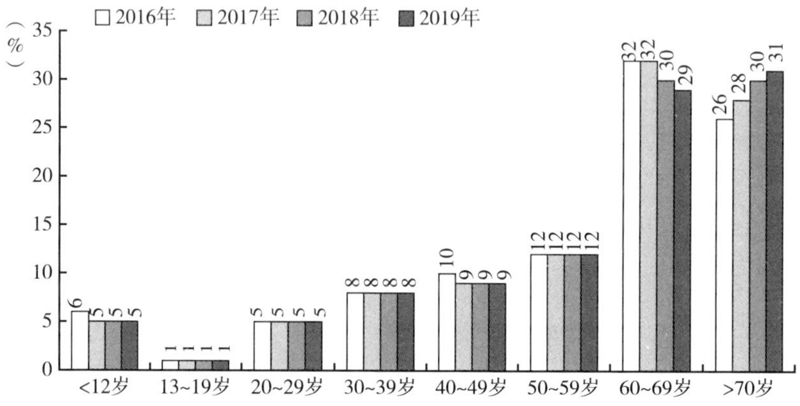

图6　日本邮轮游客年龄段分布情况

资料来源：国际邮轮协会（CLIA）。

从日本邮轮游客消费行为来看，日本游客更愿意乘坐平均为期6.9天较长航程的邮轮，2019 年日本游客中有76.5%的游客在亚洲附近航行，并且逐渐增长的趋势明显，表明随着亚洲邮轮市场的崛起，各大国际邮轮公司将更多新型邮轮布局于亚洲市场，使得亚洲市场邮轮旅游产品吸引力逐渐增强，更多游客选择在亚洲市场进行短途邮轮旅游。作为全球邮轮旅游最为成熟的欧美地区，有众多的邮轮公司布局，并且部分邮轮品牌主要布局于北美或欧洲区域，具有较强的独有性，也吸引着来自全球各地的游客前往欧美地区乘坐邮轮。日本邮轮游客在世界其他地方的航行程度也较高，2019 年有12.1%的日本游客选择前往地中海乘坐邮轮，同样有逐渐上升的趋势，同时也会选择前往加勒比/南美、波罗的海/北欧、澳大利亚/新西兰/太平洋、阿拉斯加、夏威夷等国外热门邮轮旅游目的地乘坐邮轮旅行。

表 3　日本游客对邮轮旅游目的地航线选择情况

单位：%

年份	2016	2017	2018	2019
亚洲其他区域	67.2	64.2	75.60	76.5
地中海	9.9	10.0	11.20	12.1
加勒比/南美	5.6	4.6	3.8	3.7
波罗的海/北欧	1.4	1.5	1.40	1.4
澳大利亚/新西兰/太平洋	1.3	1.3	1.20	1.2
中国(大陆、香港、台湾)	—	1.9	1.20	1.2
阿拉斯加	1.3	0.9	0.70	0.6
非洲/中东/环球/跨大西洋	—	—	0.70	0.7
夏威夷	0.8	0.8	0.70	0.7
北美	1.0	—	0.6	0.6
探险邮轮航线	—	—	0.60	0.6
其他航线	11.5	14.8	2.30	0.7

资料来源：国际邮轮协会（CLIA）。

（三）邮轮产业对日本经济发展作出重要贡献

为了保证邮轮正常运营，邮轮公司通常会在停靠港口时采购各种物资，包括食物、酒店用品、船用燃料和公用设施，同时也需要购买各种服务，具体涉及旅行社的佣金、广告和促销支出，以及其他专业、商业服务的费用。游客购买的产品通常包括邮轮旅游前后的假期、岸上观光、纪念品和其他零售商品；船员购买的产品包括类似的物品和服务，更加关注零售商品，船员的支出中近37%的为食品、饮料和衣物。邮轮公司的支出主要包括船舶维护支出、饮食和其他补给以及港口费，船舶保养是其最主要的运营支出，约占邮轮公司总支出的30%。邮轮游客及船员进行的岸上观光、住宿、餐饮、地面交通与购物等，以及邮轮公司开展的邮轮物资补给、邮轮维修保养等，会带动日本邮轮旅游消费的快速增长，促进日本的就业增长，进而使得邮轮经济对日本经济发展产生重要的推动作用，日本邮轮经济贡献约占亚洲邮轮经济贡献的30%。游客和船员的岸上饮食和零售商品消费，以及邮轮公司支出的港口费对日本港口经济发展产生了重大的影响，其他服务和政府部门的直接经济贡献主要集中于旅行社佣金和岸上观光。国际邮轮协会（CLIA）数据显示，邮轮游客到访日本目的港后的平均支出为8.33万元，46%的支出为零售购物和岸上观光。船员在目的港的平均支出为5500元，58%的船员支出为饮食和零售购物。诱导的经济贡献来自邮轮公司及其供应商的雇员所产生的支出。雇员的收入用于购买各种各样的消费品和服务，包括汽车、食品、衣物、家具、保健品等。因此，诱导的贡献主要集中在对家庭领域中各种最终商品产生的需求。直接受益的公司及其员工的支出也带来了间接的、诱导的经济贡献。因此，这样的影响广泛存在于国家和地区经济之中。

二 新冠肺炎疫情防控期间日本典型邮轮事件

（一）“钻石公主号”邮轮疫情事件影响

公主邮轮“钻石公主号”从日本横滨港出发，先后停靠中国香港、越南等地。有1名中国香港籍游客被认定为确诊病例，这名游客曾乘坐“钻石公主号”邮轮。为防控新冠肺炎疫情，在“钻石公主号”邮轮抵达日本横滨后开展检疫，日本厚生劳动省要求邮轮上全部人员在海上隔离14天，检疫工作人员在邮轮上对游客及船员分发调查表格以及测量体温等环节中，出现检疫人员只佩戴口罩和手套而没有戴护目镜和穿全身防护服的现象，这导致后续出现大规模邮轮疫情暴发，不利于邮轮上疫情的及时有效防控。“钻石公主号”邮轮疫情事件，也暴露出日本当地检测能力不足的缺陷，日本国立感染症研究所以及各大城市所有地方卫生研究所一天能够检测的最大数量仅为1500人，对公主邮轮“钻石公主号”不能及时开展大规模的检测。公主邮轮“钻石公主号”当时船上的游客及船员共计3711人，大部分游客为日本人，并且50%以上的游客为70岁以上老人，80岁以上的游客有226人，累计确诊病例达到721人，死亡人数达到13人，有媒体将“钻石公主号”邮轮冠之“恐怖邮轮”，造成了不良的社会舆论。在“钻石公主号”邮轮疫情得到有效防控后，公主邮轮面向全球招募专业清洁与消毒服务提供商，在游客及船员结束隔离并全部离船后展开全面消毒作业，彻底清洁所有舱房和公共区域，消毒标准等同于医院手术室。

（二）“大西洋号”邮轮疫情事件影响

歌诗达邮轮“大西洋号”停靠在日本长崎港三菱重工长崎造船所香烧工厂后发生邮轮船员集聚性新冠肺炎感染事件。邮轮上来自菲律宾、印度尼西亚、印度和中国等 30 多个国家和地区的 623 名船员中确诊 149 例病患，是继日本“钻石公主号”邮轮后的又一大规模集聚性感染事件。在“大西洋号”邮轮维修期间，邮轮船员管理工作出现疏漏，在邮轮船员下船、就医等上下船过程中，有船员在岸上感染病毒，然后将病毒带上邮轮，并且在没有采取有效措施的情况下传染给了其他船员，进而导致船员集聚性病毒感染。在“大西洋号”邮轮疫情防控过程中，虽然每个船员都在各自的房间隔离，但感染病例与非感染船员的房间是相邻的，并没有进行有效距离的间隔。船上及岸上的疫情处理能力较为有限，缺少 N95 口罩、医用一次性口罩等必要防疫物资，船员在自身防护方面面临一定的困难，中国驻长崎总领馆及时向中国籍船员发放防疫用品，协调解决中国籍船员遇到的困难。

三　后疫情时代日本邮轮经济发展趋势

（一）提升日本邮轮港突发事件应急响应能力

日本是亚洲重要的邮轮挂靠港和邮轮旅游目的地，“钻石公主号”邮轮疫情事件暴露出日本在处理邮轮突发性公共卫生事件方面的缺陷，需要对新冠肺炎疫情防控措施及机制进行全面的评估和总结分析，进一步完善当地政府和邮轮港口应对突发事件的应急响应机制。经过此次疫情，需要进一步建立健全日本港口邮轮突发性公共卫生事件应急处置预案，提升应对突发事件的监测与预警、现场处置、控制和交接、疫情通报等方面的处置能力，为日本邮轮旅游的恢复以及下阶段邮轮经济发展奠定良好的基础。同时，要求各大国际邮轮公司及邮轮港口从邮轮市场恢复运营的要求以及相关标准出发，进一步做好应急物资及人员的准备工作，做好邮轮恢复运营的各项准备工作。对邮轮游客的信息掌握成为应对突发事件的重要举措，进一步完善邮轮游客信息登记制度，实施对邮轮出入境游客及船员的健康申报制度，重视邮轮港及停靠邮轮的卫生环境，及时排查并消除可能造成疫情传播的各种隐患，提升各大邮轮港口的检疫防控、应急处置等综合能力，确保邮轮港及邮轮公共空间的卫生安全。并且要求各大邮轮公司在严格执行美国 VSP（Vessel Sanitation Program）、《欧洲邮轮卫生标准和传染病监测手册》、WHO《船舶卫生指南》等标准的基础上，进一步完善邮轮检疫监管指数，建立健全邮轮及邮轮港突发公共卫生事件的预警机制，规范邮轮行业卫生防控，更好保障邮轮游客及船员的生命安全与身体健康。

（二）加强邮轮旅游风险管理的国际协作

日本在应对新冠肺炎疫情邮轮事件中，暴露出风险管理和应急管理能力不足。风险管理是实现有效应急管理的重要基础，是在事件发生前采取的更加主动积极的前沿性、基础性措施，能够在突发事件发生或产生严重影响之前实现更加及时有效地管控。邮轮行业是非常容易受到外界环境影响的脆弱性行业，不仅会面临战争、金融危机、政府政策等多方面因素的影响，而且由于邮轮自身的特殊性，也更易受到各种因素的影响。各类风险基本都是潜在的、不易被直观感知的。因此，在突发公共卫生事件显现一定的迹象或是产生小规模的影响时，就应及时予以高度重视，做好应对各类风险的评估工作，对降低风险所需要投入的资金、采取不同的措施所产生的不同结果进行测算，从而在不同的结论基础上选择更加切实有效的方法，将邮轮突发事件所产生的负面影响最小化。

国际邮轮旅游涉及多个利益相关体，包括各大邮轮公司、邮轮母港和邮轮挂靠港、邮轮港口当地政府、邮轮船籍注册国、邮轮游客和邮轮船员等，若缺乏良好的国际合作应对机制，在出现突发公共卫生事件后，不利于形成良好的协作合力，很可能造成事件的失控。邮轮是大规模群体性海上旅游产品，具有较强的可移动性，并且游客及船员来源十分广泛，邮轮港是游客高度集聚性的场所，在运行过程中游客、船员及各类物资会较为频繁地上下船，在疫情期间很可能造成病毒的传播，这就要求各类健康信息需要向港口当地卫生防疫部门开放，邮轮公司和旅行社将游客及船员健康数据信息提前转交口岸单位、港口和相关卫生健康管理部门，进一步完善游客船员登轮信息可追溯管控机制，在发生突发事件后能够及时找到根源，从而采取有效的应对措施。邮轮旅游风险具有多样性、不确定性、平等性、高度国际性等特点，邮轮旅游风险管理必须能够跨越国家和地区的界限，在对各类风险进行有效评估判断的基础上，采取有效的措施降低风险带来的影响。

（三）加强疫情后邮轮舆论的宣传引导

邮轮旅游是人员集聚度高、目的地分散的现代海洋旅游方式，日本出现的“钻石公主号”邮轮事件，使得邮轮成为新冠肺炎疫情防控期间全球关注的焦点之一，游客对邮轮的卫生防疫和应对突发事件的能力产生一定的怀疑，不少游客对邮轮的安全性产生担忧，这将对人们出行的动机和意愿产生一定的负面影响，影响邮轮旅游的市场需求，使得游客选择相应的替代品或是延期选择邮轮旅游，从而影响邮轮旅游市场的恢复。为更好地推动邮轮旅游市场振兴，应由相关政府部门牵头，对邮轮旅游进行正面的宣传引导，针对各邮轮公司的防疫措施和流程开展检查，出台在日本市场运营的邮轮公司的卫生检疫筛查报告，并将报告向社会公示，消除社会各界因负面报道而对邮轮卫生防疫能力产生的一些误解。提升邮轮出行的安全保障。同时，为推动邮轮市场恢复，需要利用各种媒体资源，加大邮轮旅游宣传和营销力度，积极开展正面宣传营销，提升社会各界对于邮轮的信心，恢复邮轮旅游热度和邮轮公司信心。要进一步完善邮轮保险体系，设立应对突发公共事件的风险处置基金，用作承担应急公共事件处理的资金，从而更好保障游客的合法权益，提升游客对邮轮旅游产品的信心。

参考文献

汪泓主编《邮轮绿皮书：中国邮轮产业发展报告（2019）》，社会科学文献出版社，2019。

汪泓主编《邮轮绿皮书：中国邮轮产业发展报告（2018）》，社会科学文献出版社，2018。

汪泓主编《邮轮绿皮书：中国邮轮产业发展报告（2017），社会科学文献出版社，2017。

汪泓主编《邮轮绿皮书：中国邮轮产业发展报告（2016）》，社会科学文献出版社，2016。

汪泓主编《邮轮绿皮书：中国邮轮产业发展报告（2015）》，社会科学文献出版社，2015。

汪泓主编《邮轮绿皮书：中国邮轮产业发展报告（2014）》，社会科学文献出版社，2014。

G.11

2020年全球不确定性时代的韩国邮轮产业现状与前景

林福顺*

摘　要： 2020年新冠肺炎疫情全球蔓延，引发人们极度恐慌，社会经济陷入前所未有的困境。在这段时期，邮轮产业也面临着同样的困难，邮轮产业刚起步的韩国也面临着同样的困境。本文对2020年韩国邮轮产业现状和疫情后产业的发展方向进行了分析。

关键词： 韩国　邮轮产业　外因变量　危机管理

一　导言

2020年，新冠肺炎疫情全球蔓延，人们陷入恐惧和恐慌状态。在这一时期，邮轮成为其中心引爆剂之一，由此倍感不安。对于整个世界经济来说，这显然是广泛而全面的危机，但在疫情暴发前国际邮轮协会（CLIA）对2020年全世界邮轮市场规模做出了肯定的预测为3200万人次，反差之下，实际邮轮产业因疫情而需度过黑暗惨淡的2020年让人难以忍受。韩国在地理位置上拥有亚洲消费市场超过70%的东北亚地区，即“亚洲最大邮轮消费市场——中国”和“亚洲访问量最大的市场——日本”。韩国在2017

* 林福顺，韩国国际邮轮研究院院长、南京审计大学金审学院副教授。

年因萨德事件与中国断航，接着在此次疫情中日本发生的钻石公主号事件和世界各地邮轮内传染事件等使邮轮产业形象受损，可以说对整个产业造成了很大的影响。如何克服这些负面因素并迅速恢复邮轮市场是我们应该思考的课题。

2020 年 3 月 3 日国际邮轮协会宣布，中国、韩国、伊朗和意大利 4 个国家停止邮轮旅游。美国东部 3 月 7 日下午通过美国官方表明立场，劝告美国国民禁止乘坐邮轮，3 月 14 日世界邮轮四大公司嘉年华、皇家加勒比、NCL 诺唯真、地中海航运 MSC 宣布，将全球航线停止运营 30 天。直到 6 月，全球所有邮轮全部停运，且不知何时重新起航。这是邮轮业历史上自二战以来首次发生的全球停运事件，其严重性可想而知。韩国也从 2020 年 2 月开始，实质性地禁止了邮轮的进港，目前以船舶用品装船、供油、修理等为目的进港时，仅允许在 14 天内不停泊其他港口的前提下进港。

疫情暴发前，韩国邮轮市场形成了以停靠港为中心的消费市场，因此在萨德事件后遭到沉重的打击。萨德事件后，韩国邮轮产业为了克服单纯依赖停靠港市场的局限性，一直在探索多种方法，包括“飞行邮轮（fly-Cruise）”和培育国内母港市场以及通过东北亚地区间联合增加多母港航运，通过沟通和示范航运等多种模式谋求培育新市场。这也表明，政府和产业界为了邮轮产业的全面发展正在持续[①]努力。

从表 1 可以看到萨德事件发生以后，韩国邮轮市场的变化很大。

在萨德事件后，韩国邮轮港口城市的邮轮产业发展方案与以往不同的特点凸显出来。主力市场方面，中国邮轮停运后，曾经是主力市场的济州，作为中国和万维以及国内市场母港发展的釜山，希望成为访问港、韩国母港市场的仁川，试图跃升为新停靠港的港口城市等都进行了基础设施建设，韩国

① 在灾难、疾病、外交纠纷、经济危机等（2017～2019 年，因韩、中、日之间的政治、外交突发变量，旅游交流受到打击）诸多不确定外因变量下，东北亚地区的政府和产业界依然持续努力，谋求多样化的发展模式，因为其共享着巨大的消费市场（韩、中、日三国之间的旅游交流相互依存性很高）。

表 1　邮轮停靠港游客入港现状（按港口）

单位：艘次，人次

项目		按年度计	济州	釜山	仁川	丽水	束草	其他(蔚山等)
2016 年	航次	791	507	209	62	1	1	11
	游客	1953777	1209327	572550	165088	3319	1847	1646
2017 年	航次	236	98	100	17	2	9	10
	游客	394153	189732	165557	29906	889	6819	1250
2018 年	航次	131	20	84	10	3	3	11
	游客	201589	21703	142819	22150	6785	6688	1444
2019 年	航次	165	29	108	10	5	5	8
	游客	267381	44266	189251	12341	11430	9227	866

资料来源：收集有关地方政府、港湾公社等资料。

邮轮市场正在逐渐被细化。在保持现有竞争力的基础上，针对各个地区情况，明确今后的发展目标，争取提升国际竞争力。掌管邮轮事业的海洋水产部正在进一步细化纯停靠港、母港、多母港地区等政策方向，并致力于完善游艇和海洋休闲旅游基础设施。

二　本论

疫情下是否要调整原邮轮经济发展方向是韩国要考虑的核心问题之一，不过笔者认为韩国邮轮产业会在总方向不会变的基础上展开新的探索。

第一，在邮轮基础设施建设以及社会效益方面，考虑到韩国港口特性，韩国制定邮轮培育政策及发展蓝图，明确邮轮码头运营改善方向，通过对外合作谋求市场拓展、在稳定运营的框架下形成体系。

东北亚邮轮市场快速发展，得益于邮轮游客剧增，韩国国内主要港湾的邮轮基础设施正在大幅增加，但邮轮旅游模式的运营计划却并没有及时调整，因此一直存在停靠能力不足、客运站空间狭小、游客交通不便等问题。此外，邮轮码头需要对靠岸设施、海堤等基础设施进行大规模资金投入，但由于难以确保经济合理性，项目推进面临困难，其对国家经济影响的分析也不足。比如，在济州扩建新港邮轮4个泊位的问题上，应该根据需要以供给为主还是考虑将来的市场扩大而投资，在有限的经济可行性下执行仍然存在困难。尽管如此，考虑到邮轮船舶及使用模式等国内邮轮旅游条件，制定有效的邮轮基础设施建设方案，谋求邮轮旅游活性化的方向没有改变。因此，通过计算社会的便利和波及效果等，确保开发邮轮码头的事业合理性，并研究激活民间投资，以采取多种事业方式。

第二，在实现邮轮相关产业的集中化与差异化发展方面，韩国邮轮产业的发展方向分为短期和中长期，可分为邮轮旅游活性化和邮轮产业基础设施扩建。

1. 邮轮旅游活性化

一是，制定并积极推进国内邮轮基础设施开发战略及详细计划。

对政府（海洋水产部、文化体育旅游部、产业通商资源部等）的邮轮产业培育方案及相关计划（基本计划、详细执行计划等）进行探讨，并与之联系，制定有效的邮轮基础设施开发及运营方案。对邮轮专用码头及客运站的扩建计划、邮轮接纳能力确保计划、母港选定计划、邮轮游客吸引目标等进行综合复核，制定基础设施开发运营方案。

根据国内邮轮港口现状及痛点分析得出的结果，结合国内条件，制定邮轮基础设施开发战略。根据各港口的旅游模式（大规模游客带来的瓶颈现象、上下船的移动路径、旅游停留时间、邮轮大型化等），引进有效的基础设施并制定扩建方案。

将国内邮轮港按照功能（母港、停靠港、多母港）进行分类、选定，并由此研究所需基础设施，制定适用于各港口的方案等。

二是，谋求激活多母港运营。

笔者认为，如果韩国邮轮市场要发展，政策和民间事业部门都不改变集中在“以停靠港为中心的被动接纳态势（旅游层面）”的观点，那么刚刚处于萌芽期的韩国邮轮产业将不仅不会得到发展，就连作为独立产业领域的存在也会陷入不稳定的境地。因此，不应该局限于单纯停靠港，而应该在产业全局上做出努力，使停靠港和母港两个市场同步发展。邮轮产业由于与其他产业部门不同，不包括前后方产业，而属于独立的产业领域，这一概念值得关注。[①]

正如邮轮产业的培育和支持相关法律中所定义的，邮轮产业以邮轮（海运产业方面）和邮轮乘客（旅游事业方面）为前提，涵盖所有相关产业领域，这意味着实质上的邮轮产业定义首先应该以海运部门和旅游部门交叉点的邮轮港口为主，即基于特定港口地区现有产业部门的竞争力。这种产业竞争力影响到邮轮部门的动机是不可避免的，从这个角度来看，以韩国国内5个邮轮港口为例，在个别港口中可以特定定义的邮轮产业范围将会发生变化。以此为基础，制定韩国邮轮产业中长期发展蓝图，做到战略的系统性，实现和韩国及东北亚邮轮行业的同步发展。

韩国将通过培育亚洲邮轮枢纽来激活地区经济，并同步发展亚洲邮轮发源地——东北亚地区之间的邮轮共享市场。为此，首先要建立东北亚邮轮市场的共享体系。可以确信通过邮轮市场共享、资源与竞争力共享、共同应对，确保市场保护机制等核心竞争力，是市场发展的动力[②]。

为了激活多母港运营，产业界与政府应协助落实的部分包括：①邮轮环境变化应对方案，应该实现东北亚地区的邮轮市场区域化，以便确保市场竞争力最大化。为此需要实现各地区的区域化战略和韩国邮轮港口的中心基地化。②危机管理体系方案。构建预防和克服外因变量的国际合作体系。在疫

① Delgado，Rodolfo：《邮轮行业：目的地、机遇、创新和挑战》，《高级管理科学杂志》2017第5期，第387~393页；SAAB：《邮轮公司可持续性会计标准》，2014年12月。

② 根据联合国世界旅游组织的《国际旅游报告》统计，2018年韩、中、日三国游客人数达1.944亿人次，旅游收入达968亿美元。2018年，中国的国际游客人数居第四位（6300万人次），日本的国际旅游收入排第九位（410亿美元），韩国的国际旅游支出居第九位（320亿美元），东北亚三国在世界旅游中所占的地位非常高，市场规模也非常大。2019年8月，在仁川举行的第九届韩、中、日文化（旅游）部长会议上确认，东北亚地区在世界旅游中所占的比重较大，特别是韩、中、日旅游交流的比重迅速扩大，为1200万人次（2005年）、1700万人次（2010年）、2600万人次（2015年）、3000万人次［2020年（预计），因疫情影响未能达到数值］，为数量增长而共同努力的目标大致已经提前实现，各方一致认为今后10年内将进入4000万~5000万人次时代。

情后全世界将会有很大的变化。在目前还没有迎来后疫情时代的情况下，整个世界都笼罩在充满不确定性的动荡之中。虽然所有领域都遭受巨大损失，但旅游领域处于饥饿和冬眠状态。东北亚邮轮母港停靠港航线大部分是经由中国—韩国—日本的航线，在疫情持续或结束、恢复的过程中也会存在很多困难。因此为了快速恢复市场，政府对邮轮旅游的积极支持和实质性支援是非常重要的，需要灵活应对。这一沟通和灵活的应对措施最好是基于邮轮港口之间的联合，这有益于实现外因变量效果的最小化、制定事后管理方案、构建疾病管理及应对体系、推动港口稳定服务标准化等。因此，东北亚地区各相关机构之间的交流比任何时候都更加必要。国内有必要了解疫情造成的行业损失情况以及政府层面的支援方案。中央政府及地方政府有必要进行宣传，增进国民对邮轮的认知。为了疫情结束后的邮轮产业活性化，有必要制定应对方案。国际应共享邮轮相关设施，以及游客疾病管理和应对体系。需要与邮轮相关机构紧密沟通和体系共享。③邮轮市场扩大方案。通过多母港链邮轮实现市场共享，将外因变量最小化，为扩大国内市场，谋求市场稳定化。确保邮轮港间形成联合共同发展、市场稳定发展的良性循环机制。韩国的海外旅游规模从 2010 年的 1249 万人次增加到 2018 年的 2870 万人次，呈现快速增长[①]的趋势。5000 万人口中，有超过一半的人到国外旅游，这意味着出国旅游已经很普遍。与此相比，邮轮母港市场增长缓慢的原因在于，消费者可以选择的邮轮旅游商品有限和价格过高。

2019 年 8 月在第九届韩、中、日旅游部长会议的旅游产业论坛上提出，通过城市间联动促进共同发展，并提出以饮食、文化信息等类似的文化因素为主题，通过开发三国间广域旅游项目，实现韩、中、日地区旅游的持续联系。三国就建立多边合作体系的重要性达成共识。这虽然都是旅游领域的内容，但表明邮轮能够更快地实现城市联动，归根结底就是通过市场共享化来实现，对邮轮旅游领域来说没有比“多母港邮轮”更有效的方法。

① UNWTO，International Tourism Highlights 2019 Edition，2019.

作为克服这两个局限的对策，多母港邮轮将成为谋求国内邮轮市场的快速发展、产业良性循环、游客国际化、东北亚主要城市间共同发展的实质性对策。

2. 邮轮产业基础设施扩建

通过釜山市事例分析韩国邮轮城市培育现状。目前，釜山市通过北港再开发事业推动邮轮相关产业的集中化。这是为了在急剧变化的产业环境中培养更系统、更有效的邮轮产业而制定的中长期发展战略，适用于短期发展蓝图和中长期发展蓝图。这正与城市再生产业联系在一起进行，以发展世界级海洋城市为目标。特别是，釜山港北港经济自由区（第 3 阶段）为以邮轮母港为基础的邮轮产业特区的培育和扩大提供了可能性。另外，构建由地方政府（釜山广域市）主导的“釜山港邮轮整合治理”，以综合和调整邮轮部门的各种利害关系，并以构建扩大相关资源净功能的系统为目标。其有望作为东北亚邮轮枢纽港，促进邮轮产业发展（城市再生、相关产业的发展等）。

2019 年釜山邮轮访问次数比其他地区多，达到 108 航次 27 万人次①，是韩国访问次数最多的邮轮港，形成了母港、多母港、停靠港、飞行邮轮等多种消费市场。

表 2　釜山邮轮年度现状

年度	2015	2016	2017	2018	2019	2020(计划)
进港(航次)	72	209	108	82	108	176
人员(千人次)	230	788	255	195	271	515
乘客(千人次)	163	573	173	135	189	363
乘务员(千人次)	67	216	82	60	82	152

注：2019 年（其他城市）：济州，28 航次 6.3 万人次；仁川，10 航次 1.95 万人次；束草，5 航次 1.0 万人次；丽水，5 航次 1.2 万人次；浦项，2 航次 0.18 万人次。

资料来源：釜山广域市《2020 年釜山邮轮产业活性化实施计划》，2020 年 1 月 20 日。

① 釜山港口公社：《2019 年上半年釜山邮轮行政统计结果》，2019 年 9 月。

2019 年上半年访问釜山的 93919 名邮轮游客中，亚洲游客占 58.1%、美洲游客占 20.2%、欧洲游客占 11.4%。其中日本游客占 34.1%，在访问釜山的游客中所占①比重最大。

表 3 以釜山为母港的航线

区分	航线
A(5 天 4 夜)	釜山→福冈→舞鹤→金泽→釜山 4 航次
B(6 天 5 夜)	釜山→福冈→舞鹤→金泽→境港→釜山 8 航次
C(6 天 5 夜)	釜山→福冈→舞鹤→金泽→滨田→釜山 2 航次

2019 年，以釜山为母港共运营了 3 条航线、14 航次。以 8 天 7 夜的 2 条航线为例邮轮商品销售情况一般。这是因为在韩国 5 天 4 夜和 6 天 5 夜的休假期最为普遍。以这一经验为基础，2020 年还准备了 30 多航次等更多样化的商品，但均因疫情而取消。

为打造釜山母港培育基础，引进主题邮轮计划。通过激活釜山国内多母港及连接东北亚多母港，构造母港基础，激活韩、日 5 个港口城市的共同多母港航运以及连接台湾等飞行邮轮的多母港邮轮业，加强邮轮吸引宣传营销，推进国内需求创造政策，通过国内外邮轮旅游说明会、联系销售电话提供地区特殊庆典活动信息、运营体验团，促进邮轮产业联系，与釜山直航城市联系，开发飞行邮轮商品。

政府应对疫情现状——海洋水产部和釜山市。

疫情发生后，韩国海洋水产部主动解决国内外发生的问题。随着新冠肺炎疫情的全球蔓延，海外主要港口当局为了防止新冠病毒的扩散，强化船舶的进出港要求，限制船员上下船等，加强检疫，为此，韩国海洋水产部，一方面提高政策执行速度，另一方面加强与国际相关机构的沟通。

虽然不针对邮轮，但是韩国籍商船的船员交替遇到了困难，船员不仅超过了最长登船时间，而且因在船舶内需备的证书、资格证等有效期限的到期

① 釜山港口公社：《2019 年上半年釜山邮轮行政统计结果》，2019 年 9 月。

等，违反国际公约①的可能性加大，因此根据国际海事组织（IMO）和世界卫生组织（WHO）的共同宣言②与亚太地区港口国监控协议会（Tokyo-MOU）③ 发行的港口国监控方针④，海外港口当局积极协助解决以上问题。

韩国针对因疫情而陷入困境的沿岸客船公司，从4月起延期了最长90天的缴纳沿岸客船运行管理费用的期限⑤。另外，釜山、仁川、济州等贸易港的使用费⑥减免了30%。

船舶检查、认证审查⑦是以船舶检查员亲自登船确认的方式进行的，但是因为疫情突发，检查员很难登船，为此韩国暂时认可利用视频通话等远程船舶检查、认证审查。疫情期间，釜山港与中央部门海洋水产部紧密沟通、共同应对。2月以后，国际邮轮的停靠港、母港的航运等全面停止。供油等船用品装船用的邮轮从2月开始多次进入港内，为此，韩国规定在访问前14日内无经过其他港口方可进港，船员下船被限制，实行非面对面船舶用品装船。另外，即便以供油和装船用品为目的的进港，如果邮轮上的韩国乘务员要求下船，可予以许可。

① 海洋水产部的《海事劳工公约》（2007）明示了船员的最长乘船时间（12个月）和健康诊断周期（2年），认可该船舶是否遵守本公约的海事劳工证书（有效期5年）船舶备用事项等。《关于船员培训、资格证明及值班标准的国际公约》（STCW）明示了船员航海技师执照、培训证明书的有效期。

② 海洋水产部为了保障自由进港许可，防止船舶在国际贸易方面的不必要的延误，需要国际社会密切合作。

③ 亚洲、太平洋地区内国际公约监控机构（韩、中、日、澳洲、加拿大等），http://www.tokyo-mou.org/organization/organizational_ structure.php。

④ 如果向停靠港口当局提交相关船舶登记国家签发的协助文件，除非船员主动延长合同等，港湾当局可以接受。

⑤ 海洋水产部指出，为了沿岸游船的安全管理，韩国海洋交通安全公团设立运航管理者，以构建共同航运管理体制，并由沿岸游船事业者共同承担其所需费用的一部分（旅客运费的2.9%）。

⑥ 海洋水产部法令号第2020-35，무역항 등의 항만시설 사용 및 사용료에 관한 규정，2019-225号修改版船舶入港费（135韩元/吨）、接泊费（每10吨358韩元）、客运中心使用费（3300韩元/名）等港口设施使用费减免30%（2020.05.14）。

⑦ 海洋水产部指出，确保船舶船体、设备等符合相关国际公约和《船舶安全法》《渔船法》《海洋环境管理法》《船舶平衡水管理法》《海事安全法》中规定的标准。

三 结论

韩国邮轮产业因政治、疾病等外因变量而面临困难。这是因韩国邮轮市场发展以停靠港为主的特点而引发的问题，但这些问题不只是韩国所面临的。应该认识到，因多种外因变量所产生的风险，至少在东北亚邮轮市场上中国、日本等也有可能会面临。

与西方邮轮市场相比晚发展 50～60 年的亚洲邮轮市场，虽然因外因变量不断经受磨难，产业发展受阻，但是其为何在这种情况下依然能快速发展，原因何在？这是因为在地理特性和经济学上与城市再生产业的连接、作为新生产业得到国家的集中投资、具有消费市场的密集性等最佳条件。①

自称为“亚洲沿岸邮轮发源地”的日本、作为亚洲主要邮轮消费国同时也是发展可能性最大的中国、位于邮轮航线中间的韩国在对外环境下形成了新的邮轮市场。韩国在中国邮轮产业发展方面具有地理优势，从作为大韩民国停靠港的国家形象竞争力（安全性、舒适性、便利性以及文化差别等）、目前尚未活跃的韩国邮轮消费市场、母港消费市场的潜在价值等多方面来看，两者是很好的合作伙伴。我们在这个时期要更加冷静地观察韩国邮轮产业该从哪里寻找可持续发展的动力，发生危机时该用什么办法将风险最小化等。快速变化的时代环境、东北亚地区的地理位置特点以及外因变量为该产业带来了困境，但它仍在持续发展，这是因为确信了该产业的持续发展，将带来丰硕的成果。

疫情影响了邮轮领域。在存在产业生态系统将会崩溃的危险性以及社会

① 以韩国为主要航线出发的上海（邮轮游客占 63.1%）、天津（占 12.9%）、青岛邮轮市场占中国市场的 80% 左右，以其为母港出发的邮轮中有 85% 的将访问韩国，因此，通过预测该地区邮轮市场的增长，将有可能预测今后韩国邮轮市场规模。据 2017 年 11 月韩国海洋水产研究院发布的《中国邮轮产业动向研究》，2020 年预测 1428 航次增长（即便考虑重复访问，济州岛可预测规模为 1000 航次以上，釜山可预测规模为 500 航次以上）。

稳定性缺弱的情况下，期望产业快速恢复是不可理喻的。在目前的情况下，力所能及才是更明智的选择。疫情结束后，应指定邮轮港间安全邮轮旅游区域并共同运营，并为了尽快恢复产业，比任何时候都需要政府和民间的相助以及地区与地区之间、国家与国家之间的沟通。

虽然东北亚地区的邮轮产业起步比西方晚，但是通过快速的学习和果断的投资使其不断发展。我相信有市场的地方必定有机会和发展。疫情后的现象非接触（Untact）时代将进一步加速到来，这是谁都没有经历过的新时代。其中唯一人类不能放弃的欲望也许就是旅行。安全感成为最主要竞争力的时代也许会到来，是比起自由旅行，更追求控制中的安全感的时代。笔者认为，为保障稳定起见，最好是船运公司和招客国家和访问国家之间通过沟通和努力而制定旅游安全线制度，直到全世界跟疫情发生之前一样处于自由和安全为止。这样，能够给游客带来安全感和旅行的自由，而相关公司和相关市场也可以促进消费，因此，也许在疫情结束后，邮轮产品会较其他旅游产品更能提供安全性和稳定性。

给消费者带来安全感和踏实感的旅行，在疫情后的一段时间将成为考虑旅游产品的优先条件。可调节所有日程的邮轮旅游特性以及母港和停靠港之间的地区联合，可以为旅行提供安全。船运公司的运营意志将成为推动市场快速复苏的催化剂，因此，在邮轮航线形成的地区间快速恢复经济的必要性会为紧密沟通和行动奠定基础，随着邮轮产业的快速恢复，邮轮游客将能够舒适地享受旅游带来的乐趣。

从后疫情时代给予安全感和踏实感的旅游的角度来看，韩国作为停靠港和母港的价值会逐渐提高。因此韩国的邮轮产业不会停滞不前，而是会不断发展。周边国家应超越邮轮旅游的界限，从国际旅游市场的整体性出发，实现市场多元化，共同追求持续发展。当然，我们必须意识到这是一个有很多对外变量的领域，像现在这样，在诸多不确定因素存在的情况下，最重要的是安全、踏实、可持续性等，这应该是需优先解决的核心问题。

参考文献

임복순,한국국제크루즈연구소『 부산항 해양관광레저 발전 전략 연구 –크루즈산업과 항만 지역 발전』, 2018.

Bok Soon Leem, "Cruise Industry and Urban Regeneration: Pusan North Port Project and Beyond", *Cruise Industry Review*, Vol, 02. No. 01, KICI.

Cruise Industry News, 2020 China Market Report, Sep. 2019.

韩国海洋水产研究院:《中国邮轮产业动向研究》, 2017 年 11 月。

釜山港口公社:《2019 年上半年釜山邮轮行政统计结果》, 2019 年 9 月。

釜山广域市:《2020 年釜山邮轮产业活性化实施计划》, 2020 年 1 月。

海洋水产部, 코로나 19 피해 어업인에 300 억 원 규모 자금 지원 - 긴급경영안정자금 억 원 200 억 원 , 경영회생자금 100 억 원 규모 지원, 2020. 03. 17。

海洋水产部, 코로나 19 로 인한 선박 운항 차질 방지에 적극적으로 나서 – 국적 선박의 국제협약 위반 예외 적용 요청 서한 발급 추진, 2020. 03. 20。

海洋水产部,「무역항 등의 항만시설 사용 및 사용료에 관한 규정」〔해양수산부고시 제〔2019 –225 호 (2019. 12. 31.)〕修改版, 2020. 04. 29。

海洋水产部, 적극행정으로 코로나 19 이렇게 대응했다 - 코로나위기 극복을 위한 해양수산 분, 2020. 05. 14。

G.12

不确定事件对美国邮轮经济发展影响及趋势研究

谢祥项*

摘　要： 作为全球邮轮产业发展最早、邮轮旅游市场规模最大、邮轮公司总部最为集聚的国家，美国是全球最为成熟的邮轮市场，邮轮产业的发展对美国经济作出重要的贡献。美国通过邮轮产业发展带动邮轮港口、邮轮企业总部经济、交通运输、船舶维修保养、金融保险、农业产品等发展，为整体产业规模扩大与产业协作作出了较大的贡献。新冠肺炎疫情的暴发导致全球邮轮市场停摆，尤其是美国确诊病例急剧上升，给邮轮产业发展造成严重的不良影响，使得美国邮轮公司复航存在更大的不确定性，给以美国为主要核心市场的嘉年华集团、皇家加勒比游轮集团、诺唯真游轮集团等邮轮公司造成巨大损失。这次新冠肺炎疫情将推动美国邮轮市场建立更加严格的卫生防疫体系，同时导致邮轮公司的格局发生改变，加速新旧邮轮的更迭，并且进一步促进美国各大邮轮公司协同发展，以减小各类突发事件带来的影响。

关键词： 美国　邮轮经济　邮轮公司

* 谢祥项，博士，海南大学旅游学院副教授，民宿客栈研究中心主任，主要从事旅游目的地品牌管理、旅游城市发展、主题酒店与服务创新、旅游 NGO 管理研究。

美国拥有全球著名的邮轮公司总部和邮轮母港业务，布局全球最大邮轮市场区域——北美地区的邮轮公司主要有嘉年华集团、皇家加勒比游轮集团、诺唯真游轮集团以及云顶香港水晶邮轮等。在北美地区，每年有 1100 万人次以上的游客来自美国，占北美邮轮市场份额的 90% 以上，加拿大游客量占 5% 以上的份额，其余来自北美其他地区，包括墨西哥、巴巴多斯、多米尼加共和国、博内尔岛、巴哈马群岛等。美国的五大邮轮港口主要是迈阿密、埃弗格雷斯港、卡纳维拉尔、加尔维斯顿、长滩，占美国总额近 70% 的游客从这五大港口登船。邮轮属于大型聚集型旅游产品和人群聚集的海上载体，具有人员集中度高、数量大、来源广泛、流动性强、封闭性强等显著特点。新冠肺炎疫情暴发后，美国的众多邮轮出现感染病例，造成严重的不良后果。美国邮轮市场的复航不仅与邮轮自身防疫体系的构建有关，更是与美国本土新冠肺炎疫情感染病例的持续上升有重要的关系，这使得美国本土邮轮产业发展面临较大的不确定性。

一　美国邮轮经济发展情况

（一）美国邮轮市场规模状况

北美是全球最大的邮轮旅游市场，主要包含美国、加拿大、墨西哥、百慕大地区。美国拥有众多的国际邮轮母港和来源广阔的邮轮客源市场，加勒比海地区是全球邮轮旅游最为发达的地区之一，也是著名的邮轮旅游目的地，虽然近年来加勒比海地区邮轮游客市场占比从 2014 年的 42.2% 下降到 2019 年的 38.7%，但依然占据全球邮轮游客市场的半壁江山。全球前三大邮轮母港迈阿密、劳德代尔堡、卡纳维拉尔均位于美国，其中作为美国佛罗里达州东南部滨海著名旅游城市的迈阿密一直享有“世界邮轮之都”的美誉，嘉年华集团、皇家加勒比游轮集团、诺唯真游轮集团等多家著名邮轮公司总部集聚于此。得益于邮轮产业的发展，美国成为世界最为重要的邮轮母港基地和运营中心。邮轮产业成为美国经济发展的新增长极，有效带动了美国经济的发展，为美国作出了巨大的直接、间接和衍生经济贡献。

表 1　全球主要邮轮游客市场占比情况

单位：%

年份	2014	2015	2016	2017	2018	2019
加勒比海地区	42.2	39.9	38.4	38.9	38.4	38.7
地中海地区	17.7	17.9	16.1	13.6	14.2	14.8
亚太地区	9.1	10.4	13.5	15.7	15.1	12.3
北欧/西欧	9.0	8.5	9.2	9.0	9.4	9.4
阿拉斯加	4.2	4.1	4.0	3.9	4.0	4.4
澳大利亚	2.3	3.0	4.3	4.3	4.0	3.9
西海岸地区	3.5	4.2	3.7	3.3	3.3	3.5
南美地区	2.6	2.6	1.5	2.0	2.1	2.2
金丝雀岛	2.1	2.3	1.9	2.0	2.1	2.0
印度洋/红海	1.0	1.0	1.2	1.2	1.2	1.9
百慕大地区	1.2	1.2	1.5	1.2	1.3	1.6
跨大西洋	1.4	1.4	1.4	1.3	1.4	1.3
加拿大/新西兰	1.1	1.1	1.0	1.2	1.2	1.2
夏威夷	1.0	1.0	0.9	0.9	0.9	1.0
非洲	0.6	0.5	0.5	0.5	0.4	0.6
巴拿马运河	0.5	0.5	0.4	0.5	0.4	0.5
国内水道(美国)	0.3	0.3	0.2	0.3	0.3	0.3
南极洲	0.1	0.1	0.1	0.1	0.2	0.2
环球	0.1	0.1	0.1	0.1	0.1	0.2

资料来源：国际邮轮协会（CLIA）。

北美邮轮市场一直保持较高的增长速度，美国邮轮市场客源量从2016年的1139.2万人次增长到2018年的1309.1万人次，加拿大邮轮市场客源从2016年的86.5万人次增长到2018年的97.1万人次，墨西哥邮轮市场客源从2016年的14.2万人次增长到2018年的17.4万人次，百慕大地区邮轮市场客源数量较少，2016年仅为0.4万人次，到2018年也仅0.47万人次。

表 2　北美地区各国家和地区邮轮客源量

单位：万人次，%

国家和地区	2016 年	2017 年		2018 年	
	客源量	客源量	增长率	客源量	增长率
美国	1139.2	1194.40	5	1309.10	10
加拿大	86.5	92.10	6	97.10	5
墨西哥	14.2	14.90	5	17.40	17
百慕大地区	0.4	0.42	5	0.47	11

资料来源：国际邮轮协会（CLIA）。

（二）北美邮轮市场供给情况

北美地区是国际邮轮公司最为重要的运营市场，是嘉年华集团、皇家加勒比游轮集团、诺唯真游轮集团运力投放最大的市场。2019 年，全球第一大邮轮运营商嘉年华集团在北美市场投放嘉年华邮轮、公主邮轮、荷美邮轮、世邦邮轮等品牌，共计 58 艘邮轮，年运力达到 661.54 万人次。其中嘉年华邮轮品牌是以美国为主要运营市场的邮轮品牌，投放市场最大，邮轮数量达到 26 艘，床位数为 72174 个，年运力达到 433.56 万人次，市场份额为 27.8%。荷美邮轮投放邮轮 14 艘，床位总数达到 25232 个，年运力达到 89.72 万人次，市场份额为 5.8%。全球第二大邮轮运营商皇家加勒比游轮集团在北美市场投放皇家加勒比国际、精致邮轮、银海邮轮、精钻邮轮等品牌，共计 49 艘邮轮，年运力达到 480.77 万人次，市场份额达到 30.9%。其中投放皇家加勒比国际游轮 23 艘，床位数达到 7.35 万个，年运力数达到 367.91 万人次，市场份额为 23.6%。全球第三大邮轮运营商诺唯真游轮集团在北美市场投放诺唯真游轮、大洋邮轮、丽晶七海邮轮等三大品牌，供给 27 艘邮轮，床位数达到 5.9 万个，年运力达到 245.35 万人次，市场份额 15.8%。其中诺唯真游轮品牌投放运力为 17 艘，床位数为 5.11 万个，年运力总数为 222.8 万人次，市场份额为 14.3%。三大邮轮运营商在北美市场共计投放邮轮 134 艘，床位总数为 29.86 万人次，年运力数为 1387.66 万人次，市场份额为 89.1%。

表3　三大邮轮公司在北美市场的运力投放情况

邮轮公司	邮轮数量(艘)	床位数(个)	年运力(人次)	市场份额(%)
嘉年华集团				
嘉年华邮轮	26	72174	4335626	27.8
公主邮轮	13	35640	1312640	8.4
荷美邮轮	14	25232	897152	5.8
世邦邮轮	5	2558	69978	0.4
小计	58	135604	6615396	42.4
皇家加勒比游轮集团				
皇家加勒比国际	23	73490	3679140	23.6
精致邮轮	14	25430	961944	6.2
银海邮轮	9	2916	93972	0.6
精钻邮轮	3	2138	72684	0.5
小计	49	103974	4807740	30.9
诺唯真游轮集团				
诺唯真游轮	17	51130	2228460	14.3
大洋邮轮	6	5256	148572	1.0
丽晶七海邮轮	4	2660	76460	0.5
小计	27	59046	2453492	15.8

资料来源：国际邮轮协会（CLIA）。

（三）北美市场邮轮品牌层次情况

在北美邮轮市场，根据各大邮轮公司品牌层次，可以分为现代邮轮市场、中高端邮轮市场、奢华邮轮市场。在现代邮轮市场，主要包含嘉年华邮轮、皇家加勒比国际、诺唯真游轮、迪士尼邮轮等，共计70艘邮轮，运力达到1084.10万人次。在中高端邮轮市场，主要包含公主邮轮、精致邮轮、荷美邮轮、大洋邮轮、精钻邮轮等品牌，年运力达到339.30万人次。在奢华邮轮市场，主要包含维京海洋邮轮、银海邮轮、丽晶邮轮、世邦邮轮、水晶邮轮、风星邮轮、保罗高更邮轮、海梦邮轮等邮轮品牌，年运力数达到52.87万人次。

表 4　北美市场部分邮轮品牌

	邮轮品牌	邮轮数量(艘)	床位数(个)	年运力(人次)	市场份额(%)
现代邮轮市场	嘉年华邮轮	26	72174	4335626	40
	皇家加勒比国际	23	73490	3679140	33.9
	诺唯真游轮	17	51130	2228460	20.6
	迪士尼邮轮	4	8500	597750	5.5
	小计	70	205294	10840976	100
中高端邮轮市场	公主邮轮	13	35640	1312640	38.7
	精致邮轮	14	25430	961944	28.4
	荷美邮轮	14	25232	897152	26.4
	大洋邮轮	6	5256	148572	4.4
	精钻邮轮	3	2138	72684	2.1
	小计	50	93696	3392992	100
奢华邮轮市场	维京海洋邮轮	6	5580	159030	30.1
	银海邮轮	9	2916	93972	17.8
	丽晶邮轮	4	2660	76460	14.5
	世邦邮轮	5	2558	69978	13.2
	水晶邮轮	3	1892	59224	11.2
	风星邮轮	6	1220	49088	9.3
	保罗高更邮轮	1	320	12480	2.4
	海梦邮轮	2	220	8470	1.5
	小计	36	17366	528702	100

资料来源：国际邮轮协会（CLIA）。

二　新冠肺炎疫情对美国邮轮经济发展的影响

（一）美国市场邮轮出现疫情情况

世卫组织总干事 Robert Redfield 博士指出，科学证据显示，与其他环境相比，邮轮面临更大的 COVID－19 传播风险。3 月 12 日，国际邮轮协会

（CLIA）向美国政府提交建议书，要求禁止70岁以上老人乘坐邮轮旅行，除非他们有医生提供的健康证明，因为老年人感染新冠病毒的风险更高。国际邮轮协会发布的邮轮数据报告显示，乘坐邮轮的旅客平均年龄为47岁。14%的乘客年龄在70岁以上，约有400万人。美国疾病控制与预防中心（CDC）提出从3月1日到7月10日数据显示，邮轮上共有2973例新冠病毒感染病例或类似病例，34例病亡病例，美国水域共99艘邮轮出现疫情，占该水域全部邮轮的80%。

表5　美国出现新冠肺炎疫情的邮轮

序号	邮轮	发生国家和地区	所属区域	感染人数	所属公司
1	海洋绿洲号	美国	北美洲	157	皇家加勒比国际游轮
2	至尊公主号	美国	北美洲	78	公主邮轮
3	Gate 1 Travel	美国	北美洲	45	阿萨拉邮轮
4	迪士尼奇迹号	美国	北美洲	38	迪士尼邮轮
5	海洋交响号	美国	北美洲	31	皇家加勒比国际游轮
6	嘉年华自由号	美国	北美洲	14	嘉年华邮轮
7	珊瑚公主号	美国	北美洲	12	公主邮轮
8	布雷默号	美国	北美洲	5	诺唯真游轮
9	海洋帝王号	美国	北美洲	2	皇家加勒比国际游轮
10	尖峰号	美国	北美洲	217	精致邮轮
11	海洋珠宝号	美国	北美洲	2	皇家加勒比国际游轮
12	太阳公主号	美国	北美洲	1	公主邮轮
13	勇气号	美国	北美洲	1	嘉年华邮轮
14	无极号	美国	北美洲	1	精致邮轮
15	海洋探险者号	美国	北美洲	1	皇家加勒比国际游轮
16	极乐号	美国	北美洲	1	诺唯真游轮
17	逍遥号	美国	北美洲	1	诺唯真游轮
18	至臻号	美国	北美洲	1	歌诗达邮轮
19	安可号	美国	北美洲	1	诺唯真游轮

资料来源：美国疾病控制与预防中心（CDC）、美国国家广播公司（NBC News）、美国有线电视新闻网（CNN）、纽约时报中文网（NY Times）、Seatrade Cruise News、澳洲网等。

（二）暂停美国邮轮港口邮轮运营

2020年3月13日，国际邮轮协会发布公告称，随着公共卫生官员和美国政府继续应对COVID－19疫情，在未来30天自愿暂停运营以美国为停靠港的邮轮。4月14日，美国疾病控制与预防中心对在美国进出港的邮轮发出了一份延长的“禁止航行”命令，涉及载客250人及以上船只，提出该命令将至少保留100天，除非美国政府确定新型冠状病毒传染不再是公共卫生紧急情况，并要求邮轮公司在未来7天内制定计划，以“预防、减轻和应对”新型冠状病毒在邮轮上的传播。美国疾病控制与预防中心总监可在100天之前撤销或修改该命令。6月19日，国际邮轮协会表示，随着新型冠状病毒大流行继续蔓延，其成员邮轮公司自愿将美国邮轮业务的暂停时间延长至9月15日。2020年7月，美国疾病控制与预防中心宣布对禁止邮轮巡航的命令延期到9月30日，除该中心总监撤销或修改该命令，或者卫生和公共服务部长宣布COVID－19传染不再是公共卫生紧急情况。

（三）邮轮公司无法获得美国政府援助

美国政府于3月6日、18日、27日分别出台83亿美元、1000亿美元、2.2万亿美元经济刺激法案，包括向受疫情冲击的企业提供5000亿美元贷款，但要求企业必须在美国或根据美国法律成立或组建，并且在美国境内有重要业务并拥有大部分员工。受疫情冲击最大的大型邮轮公司可能无法获得美国政府的巨额救助。虽然嘉年华集团、皇家加勒比游轮集团和诺唯真游轮集团总部设在美国，但均注册在税收、劳动及安全法规较宽松的国家和地区，嘉年华集团注册在巴拿马，皇家加勒比游轮集团注册在利比里亚，诺唯真游轮集团注册在百慕大。另外，邮轮公司通常还会在船上雇佣许多外籍船员，这些外籍船员可以免于美国最低工资要求。皇家加勒比游轮集团和嘉年华游轮集团分别从英国中央银行获得3亿英镑和2500万英镑的融资。

（四）疫情造成邮轮公司损失巨大

嘉年华集团每月将消耗资金达6.5亿美元，包括约2.5亿美元的船舶经营和管理费用、运营资本变动、已承诺的资本支出、已承诺的出口信贷安排和利息支出。嘉年华集团全球拥有28000名船员和5000名员工，100多艘船基本上处于闲置状态，2020年二季度营业收入为7.4亿美元，同比下降84.7%，环比下降84.55%；营业亏损28.13亿美元，同比下降646.21%，环比下降15727.78%；净亏损43.74亿美元，同比下降1069.84%，环比下降460.05%。皇家加勒比游轮集团预估停业期间，平均每个月资金消耗量为2.5亿~2.75亿美元，包含船舶运营费用、管理费用和偿还费用、对冲费用、必要的资本支出。诺唯真游轮集团停航期间每月运营费用为1.1亿~1.5亿美元。

（五）疫情对美国邮轮经济贡献的影响

邮轮产业是美国经济的重要支撑，提供42.1万个就业岗位，每年为经济贡献近530亿美元，邮轮产业为旅行社行业、航空业、酒店业和其他相关行业供应链提供重要的支持。国际邮轮协会报告数据显示，2018年美国邮轮市场规模达到1300万人次，邮轮产业对美国经济贡献超过527亿美元，邮轮乘客和邮轮公司船员在美国的岸上消费达到创纪录的239.6亿美元，邮轮产业为美国经济创造了42.17万个工作岗位，支付超过231.5亿美元的薪金。国际邮轮协会提出邮轮停航一年可能会给美国经济造成510亿美元和34.3万个就业机会的损失。

三　美国邮轮经济未来发展趋势

（一）推动美国邮轮建立更加严格的卫生防疫体系

邮轮产业在两百年的发展历史中，一直十分关注卫生和航行安全，并且随着更多新型技术在新建邮轮上的应用，邮轮自身的卫生防疫体系已经较为完善，配有完善的应急响应标准体系。但新冠肺炎疫情暴发以来，美国众多邮轮出现传染事件，不仅游客而且较多的船员被传染，这使得人们对邮轮的卫生防疫体系和应急能力产生一定的怀疑，也暴露出其在应对传染性较高的呼吸道传染疾病过程中的不足与缺陷。在船上出现疫情后，美国邮轮公司应该及时与港口及岸上管理部门取得联系并予以处理，而不是自我封闭处理，不能过于相信自身的卫生防疫应急体系。为应对疫情，美国嘉年华集团、皇家加勒比游轮集团、云顶集团等纷纷制定相应的卫生防疫标准指南，但这些指南需要根据疫情的变化持续予以更新，不断提升卫生防疫能力，为游客提供更加安全的邮轮旅游体验。

（二）疫情将导致美国市场邮轮公司格局发生改变

新冠肺炎疫情使得邮轮公司运营背负巨大的财务压力，各大邮轮公司不得不采取多种方式削减开支，甚至通过出售邮轮船只的方式减少开支，这也将加速世界邮轮市场格局的调整。美国嘉年华集团加快邮轮船只出售步伐，出售旗下 13 艘邮轮，同时宣布出售另外 2 艘邮轮。通过出售及拆解旧船，嘉年华集团运力将削减 9%，同时也为集团每年削减 70 亿美元的运营费用。新冠肺炎疫情使得邮轮公司不仅在邮轮全面停航的情况下背负高昂的船只运营成本，而且需要面临未来众多的不确定性，面临巨大的财务压力。在过去邮轮市场高速增长的情况下，邮轮公司更多关注的是船队规模扩大，但这次疫情使邮轮公司加速船只的新旧交替，更多老旧邮轮退出市场，而保留更多高品质的新型邮轮，这将更好地推动邮轮公司提升生存能力和完善产品体系。

（三）进一步促进美国各大邮轮公司协同发展

在邮轮产业发展过程中，各大邮轮公司主要是采取竞争策略，不断增强自身的竞争力，扩大市场份额。这次疫情暴露出美国邮轮产业所有的利益相关方之间的协同合作有待加强。无论是在邮轮疫情防控，还是在与政府的谈判过程中，协同合作的重要性都更加凸显，需要建立各大邮轮公司共同参与的行业和社会平台。应对新冠肺炎疫情带来的影响不是一家公司的事，而是整个美国邮轮产业相关方需要予以重视的，需要邮轮行业协会、邮轮公司、邮轮港口、旅行社及政府等多方的共同努力，推动美国邮轮产业复苏，以更好地带动全球市场发展。

参考文献

汪泓主编《邮轮绿皮书：中国邮轮产业发展报告（2019）》，社会科学文献出版社，2019。

汪泓主编《邮轮绿皮书：中国邮轮产业发展报告（2018）》，社会科学文献出版社，2018。

汪泓主编《邮轮绿皮书：中国邮轮产业发展报告（2017）》，社会科学文献出版社，2017。

汪泓主编《邮轮绿皮书：中国邮轮产业发展报告（2016）》，社会科学文献出版社，2016。

汪泓主编《邮轮绿皮书：中国邮轮产业发展报告（2015）》，社会科学文献出版社，2015。

G.13
重大公共卫生事件对澳大利亚邮轮经济影响及趋势研究

丁培毅*

摘　要： 近年来，随着全球邮轮旅游市场重心东移，亚洲作为重要的新兴市场迅速发展，并且带动澳大利亚邮轮市场的快速增长，市场渗透率不断提升。其中面积最大、人口最多的悉尼是澳大利亚邮轮旅游发展的中心，每年吸引来自世界各地的游客到此乘坐邮轮。随着新冠肺炎疫情的蔓延，澳大利亚确诊病例数量不断增长，公主邮轮“红宝石公主号”等多艘邮轮出现传染事件，引起全球的广泛关注。本文分析了新冠肺炎疫情对澳大利亚邮轮旅游市场的影响，包括影响邮轮公司战略布局、出台邮轮限制停靠禁令等，并剖析了澳大利亚邮轮出现大规模传染事件的原因。为减小新冠肺炎疫情对邮轮旅游市场造成的影响，澳大利亚应进一步提升突发公共卫生事件应急响应能力，加快推动邮轮旅游市场复苏，分阶段、分地区逐步恢复邮轮旅游运营等。

关键词： 澳大利亚　邮轮旅游　邮轮市场

近年来，澳大利亚邮轮旅游市场快速发展，有大量来自世界各地的游客

* 丁培毅，澳大利亚格里菲斯大学旅游孔子学院副院长，高级研究员，博士生导师，研究领域主要包括旅游业可持续发展与环境管理、旅游教育及旅游影响、葡萄酒旅游业发展研究等。

到此乘坐邮轮，澳大利亚邮轮旅游市场规模年均增速超过20%，是全球平均增速的5倍，澳大利亚邮轮市场渗透率在全球范围内处于较高水平，达到5.8%。澳大利亚邮轮旅游市场的快速增长，主要得益于澳大利亚居民较长的休假时间及其对旅游的热爱。在澳大利亚邮轮游客中，中国游客占有较大的比例，越来越多的来自中国的游客来到澳大利亚探亲，推动由众多的来自中国的旅行社为邮轮游客提供服务。澳大利亚悉尼港是著名的邮轮旅游目的地，是澳大利亚唯一拥有两个大型邮轮码头的港口，并且均位于悉尼市中心，每年的4月和11月是邮轮旅游旺季，来自世界各地的游客到此乘坐邮

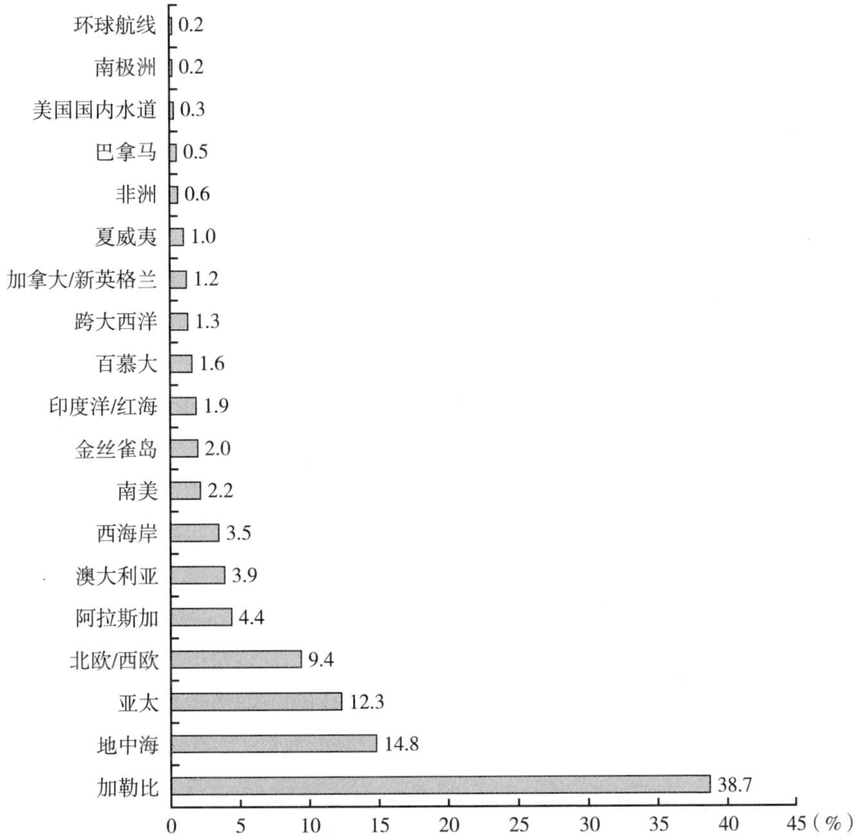

图1　2019年全球邮轮游客市场分布情况

资料来源：国际邮轮协会（CLIA）。

轮。在澳大利亚邮轮旅游产业发展史上，曾经出现 P&O 邮轮“太平洋黎明号”出现甲型 H1N1 流感疫情，致使 2000 名游客被隔离。新冠肺炎疫情暴发后，澳大利亚多艘邮轮出现确诊病例，主要包括公主邮轮“红宝石公主号”、德国邮轮“阿塔尼亚号”、澳大利亚奥罗拉探险邮轮“格雷格·莫蒂默号”等。其中“红宝石公主号”因在初期未予以足够的重视而造成较多感染病例出现，对澳大利亚邮轮市场发展造成不良影响。

一　新冠肺炎疫情对澳大利亚邮轮经济影响

（一）疫情影响邮轮公司在澳大利亚的战略布局

澳大利亚是全球重要的邮轮旅游新兴市场，在疫情暴发初期，国际邮轮公司纷纷做出战略布局调整，将更多邮轮布局澳大利亚，短期内提升了澳大利亚邮轮市场的供给能力。冠达邮轮调整船队布局，将“玛丽王后 2 号”和“伊丽莎白女王号”布局澳大利亚，并延长“伊丽莎白女王号”在澳大利亚的布局时间。其中 2 月 29 日从澳大利亚西澳大利亚州首府珀斯到澳大利亚新南威尔士州首府悉尼，航期行程为 17 晚，但价格仅 950 澳元（约 4600 元人民币），“伊丽莎白女王号”4 月 12 日和 5 月 9 日始发挂靠新喀里多尼亚岛以及美国檀香山、洛杉矶和旧金山等邮轮港口城市的环太平邮轮航线最低价仅为 1799 澳元（合计 8800 元人民币）。原计划在 6 月布局中国市场的公主邮轮“蓝宝石公主号”调整为布局澳大利亚市场，安排了澳大利亚悉尼、布里斯班、阿德莱德、墨尔本以及珀斯等 5 个大城市的 44 条邮轮路线，进一步扩大了公主邮轮在澳大利亚邮轮市场的布局范围。另外，亚洲本土邮轮豪华品牌星梦邮轮“探索梦号”也计划延长在澳大利亚市场的布局时间。随着新冠肺炎疫情的蔓延，取消亚洲航线的皇家加勒比游轮原计划安排“海洋光谱号”在澳大利亚为救火英雄提供免费邮轮服务，但因澳大利亚疫情防控原因而未能成行。总体而言，澳大利亚是距离亚洲邮轮市场较近的新兴邮轮市场，受到新冠肺炎疫情的影响，部分邮轮公司纷纷在澳大利亚市场布局，但后续也因受疫情影响而取消航线。

（二）澳大利亚邮轮暴发新冠肺炎疫情

新冠肺炎疫情全球蔓延，澳大利亚邮轮市场受到严重的影响，部分邮轮出现较多的确诊病例，造成不良的舆论影响。继公主邮轮“钻石公主号”在日本暴发大规模传染事件后，在澳大利亚运营的“红宝石公主号”邮轮搭载2647名游客和1148名船员停靠澳大利亚悉尼邮轮港，邮轮靠港当天并未予以足够的重视，在未经全面防疫检测的情况下允许游客下船，直到部分游客被卫生检疫部门检测到新冠肺炎病毒感染，才引起澳大利亚政府足够的重视。由于前期未对公主邮轮“红宝石公主号”疫情进行有效防控，有663人确诊感染新冠肺炎，并造成28人死亡，这在全球范围引起舆论关注，对公主邮轮发展造成严重的影响。在澳大利亚公主邮轮“红宝石公主号”暴发疫情后，1名游客下船后被确诊感染。为寻求医疗援助在澳大利亚西澳州海岸停靠的载有800名乘客和500名船员德国邮轮“阿塔尼亚号”（Artania）出现多例新冠肺炎感染病例，澳大利亚卫生防疫人员上船检测，检测出超过80人被感染新冠肺炎，其中3人死亡。澳大利亚奥罗拉探险公司（Aurora Expeditions）所属的“格雷格·莫蒂默号”在乌拉圭海岸被隔离期间，检测出众多的新冠肺炎确诊病例，船上的217名游客中，有128名游客经过病毒检测呈阳性，这些游客主要来自澳大利亚、美国和欧洲国家。

（三）澳大利亚出台邮轮限制停靠禁令

在日本停靠的公主邮轮“钻石公主号”上有220名澳大利亚游客，其中有36人被检测确诊新冠肺炎，随后约有170名澳大利亚游客乘坐澳航包机返回澳大利亚，在达尔文附近的霍华德斯普林斯（Howard Springs）接受隔离。为防控新冠肺炎疫情，对乘坐航班离开的澳大利亚游客进行了5次检查，首次检查是由澳大利亚医疗援助队和日本政府部门联合实施的在邮轮上对游客进行的检测，然后是在航班上对游客进行两次检测，接着是在澳大利亚皇家空军基地进行检测，最后是在澳大利亚霍华德斯普林斯进行检测。

随着新冠肺炎疫情的全球蔓延，澳大利亚、马达加斯加、印度、意大利、新加坡、柬埔寨、摩纳哥、马来西亚等国家禁止其他国家邮轮停靠本国港口。为防控新冠肺炎疫情，3 月 15 日，澳大利亚宣布对所有入境的国际旅客采取为期 14 天的自我隔离措施，并禁止从外国港口始发的邮轮靠泊澳大利亚邮轮港口城市，限制期限为 30 天。随着新冠肺炎疫情的蔓延，澳大利亚于 5 月 22 日提出对任何能够搭载 100 名以上乘客的邮轮停靠的禁令再延长 3 个月，禁止邮轮停靠的禁令延至 9 月中旬。澳大利亚新南威尔士州政府禁止所有邮轮游客下船，并要求游客和邮轮工作人员不能在街上闲逛。

二　疫情后澳大利亚邮轮经济发展建议

（一）进一步提升突发公共卫生事件应急响应能力

澳大利亚需要基于全球各地邮轮城市应对疫情的成功经验和做法，制定完善的邮轮疫情防控体系。首先，增强邮轮港疫情应急处置能力，邮轮港是接靠邮轮的重要基础设施，应完善应急设施设备，在邮轮港设置应急处置功能区和隔离场所，开辟专门的突发公共卫生事件应急通道。同时邮轮港应加强港口公用设施和公共区域日常消毒，加强废弃物的分类管理，组织员工进行防护设备、消毒用品使用、应急情况处置等防疫知识技能等方面的培训，建立身体健康档案，加强港区工作人员健康监测。在邮轮恢复运营后，要对进出港区的游客进行体温检测及医学巡查。

其次，完善邮轮的防疫机制，在疫情防控期间，在澳大利亚邮轮市场运营的邮轮，应要求船上配备必要的医用防疫物资，主要包括医用口罩、手套、防护服、护目镜、无接触式测温仪及消毒用品等，并在船上公共区域配备无接触测温设备。同时要求空调通风系统为全空气系统时应采用全新风方式运行。船上医护人员是保障船上游客及船员健康的重要基础，邮轮需配置独立的专业诊疗室和配套设施设备，应要求船上医护人员接受突发公共卫生事件防控的专门培训，对病人进行真实完整的医疗记录。在邮轮运营过程中，邮轮公司应对邮轮旅客、船员活动进行有效管控，准确记录旅客和船员的登陆活动情况、轨迹等，应密切关注港口所在地疫情，及时调整观光路线。在邮轮餐厅等公共区域应配备引导人员，要求游客勤洗手或使用免洗消毒液。

最后，为更好应对突发公共卫生事件，澳大利亚应要求邮轮港口城市建设国际邮轮公共卫生应急储备中心，建立全球采购机制、应急物流服务平台和紧缺物资运输快速通道，加强区域应急物资互济互助和协同联动。邮轮口岸现场配备应对突发公共卫生事件处置的相关检测设备、应急物资储备，提高口岸应对能力。

（二）加快推动邮轮旅游市场复苏

旅游业对澳大利亚的经济贡献比例超过 10%，推动澳大利亚成为亚太地区排名第四的旅游业发展国，其中中国是澳大利亚的主要客源国，产生的经济贡献约为 123 亿澳元，占到澳大利亚入境游客消费的 30% 以上。但受到新冠肺炎疫情的影响，2019 年 7 月 1 日至 2020 年 6 月 30 日，澳大利亚入境海外游客为 670 万人次，同比下降 27.9%，创历史最低水平。受疫情管制影响，自 3 月 20 日起澳大利亚入境游客数量下降幅度接近 100%，2020 年 4 月和 5 月，澳大利亚旅游业萎缩 87%。澳大利亚国内旅游支出从 2019 年的 135 亿元下降到 2020 年 17 亿元，旅游业在关闭国际边境后损失高达 118 亿澳元，若新冠肺炎疫情仍持续，2020 ~ 2021 年澳大利亚旅游业的收入损失将高达 550 亿澳元。为减小新冠肺炎疫情对邮轮旅游的影响，澳大利亚首先应加大国内营销力度，鼓励国内旅游，加大邮轮旅游的宣传力度，推动邮轮旅游产品预售，增强游客对邮轮旅游的消费信心；其次应加强国际合作，在疫情得到有效防控后，加强与国际邮轮公司的合作，丰富邮轮旅游航线，提升邮轮旅游吸引力，推动邮轮旅游市场恢复。

（三）分阶段、分地区逐步恢复邮轮旅游运营

随着全球新冠肺炎疫情得到有效防控，欧洲、北美等部分区域和邮轮公司正逐步探索恢复运营，为邮轮复航奠定了良好的基础。为更好地推动澳大利亚邮轮市场的发展，鉴于部分地区的疫情防控取得显著性成效，结束疫情在先，而疫情较为严重的区域结束在后，可以分阶段、分地区逐步恢复邮轮旅游运营。在澳大利亚疫情较为稳定的情况下，为提振市场信心，率先启动国内部分邮轮航线，邮轮载客率控制在50%以内，用于隔离的房间数不少于在船人员总量的0.5%，随着疫情在全球范围内的结束，邮轮载客率逐步恢复正常。可以尝试提供公益游航次，邀请为抗击疫情做出巨大贡献的防疫工作人员免费体验邮轮旅游。在恢复运营阶段，减少游客及船员聚集性活动，在就餐等方面要采取分批、错峰、限流等必要措施，人员之间保持1米以上距离，避免发生疫情后病毒的传播，有效实现新冠肺炎疫情防控，为邮轮全面复航打下坚实的基础。

三　结论

邮轮属于人群高度密集封闭场所，此次疫情中邮轮成为各界讨论的热点话题。澳大利亚作为重要的新兴邮轮市场，在全球邮轮市场格局中占有重要的地位。在此次邮轮疫情防控中，暴露出澳大利亚在应对突发公共卫生事件方面的不足和缺陷。为进一步提升应急管理能力，在出现疫情前兆的情况下，应对传染病例和密切接触者作进一步医学排查、流行病学调查和隔离控制。政府部门要及时提供救援船和疫情救援物资，保障医疗设备、救治药品、医疗器械、专业防护用品等物资的供应及相关医疗人力资源的有效合理配置，做好临近港口医疗资源的就近应急统筹安排，统筹安排疫情处置所需的医疗物资的供应及人力资源，建立疫情邮轮信息共享机制，实时了解邮轮

船上疫情防控处置落实情况，为邮轮疫情防控提供强有力的支撑。为提升邮轮港口应对突发公共卫生能力，邮轮港口需配备先进的出入境测温设备，确保对每名出入境旅客进行快速准确测温，并且注意邮轮港口通风和公共场所消毒，筹集防控物资，严格落实一线工作人员的防护措施。开展港口硬件设施改造，优化旅客进出港流程，提升港口测温、隔离等防疫设施标准。要求在澳大利亚运营的邮轮公司对邮轮防疫设施进行全面提升，设置隔离房。全面完善疫情防控方案、标准体系、流程规范，为恢复运营作周密准备。

G.14

欧洲邮轮经济发展新形势及未来趋势研究

沈世伟*

摘　要： 欧洲是全球第二大邮轮旅游客源地和目的地，是世界最大的邮轮设计建造中心，聚集了歌诗达邮轮、铁行邮轮、爱达邮轮、地中海邮轮等众多邮轮公司总部，在世界邮轮产业发展和国际邮轮公司业务中扮演着重要的角色，2019 年欧洲邮轮市场规模达到 800 万人次。新冠肺炎疫情对欧洲邮轮市场发展造成巨大的影响，多艘邮轮出现新冠肺炎病毒感染病例，较早复航的邮轮公司也出现感染病例，欧洲各大邮轮建造厂受疫情影响纷纷停工并采取裁员等措施，邮轮公司推迟 2021 年的在建邮轮分期付款和交付时间，另外，欧洲本土邮轮品牌受到一定的影响，部分邮轮公司破产。随着欧洲新冠肺炎疫情防控取得良好成效，欧洲邮轮市场率先实现重新启航，邮轮公司调整运力布局并加大对卫生防疫的投入力度。新冠肺炎疫情有效提升邮轮公司应对突发公共卫生事件的能力，为其未来的发展奠定了良好的基础。

关键词： 欧洲　邮轮经济　邮轮公司

全球邮轮市场主要集聚在加勒比海、亚太、地中海、北欧和西欧、澳大利亚、阿拉斯加等区域，这六大区域占据 80% 以上的份额。欧洲市场主要

---

* 沈世伟，博士，副教授，宁波大学昂热大学联合学院/中欧旅游与文化学院常务副院长，研究方向：国际旅游、遗产旅游、海滨海岛旅游、乡村旅游等。

邮轮旅游客源地包括德国、英国、意大利、法国、西班牙等。欧洲十大邮轮港口主要是南安普顿、巴塞罗那、威尼斯、奇维塔韦基亚、萨沃纳、热那亚、帕尔马、汉堡、马赛、哥本哈根，这些邮轮港口占据欧洲 2/3 的市场份额。欧洲地中海地区是一个相当独立的市场，大部分邮轮出发和停靠在该区域内。地中海地区是欧洲邮轮港口最为密集的，主要的邮轮母港有巴塞罗那、威尼斯、奇维塔韦基亚、萨沃纳、热那亚、威尼斯等，主要目的地、中转港包括那不勒斯、马赛、特内里费、杜布罗夫尼克、比雷埃夫斯、拉斯维加斯帕尔马斯。地中海邮轮市场涵盖西地中海区域的西班牙东海岸和岛屿、葡萄牙和摩洛哥、法国海岸和岛屿、马耳他、利比亚、突尼斯、塞普路斯、科里特岛以及亚德里亚海沿海的海港等，以及东地中海的黑海、爱琴海沿岸等，西地中海的邮轮港口和游客量也最为集中。

一　欧洲邮轮经济发展情况

（一）欧洲邮轮市场规模稳健发展

欧洲是仅次于北美的世界第二大邮轮市场，欧洲游客主要乘坐本土邮轮品牌的船队，但近年来越来越多的游客乘坐在欧洲、加勒比海、阿拉斯加航行的来自北美的船队。2019 年，在欧洲市场运营的邮轮数量达到 145 艘，床位数达到 22.306 万个，年总运力数达到 897.42 万人次。根据历史发展数据进行预测，2020 年欧洲邮轮市场邮轮数量将达到 150 艘，床位数将达到 23.5 万个，邮轮运力总数将达到 976.6 万人次。并据此测算，到 2027 年，欧洲邮轮市场邮轮数量将达到 176 艘，床位数将达到 30.9 万个，邮轮运力总数将达到 1379 万人次，增速有所降低，同比增长 1.6%。欧洲最大的邮轮市场客源国是德国，2019 年德国游客乘坐邮轮旅行有 220 万人次，英国游客乘坐邮轮旅行有 200 万人次，其他还包括意大利、西班牙、法国以及斯堪的纳维亚半岛。虽然欧洲邮轮市场也受到经济、地缘政治事件等方面的影响，但欧洲邮轮客源市场一直在稳定增长，证明了欧洲市场的实力和产品吸引力。

表 1　疫情影响前欧洲邮轮市场发展趋势

年份	2019	2020	2021	2022	2023	2024	2025	2026	2027
邮轮数量(艘)	145	150	160	163	168	171	173	176	176
床位数(万个)	22.3	23.5	24.99	26.35	28.23	29.27	29.91	30.95	30.9
运力数(万人次)	897.4	976.6	1068.5	1139	1217.4	1279.6	1314.7	1357	1379
增长率(%)	—	8.8	9.4	6.6	6.9	5.1	2.7	3.2	1.6

资料来源：国际邮轮协会（CLIA）。

（二）欧洲邮轮市场运力持续增长

欧洲邮轮市场分为跨国品牌和欧洲区域品牌，同时，主要的北美邮轮品牌不仅在欧洲市场开展经营活动，也从欧洲地区招揽客人进行全球航行。在欧洲有大量的一船和两船服务于特定的细分市场，同时许多较小的公司也占有一席之地。嘉年华集团旗下的歌诗达邮轮主要服务于意大利市场，爱达邮轮主要服务于德国市场，P&O 邮轮、冠达邮轮主要服务于英国市场。地中海邮轮除了开发欧洲本土邮轮市场外，也逐步加快在全球最大的客源市场和最受欢迎的邮轮目的地北美和加勒比海地区的布局。途易集团在欧洲市场布局途易邮轮、马雷拉邮轮、赫伯罗特邮轮，2018 年德国邮轮市场规模达到约 220 万人次，其中约 26% 的乘客乘坐途易邮轮。途易邮轮（TUI）的卖点是全包优质产品，旨在促进客人的身心健康和营造轻松的船上氛围。主题巡游是途易邮轮产品的另一个重要内容，不仅提供传统音乐和美食之旅，还包括摇滚、重金属和狂欢节主题活动。

表 2　2019 年欧洲市场运营的邮轮品牌

邮轮公司	邮轮品牌	邮轮数量(艘)	床位数(个)	年运力数(万人次)	市场份额(%)
嘉年华集团	歌诗达邮轮	16	44303	2009672	22.4
	爱达邮轮	14	31640	1218124	13.6
	P&O 邮轮	7	17311	547256	6.1
	冠达邮轮	3	6712	219836	2.4

续表

邮轮公司	邮轮品牌	邮轮数量(艘)	床位数(个)	年运力数（万人次）	市场份额(%)
小计		40	99966	3994888	44.5
地中海邮轮	地中海邮轮	17	54028	2378084	26.5
小计		17	54028	2378084	26.5
途易集团	途易邮轮	7	17684	622892	6.9
	马雷拉邮轮	6	9980	430738	4.8
	赫伯罗特邮轮	5	1548	33034	0.4
小计		18	29212	1086664	12.1

资料来源：国际邮轮协会（CLIA）。

近年来，布局欧洲邮轮市场的邮轮运力有一定的调整，主要品牌有地中海邮轮、歌诗达邮轮、爱达邮轮、P&O 邮轮、途易邮轮、马雷拉邮轮、普尔曼邮轮等。其中欧洲本土邮轮品牌地中海邮轮运力范围涵盖欧洲、加勒比、南美、亚洲、南非、印度洋/红海等，逐步加快对加勒比和印度洋/红海的运力投放；歌诗达邮轮在欧洲邮轮运力有所降低，逐步加快对亚洲市场的运力投放；爱达邮轮加快在欧洲、金丝雀群岛的运力投放，降低在印度洋/红海的运力；P&O 邮轮主要布局欧洲、加勒比、金丝雀群岛等，运力布局基本稳定；途易邮轮布局欧洲、金丝雀群岛、加勒比、印度洋/红海、亚太等；马雷拉邮轮布局欧洲、加勒比、金丝雀群岛等；普尔曼邮轮布局欧洲、加勒比、南美、金丝雀群岛等。

表 3　欧洲市场重要邮轮公司运力布局

单位：%

年份		2013	2014	2015	2016	2017	2018	2019
地中海邮轮	欧洲	66.1	57.4	62.7	52.8	49.7	47.9	51.3
	加勒比	5.9	9.9	9.0	17.3	20.3	21.9	19.9
	南美	14.2	16.4	15.3	11.3	10	10.7	10.2
	亚洲	—	—	—	6.0	8.3	8.8	7.8
	南非	7.2	7.8	2.8	6.0	5.6	4.4	4.2
	印度洋/红海	—	—	—	3.0	2.6	3.2	3.6

续表

年份		2013	2014	2015	2016	2017	2018	2019
歌诗达邮轮	欧洲	63.2	65.2	57.5	46	41.3	45	45.4
	亚洲	16.3	15.5	22.2	39.9	44	39.1	36.9
	加勒比	4.6	6.4	7.6	5.5	5.1	5.2	5.3
	南美	7.7	4.8	5.9	2.3	4.1	3.9	5.1
	印度洋/红海	4.7	4.7	3.7	2.9	2.2	3.6	3.6
爱达邮轮	欧洲	58.3	59.7	60.2	61.4	63.0	64.0	62.1
	金丝雀群岛	11.1	17.8	16.7	16.4	15.9	15.7	15.5
	加勒比	7.7	6.8	8.9	9	8.3	6.9	7.8
	印度洋/红海	10.1	9.9	8.2	7.9	7.3	6.0	6.9
P&O邮轮	欧洲	58.5	69.7	69.6	67.7	70	69.5	62.2
	加勒比	22.0	14.9	13.6	14.7	14.3	14.8	16.8
	金丝雀群岛	14.6	11.1	12.2	13.9	11.9	11.7	12.2
途易邮轮	欧洲	54.5	55.9	53.7	52.9	49.1	48.9	58.9
	金丝雀群岛	7.8	18.4	18.7	13.1	17.6	22.5	14.3
	加勒比	20	18.5	12.5	12.7	11.6	11.8	10.4
	印度洋/红海	14.4	5.6	11.1	11.6	11	10.6	10.4
	亚太	—	—	2.8	7.7	5.7	2.8	3.2
马雷拉邮轮	欧洲	68.5	69.7	68.9	66.3	57.8	60.8	59.1
	加勒比	9.5	10.3	19.7	20.8	20.0	20.8	23
	金丝雀群岛	12.3	10.2	10.5	10.3	9.6	9.5	9.8
普尔曼邮轮	欧洲	50.9	42.2	31.8	45.5	41.3	38.0	41.8
	加勒比	25.7	36.4	30.2	27.6	39.8	36.3	31.9
	南美	21.7	19.0	36	23.3	11.3	14.0	10.1
	金丝雀群岛	—	—	—	—	5.4	8.0	9.3

资料来源：国际邮轮协会（CLIA）。

欧洲主要品牌的增长存在一定的差异，到2027年，嘉年华集团在欧洲市场布局11艘歌诗达邮轮，年运力数达到167.76万人次，市场份额为13.4%，布局16艘爱达邮轮，年运力数为178.92万人次，市场份额为14.3%，布局8艘P&O邮轮，年运力数为91.90万人次，市场份额为7.3%，布局4艘冠达邮轮，年运力数为30.98万人次，市场份额为2.5%。作为欧洲本土邮轮品牌，MSC地中海邮轮公司制定了市场跨越式增长计划，计划到2027年将接待游客457万人次。途易集团在欧洲市场布局途易邮轮、马雷拉邮轮、赫伯罗特邮轮等三大品牌22艘邮轮，年运力数达到154.27万人次，市场份额为12.3%。

表4　2027年欧洲邮轮市场运力部署

邮轮公司	邮轮品牌	邮轮数量(艘)	床位数(个)	年运力数(人次)	市场份额(%)
嘉年华集团	歌诗达邮轮	11	35082	1677592	13.4
	爱达邮轮	16	42440	1789202	14.3
	P&O 邮轮	8	25905	918978	7.3
	冠达邮轮	4	9712	309836	2.5
小计		39	113139	4695608	37.5
MSC 地中海邮轮公司	地中海邮轮	28	94024	4572648	36.6
小计		28	94024	4572648	36.6
途易集团	途易邮轮	10	28584	1066092	8.5
	马雷拉邮轮	6	9980	430738	3.4
	赫伯罗特邮轮	6	1778	45914	0.4
小计		22	40342	1542744	12.3

资料来源：国际邮轮协会（CLIA）。

（三）欧洲邮轮建造市场

邮轮建造是邮轮产业链的重要基础与关键环节，从全球邮轮建造市场格局来看，被芬兰、法国、德国、意大利等国家的船厂长期垄断，并且随着世界主要邮轮制造企业的收购兼并，邮轮建造市场的集中度持续提升。当前世界邮轮建造企业主要为欧洲的意大利芬坎蒂尼集团、德国迈尔船厂和法国大西洋船厂，年均生产能力为7～8艘。芬坎蒂尼集团是世界上商船和军船设计建造领域最大的集团之一，是全球造船业中位列第四的造船集团，也是全球最大的邮轮建造商，在全球四大洲拥有3个设计中心和1个研究中心，在13个国家拥有20家船厂，分布在意大利、美国、澳大利亚、新加坡、挪威、印度、波兰、巴西等国。迈尔船厂是德国最大的造船厂，拥有世界上最大的室内干船坞，订单主要来自嘉年华邮轮、皇家加勒比游轮、地中海邮轮、诺唯真游轮、迪士尼邮轮等邮轮运营企业。法国大西洋船厂订单主要来自皇家加勒比游轮集团和地中海邮轮，为皇家加勒比集团建造“海洋绿洲号”“海洋奇迹号”等22万总吨以上的超大型邮轮，为地中海邮轮建造的4艘总吨位20万吨级的新型邮轮将分别在2022年、2024年、2025年、2026年交付，其在全球超大型邮轮建造市场占有重要地位。

二　新冠肺炎疫情对欧洲邮轮产业发展的影响

（一）新冠肺炎疫情对欧洲邮轮运营的影响

欧洲是全球最为重要的邮轮运营市场之一，此次新冠肺炎疫情对欧洲邮轮市场造成巨大的影响，多艘邮轮出现新冠肺炎病例，并且随着疫情的扩散，欧洲邮轮市场出现大范围地停航。歌诗达邮轮“炫目号”“辉宏号”“魔幻号”“维多利亚号”和地中海邮轮“歌剧号”“幻想曲号”等出现新冠肺炎确诊病例。作为较早复航的邮轮公司，海达路德“阿蒙森号”6月16日搭载近200名游客在挪威沿海复航，但无法停靠港口且不允许游客上岸，可在挪威海域开展皮划艇等探险娱乐活动，在复航后出现53人感染新冠肺炎病毒，其中37人为船员，16人为邮轮游客。

表5　欧洲市场出现新冠肺炎病毒感染的情况

邮轮	发生国家和地区	所属区域	感染人数	所属公司
炫目号	意大利	欧洲	36	歌诗达邮轮
辉宏号	意大利	欧洲	6	歌诗达邮轮
布拉马尔女士号	英国	欧洲	5	福瑞德·奥尔森邮轮
探险者2号	德国	欧洲	5	途易邮轮
魔幻号	意大利	欧洲	2	歌诗达邮轮

续表

邮轮	发生国家和地区	所属区域	感染人数	所属公司
歌剧号	希腊	欧洲	2	地中海邮轮
维多利亚号	意大利	欧洲	1	歌诗达邮轮
幻想曲号	葡萄牙	欧洲	1	地中海邮轮

资料来源：国际邮轮协会（CLIA）。

（二）新冠肺炎疫情对欧洲邮轮建造的影响

受新冠肺炎疫情的影响，欧洲各大邮轮建造厂纷纷停工并采取裁员等措施，并且邮轮公司为保持资金流动性，纷纷推迟2021年的在建邮轮分期付款，希望推迟交付时间。为应对新冠肺炎疫情的扩散，按照卫生管理规定，2020年3月，意大利芬坎蒂尼集团在意大利境内的全部船厂3月16～25日停工，后来受疫情蔓延影响，旗下邮轮船厂及军工船厂停工时间延长到4月3日。芬坎蒂尼集团邮轮建造业务包括威尼斯Marghera船厂、戈里齐亚省Monfalcone船厂和热那亚Sestri Ponente船厂，这三家船厂位于疫情最为严重的意大利北部，邮轮建造市场受到较大的影响。受新冠肺炎疫情影响，云顶香港集团所属德国MV Werften造船集团位于德国维斯玛、罗斯托克和施特拉尔松德的三家船厂从2020年3月21日起暂时停止运作约四周。2020年7月20日，德国迈尔船厂暂停生产和运营至8月30日，并在年底前改用非全日制工作时间。由于新造船订单的取消及延期，船厂未来5年将削减约12亿欧元（约14亿美元）的支出，为此希望能获得政府财政援助。受疫情影响，迈尔船厂拖欠3000多名员工总计1400万欧元的假期工资。2019年迈尔图库船厂有大约2386名员工，将永久解雇450名，并有900名受到临时裁员、工作时间调整及其他安排措施影响。迈尔图库船厂原计划到2023年将产能从每年交付1艘大型邮轮提升至2艘，但受疫情影响，将保持现有产能。

（三）新冠肺炎疫情造成欧洲部分邮轮公司破产

受到新冠肺炎疫情影响，部分欧洲本土邮轮品牌破产。2020 年 7 月 20 日，主营英国市场，在英国是仅次于嘉年华的第二大邮轮运营商英国 CMV（Cruise & Maritime Voyages）公司因未能获得额外融资申请破产并被纳入管理。CMV 公司运营包括 1.61 万总吨位的“Astoria 号”、2.07 万总吨位的“Astor 号”、4.6 万总吨位的“Magellan 号”、2.21 万总吨位的“Marco Polo”、6.38 万总吨位的“Columbus 号”及 5.59 万总吨位的“Vasco da Gama 号”。总部位于西班牙马德里的普尔曼邮轮申请破产，旗下 7.31 万总吨的“君主号”、7.31 万总吨的“海皇号”和 4.74 万总吨的“地平线号”将在土耳其的阿里亚加报废。成立于 1971 年、总部位于瑞典、隶属于芬兰 Eckero 集团的比瑞科（Birka）邮轮公司受新冠肺炎疫情影响申请破产。

三　后疫情时代欧洲邮轮产业发展趋势

（一）欧洲邮轮市场率先实现重新启航

随着欧洲新冠肺炎疫情防控取得良好成效，德国“Nicko Visio 号”在 6 月 2 日搭载 110 名游客开启多瑙河和莱茵河航行，Plantours 重启德国航线、A-ROSA 重启葡萄牙及法国内河航线，严格控制上座率为 50%，并且游客需要佩戴口罩、配合测量体温等。7 月 17 日，英国外交和联邦事务部（FCO）允许英国人乘坐环游不列颠群岛的邮轮。途易邮轮“迈希夫 2 号”（Mein Schiff 2）于 7 月 24 日开始复航，为保障游客之间的安全距离，船上载客率为 60%。从 8 月 1 日起希腊港口重新允许邮轮停靠。爱达邮轮（AIDA）于 8 月开始复航，8 月 5 日“AIDAperla 号”从汉堡港始发，8 月 12 日“AIDAmar 号”从德国瓦尔纳明德出发，8 月 16 日“AIDAblu 号”从德国基尔港始发，提供 3 晚的公海无目的地航线航程。8 月 15 日起，意大利政府允许重新开放邮轮旅游市场，创建安全清单，清单列示的国家和地区的游客前往意大利乘坐邮轮无需检疫，可以在意大利港口上下船。从8月15日开始，歌诗达邮轮在欧洲市场复航，主要分五个阶段。在2021年1月底之前实现7艘邮轮复航。第一艘复航的邮轮是“歌诗达唯美号”于8月15日从威尼斯起航，开展7天的东地中海航行，中途在意大利南部西西里的第二大城市卡塔尼亚、意大利西西里岛锡拉库扎、马耳他首都瓦莱塔和意大利东南部巴里港停靠；第二艘复航是“歌诗达皇冠号”于8月29日从热那亚港起航，开始为期7天的西地中海巡游，中间停靠巴勒莫、瓦莱塔、卡塔尼亚、那不勒斯和奇维塔韦基亚等港口。歌诗达邮轮复航第一阶段邮轮只在意大利的港口间往返，仅允许来自意大利的游客乘船，并严格控制入住率，游客必须严格遵守邮轮的健康和安全协议；在第二、三阶段，允许来自法国和西班牙的游客乘船；在第四、五阶段会对所有欧洲游客开放。

作为欧洲邮轮品牌，地中海邮轮旗舰级邮轮“鸿图号”和“华丽号”分别于8月16日和8月29日起在地中海区域重启运营。“鸿图号”提供7晚的西地中海航线，沿途停靠意大利热那亚、罗马奇维塔韦基亚、意大利南部第一大城市那不勒斯、巴勒莫以及瓦莱塔等；“华丽号”从意大利巴里和的里雅斯特出发，提供7晚的东地中海航线，途经希腊的科夫岛、卡塔科隆及比雷埃夫斯等港口。

（二）推动欧洲邮轮公司运力布局和格局调整

新冠肺炎疫情促使邮轮公司调整运力布局，原计划于2020年底布局中国市场的歌诗达邮轮“佛罗伦萨号”将于2021年布局欧洲市场，替代歌诗达邮轮“托斯卡纳号”运营西地中海航线。庞洛邮轮从芬坎蒂尼VARD厂区接收“雅克卡地亚号”邮轮，标志着庞洛邮轮法国旗探险船队的组建完成。希腊天鹅公司购置两艘新探险邮轮重返邮轮业务，邮轮公司总部设在塞浦路斯，运营部门设在摩纳哥，由芬兰赫尔辛基造船厂建造，首艘邮轮于2021年11月交付并布局南极洲，第二艘于2022年4月下水，原船东为俄罗斯沃多霍德公司。新冠肺炎疫情促使旧邮轮加速出售，欧洲本土邮轮品牌意大利歌诗达邮轮公司出售“新浪漫号”给希腊星瀚邮轮、出售“大西洋号”和“地中海号”给中船嘉年华邮轮。P&O 邮轮公司出售 7.7 万总吨的“大洋洲号”。荷美邮轮出售“阿姆斯特丹号”和“鹿特丹号”给总部位于挪威的弗雷德奥尔森邮轮，分别更名为“博莱特号”和“博瑞利号”。赫伯罗特邮轮公司停止“不来梅号”邮轮的运营，该艘邮轮难以满足复航要求的社交距离和卫生规则。德国途易集团将所持赫伯罗特邮轮公司 50% 的股权出售给皇家加勒比游轮集团，赫伯罗特邮轮品牌被并入途易集团与皇家加勒比游轮集团在 2008 年成立的合资企业途易邮轮公司。赫伯罗特邮轮旗下共有 4 艘邮轮，分别是“欧罗巴号”“欧罗巴 2 号”“汉萨号”“不来梅号”。

（三）欧洲邮轮建造更加关注卫生防疫

受新冠肺炎疫情影响，欧洲各大邮轮公司加大对卫生防疫的投入力度，爱达邮轮推出一套完整的健康与安全协议，提出途中游客要保持社交距离，建议游客在酒吧、餐馆、健身中心等公共区域佩戴口罩，并且将游客数量限定在一定的范围内，游客登船时必须进行体温检测，公共区域和舱室将定期消毒，每艘船将根据需要进行新冠肺炎病毒检测，所有的客舱和公共空间均保证空气清新。欧盟发布一套非强制性的指导邮轮公司在新冠肺炎疫情期间巡航的建议方案。

表 6　欧盟指导邮轮公司在新冠肺炎疫情期间巡航的建议方案

序号	主要内容
1	建议关闭室内泳池，包括 SPA 服务。限制使用室外泳池人员数量，以及拉大躺椅之间的距离
2	建议 65 岁以上或者有基础疾病史的乘客在登船前进行身体检查
3	非接触式登船，通过数字技术预先登记，避免码头拥挤
4	拒绝新冠肺炎确诊患者和 14 天内密切接触者登船
5	减少游客和船员数量
6	缩短航程和减少登陆港口

续表

序号	主要内容
7	限制互动,分类群组。例如为一组乘客分配同一辆大巴,用餐坐固定的位置,由相同的服务人员进行服务等。并且尽量减少游客和船员直接的互动,由手机 App 代替
8	必要时佩戴口罩,在大量人员聚集的时候建议佩戴口罩,如登船和离船,也建议在岸上游览时佩戴口罩
9	减少便利设施和服务,建议从船上去除不必要的物品,如船舱里的菜单与杂志等。并且减少每天两次的客舱服务,可以根据客户要求更换床上用品等
10	改变自助餐的方式,由服务人员分发餐具和食品,减少公共接触的机会
11	限制公共空间人数和保持社交距离,如赌场、酒吧和剧院
12	使用健身房需要登记,并且使用后需要进行设备消毒
13	将尽可能多的新鲜空气引入船上通风系统。如果无法做到这一点,则应使用 HEPA 空气过滤或紫外线杀菌
14	建议对游客和船员进行体温检测

资料来源：国际邮轮协会（CLIA）。

赫伯罗特邮轮对每艘船在两个航程间都会设置一个“重设日”，加强对船体的清洁消毒，在游客登船时使用热像仪检测体温并提供口罩，船上取消自助餐选项，提供舱内用餐，所有就餐场所减少桌子数量并延长营业时间等。地中海邮轮制定全新的健康安全规程，包括登船前对全体游客及船员进行新冠病毒检测，同时为给游客提供额外的保护，加强对游客岸上观光的组织管理，并引入新冠肺炎疫情保险。地中海邮轮制定的规程涉及对游客从预订航程到离船的全流程甚至返回家中都进行全面的管理，满足所运营区域相关国家政府部门的规定，符合欧洲海事安全署制定的相关准则，获得意大利船级社验证。不仅如此，这一规程还符合额外的健康标准，其中就包括欧盟健康关口联合行动制定的相关准则。新冠肺炎疫情推动邮轮公司提升应对突发公共卫生事件的能力，为其未来的发展奠定了良好的基础。

参考文献

汪泓主编《邮轮绿皮书：中国邮轮产业发展报告（2019）》，社会科学文献出版社，2019。

汪泓主编《邮轮绿皮书：中国邮轮产业发展报告（2018）》，社会科学文献出版社，2018。

汪泓主编《邮轮绿皮书：中国邮轮产业发展报告（2017）》，社会科学文献出版社，2017。

汪泓主编《邮轮绿皮书：中国邮轮产业发展报告（2016）》，社会科学文献出版社，2016。

汪泓主编《邮轮绿皮书：中国邮轮产业发展报告（2015）》，社会科学文献出版社，2015。

汪泓主编《邮轮绿皮书：中国邮轮产业发展报告（2014）》，社会科学文献出版社，2014。

产业发展篇

Industry Development Reports

G.15 上海邮轮建造配套产业建设战略路径研究

邱羚　何琦　江瑶*

摘　要： 如何立足优势产业资源，打造邮轮建造配套产业核心竞争力，提升邮轮建造配套产业链发展能级，营造特色文化品牌与经济社会效益互动，已成为上海邮轮产业发展中亟待解决的重要课题。本文围绕当前上海邮轮建造配套产业发展及能级提升过程中面临的突出问题与实践需求，全面剖析国际、国家、区域层面上海邮轮建造配套产业发展面临的战略机遇与挑战，深度解构邮轮建造配套产业链内涵、价值模块构成，充分进行国内横向对标并借鉴国外成功经验，积极探索上海邮轮建

* 邱羚，博士，上海工程技术大学教授、上海国际邮轮经济研究中心副主任，研究方向：邮轮经济、战略管理；何琦，博士，上海工程技术大学讲师，研究方向：创意产业经济与金融；江瑶，博士，上海工程技术大学管理学院讲师，研究方向：创意经济与管理。

造配套产业的总体布局、重点目标、核心任务和构建路径，并就上海邮轮建造配套产业发展提出相应的政策保障与对策建议。

关键词： 上海 邮轮建造配套产业 政策保障 邮轮经济

邮轮经济是当今世界经济发展中最具活力的产业之一，也是我国海洋经济高质量发展的新增长点。邮轮经济以邮轮旅游为驱动，涵盖了邮轮建造设计、邮轮运营与港口服务、船舶供给配套、母港腹地开发与跨境消费等相关配套服务产业，是囊括上、中、下游三大产业区块的巨型产业链，发展空间巨大。加快推动邮轮建造配套产业发展，有助于坚定对标“国家制造 2025”的战略部署，积极承载人民群众对于高品质生活的美好向往，充分体现工业综合实力与高端制造的全面升级，高度符合高质量发展的卓越要求。

有效提升邮轮经济发展能级、推动邮轮经济全产业链发展是加快构建以现代服务业为主体、战略性新兴产业为引领、先进制造业为支撑的邮轮现代产业体系、提升科技创新中心集中度和显示度的重要载体。上海发展豪华邮轮建造配套产业的工业基础优势显著，邮轮文化逐渐成为上海这座国际化大都市不可或缺的文化符号和城市印记，发展豪华邮轮及其配套产业更成为助力建设科创中心、卓越全球城市和具有世界影响力的国际大都市的重要载体，上海邮轮建造配套产业的构筑与完善对于深度融入长三角一体化发展三年行动计划，全面落实打响上海“四大品牌”的战略目标具有重要意义。然而随着上海邮轮建造产业的迅速发展、规模不断扩大，鉴于邮轮建造的复杂性与高难度，配套产业总量及质量不足、产业布局不尽合理、配套多元化与国际化水平不足等问题日益突出，对标国际著名大型邮轮建造产业集聚地区仍然存在较大差距。因此，本研究针对上海当前大型邮轮建造配套产业的迫切需要，探讨立足本土邮轮建造基础发展配套建设的基本现状与瓶颈问题，明确以打造大型邮轮建造配套建设为核心助推上海邮轮建造配套产业未来整体升级的战略思路及路径，对于进一步激发以“上海制造”为代表的城市品牌的创新创造活力，加快建成更加开放包容、更具时代魅力的国际科创中心，实现上海建设全球卓越城市功能定位具有非常重要的现实与战略意义。

一　邮轮建造产业配套价值内涵

（一）邮轮建造产业配套的内涵界定

邮轮建造产业配套包含了通过整合邮轮建造产业链上各配套关联企业的价值活动，偏重于从组织的职能及其相互关系来说明邮轮建造配套产业价值创造的过程，这些活动并不是简单的价值叠加，而是代表了邮轮建造配套产业生态层面上各企业价值有机融合后形成的更加庞大的价值网络系统，涵盖了邮轮建造产业的邮轮研发设计、生产建造、维修配套及相关融合产业。邮轮产业链覆盖了邮轮设计建造、邮轮运营、靠岸配套服务、金融服务、旅游商贸服务业等环节。其中，邮轮建造产业配套属于上游环节，主要涉及邮轮的设计、建造、维修及其配套设施的生产与供给环节，相关产业主要有邮轮的设计研发、采购、生产建造、加工制造、设备装配和装船布置等。在整个邮轮产业链中，邮轮建造技术性强，资金投入大，对于系统整合与战略设计的要求高，配套产业系统关联性与可拓展性强，涉及研发设计机构、基础研究与高端制造、生产性服务，配套企业数量多、规模庞大，对于技术研发能力要求较高，有助于形成技术溢出效应与产业集聚优势，取得竞争优势后易形成垄断优势，对于整个邮轮产业链具有显著的引领作用。

（二）邮轮建造配套的价值模块构成

基于对邮轮建造配套产业基础理论及产业链、价值链理论的研究与分析，从传统的产业链分析视角，提出邮轮建造产业作为邮轮配套产业链的核心价值模块，主要包括邮轮研发设计、生产建造、维修配套三大主要模块，还包括生产性服务、金融服务、信息技术、咨询评估、法律服务等相关配套行业，这些行业以价值共创、协同创新的机制服务于核心价值模块。基于现有文献与研究，可以运用概念模型直观的呈现邮轮建造配套的价值模块构成，具体见图1。

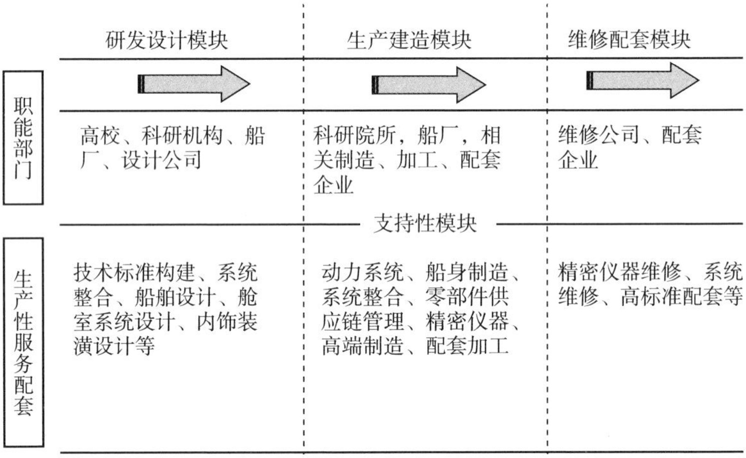

图1　邮轮建造配套的价值模块构成

其中，研发设计模块包括高校、科研机构、船厂、设计公司等主体，并包括技术标准构建、系统整合、船舶设计、舱室系统设计、内饰装潢设计等生产性服务配套部门，其是邮轮产业中最具创新性、技术性、艺术性集成的部门，也是目前欧洲处于垄断地位的核心模块。生产建造模块是关联产业最多、溢出效应较大的职能模块，由相关制造、加工、配套企业主导，包含邮轮的动力系统、船身制造、系统整合、零部件供应链管理、精密仪器、高端制造等，这一模块对于相关产业的带动效应最强，集中体现在工艺性、精密性与品质感，对于提升高端工业制造有重要价值，目前主导权集中在意大利、芬兰、德国等造船企业手中。维修配套模块主要涉及精密仪器维修、系统维修、高标准配套等，是邮轮产业链中不可或缺的重要环节，是工业基础水平与能级的重要体现。

（三）邮轮建造配套价值模块贡献度分析

对于整个邮轮产业链来说，建造配套产业属于系统创新核心价值模块，具有非常高的长期战略价值。2015 年度统计数据显示，欧洲造船业在区域邮轮直接经济贡献中占 27%，美国该比例为 36%，具有很强的经济带动效应，更具备很大的高端制造及产业配套的战略拉动作用。发展邮轮建造配套产业是国家布局高端制造的战略要求。发挥在船舶建造业的技术优势，大力推动系统创新是上海推进邮轮产业发展的重要方向。目前我国邮轮产业要素集聚效应偏弱，邮轮设计和建造尚未形成成熟的产业体系。另外，由于国内尚未掌握邮轮建造的自主知识产权，区域辐射及带动效应有限，邮轮建造配套产业短期的直接经济贡献可能相对较低，但是从战略价值来看，推动系统创新会对基础技术、设计能力、系统整合能力等有显著的带动作用。

二　上海邮轮建造产业配套建设发展现状

上海邮轮建造配套产业核心价值模块发展的现状与成效主要包括以下几点。从邮轮设计方面，具备一定的设计基础。世天邮轮获得法国 BV 船级社认证，中国船舶工业集团组织开展客船新材料新技术新工艺的交流活动，已经形成国内邮轮设计交流的平台。上海外高桥造船有限公司与鹰图公司签署软件采购合同暨战略合作协议等。从邮轮建造方面，上海邮轮建造已具备技术基础与市场优势。中船集团计划建造首艘国产大型邮轮，与嘉年华集团合作，由中投公司支持，劳氏船级社提供咨询服务，国产邮轮产业基金提供资金支持。中船签署 8 艘豪华邮轮型客滚船大单，推动我国船舶工业迈向高端制造。外高桥造船建造国内最大 VLOC。从邮轮维修方面，建成远东地区重要的邮轮维修基地。从邮轮配套方面，建立首个国际邮轮产业园。300 亿元产业基金、邮轮金融与保险支持中心配套服务助力邮轮建造配套产业发展。目前上海邮轮建造配套产业发展中面临的问题主要包括邮轮规划设计难，邮轮建造过程控制难度大，邮轮建造核心零部件技术缺失，邮轮建造缺乏协同合力、缺乏战略顶层规划和主导机构，高端船舶的研发、投入的主动性有待进一步提升，缺乏相应的政策及专项支持，缺乏有能力的邮轮船东公司以及可靠稳定的船舶配套供应链等。立足上海，对标全国，通过对邮轮建造配套产业现状进行四大模块的比较分析，总结上海邮轮建造配套产业发展趋势：应该进一步明确发展方向，落实战略定位，围绕重点实现能级提升，主动布局融入全球市场。

三　上海邮轮建造产业配套建设的总体布局与实施路径

基于上述战略背景及意义分析、产业链理论研究与价值模块解构、邮轮建造配套产业发展现状与问题分析、横向对标及国际经验借鉴，本文深入分析上海邮轮建造配套产业发展的总体思路、重点目标及核心任务与构建路径。

（一）总体思路

深入贯彻落实党的十九大精神和习近平新时代中国特色社会主义思想，坚决贯彻上海面向新时代、立足新战略的发展目标，面向全球、面向未来，坚定追求卓越的发展取向，增强服务长江经济带、长三角一体化、海洋强国、制造强国等国家战略以及“一带一路”倡议的能力，围绕建设全球卓越城市、国际文化大都市、“五大中心”的指导思想与打响“四大品牌”的重要目标，沿着突出上海制造、对标最高标准和最好水平、体现文化特色、实现高端突破的思路构建邮轮配套产业链总体布局。加快集聚产业要素，重点攻关邮轮研发设计、制造维修、技术评估、认证程序等核心配套产业服务升级，发挥上海邮轮港口和相关产业资源优势，统筹全市产业资源和配套政策，优化和明确邮轮建造配套产业空间布局和区域定位。大力支持外资在沪参与大型邮轮研发、设计、制造、配套、运营等环节，通过邮轮建造配套产业发展，进一步提升船舶制造能级，在上海及长三角地区形成世界级大型邮轮制造产业集群、世界级邮轮配套产品的品牌汇聚地、邮轮制造的资源要素集聚地。

促进邮轮建造配套产业国产化、特色化，建立国家邮轮技术研发中心和培训中心，掌握技术标准、生产工艺，推动上海豪华邮轮配套产业转型升级，提升上海在全球的资源配置能力，打造具有国际影响力的邮轮产业配套集群基地，全力推进中国邮轮旅游发展实验区建设，践行中国邮轮旅游发展实践区的创新使命，提升上海邮轮产业经济能级，不断增强国际邮轮经济的全球影响力，打造具有全球影响力的邮轮经济中心，实现国际卓越城市文化效益与经济效益的双赢。为上海建设具有全球竞争力的邮轮母港、国际航运中心，建成世界著名旅游城市和世界一流的旅游目的地城市奠定坚实的基础。

（二）重点目标

近期目标包括：邮轮配套生产性服务业达到国际领先水平；建成国内首艘中式大型豪华邮轮，2023 年国产大型邮轮成功交付；建成中国邮轮运营管理与采购基地，建成亚洲邮轮公司运营总部基地和亚洲邮轮船供物资分拨中心；建成中国豪华邮轮配套产业公共服务平台，基本建成邮轮设计、物件监测、交易服务等平台，邮轮配套企业集聚度居全国首位，建成邮轮配套产业集聚基地，建成中国豪华邮轮配套产业中心。充分抓住长三角一体化发展的机遇，发挥长三角各个城市的资源优势，初步建成长三角邮轮产业配套基地，使得长三角成为邮轮配套产业服务中心。

中期目标包括：邮轮设计达到国际领先水平，基本建成国际领先的邮轮设计建造服务平台，基本掌握邮轮设计建造的核心技术，邮轮设计建造订单数量显著提升；亚洲邮轮公司纷纷集聚上海，建有数家邮轮公司亚太邮轮市场运营中心，亚洲邮轮船供物资分拨中心能力进一步增强，本地采购数量显著提升，建成亚洲邮轮运营管理及采购基地；世界著名的邮轮产业配套企业纷纷落户上海，上海邮轮产业配套本土企业数量显著提升，成为亚洲邮轮配套产业集聚中心。上海国际邮轮母港在全球范围内的接待量和靠泊艘次居世界前三，推进长三角一体化，长三角邮轮组合母港格局基本形成，港口联动优势显著提升。

远期目标包括：10～15 年内，基本掌握邮轮设计建造的核心技术，邮轮设计能力大幅度提升，邮轮制造达到国际领先水平，国际邮轮建造基地基本形成，建成具备国际中等水平的邮轮设计建造服务平台；邮轮产业融入全球高端产业链，邮轮产业配套设施全面完善，国际邮轮产业配套园达到国际一流水平，建成具有全球影响力的世界邮轮配套产业中心。

（三）核心任务与构建路径

1. 核心任务

一是重点推动邮轮建造基础科研创新，聚焦上海制造设计理念全面升级；二是创新拓展豪华邮轮配套产业链，实现系统整合设计能力重大突破；三是全面促进本土豪华邮轮运营管理业高质量发展，提升综合配套服务国际化发展能级；四是加快发展国际一流的母港经济，打造全球化邮轮特色旅游；五是促进邮轮建造配套产业发展政策创新，推动邮轮建造配套企业服务平台建立。

2. 构建路径

到 2020 年，初步掌握邮轮设计建造的核心技术，建成覆盖中国市场的国际邮轮物资分拨中心，上海中船邮轮产业园集聚企业数量明显增加，建成全球第三大邮轮母港且国际影响力和号召力大幅度提升，邮轮产业链初步完善，邮轮经济总产值显著提升。

到 2025 年，基本掌握邮轮设计建造的核心技术，建成覆盖亚洲市场的国际邮轮物资分拨中心，上海中船邮轮产业集群基本形成，建立邮轮综合保税区，上海稳居全球第三大邮轮母港的位置且国际影响力大幅度提升，邮轮产业链基本完善，邮轮经济总产值显著提升，对区域经济的贡献大幅度提升。

到 2030 年，全面掌握邮轮设计建造的核心技术，建成覆盖全球市场的国际邮轮物资分拨中心，上海中船邮轮产业集群基地的国际影响力提升，建立邮轮综合保税区，上海成为全球第二大邮轮母港且国际影响力和品牌力大幅度提升，邮轮产业链完善，邮轮经济对区域经济贡献占比较大。

四 上海邮轮建造产业配套建设的政策建议

第一，主动参与全球价值链高端制造，以高质量发展突破资源要素约束。第二，重点突破邮轮设计建造关键瓶颈，积极促进产业集聚协同创新。第三，促进豪华邮轮配套产业人才集聚，提升金融支持豪华邮轮产业发展效率。第四，优化营商环境吸引邮轮公司总部落户上海，积极完善邮轮建造配套产业政策体系。

参考文献

Baldwin, Carliss Y. , Kim B. Clark, *Design Rules*: *The Theory of Modularity*, Cambridge, Ma: the Mit Press, 2000.

Carliss Y. , Baldwin, Kim B. Clark, "Managing in an Age of Modularity", *Harvard Business Review*, 1997, 5 (5) .

Janice Kreiger, "Tourism Crisis Management: Can the Extended Parallel Process Model be used to Understand Crisis Responses in the Cruise Industry?", Bingjie Liu, Lori Pennington-Gray, *Tourism Management*, 2016.

Stefano De Cantis, Mauro Ferrante, Alon Kahani, Noam Shoval, "Cruise Passengers' Behavior at the Destination: Investigation Using GPS Technology", Tourism Management, 2016.

Scott Lee, Collin Ramdeen, "Cruise Ship Itineraries and Occupancy Rates", Tourism Management, 2013.

Chun-An Chen, "How can Taiwan Create a Niche in Asia's Cruise Tourism Industry?", Tourism Management, 2016.

甘胜军:《上海市邮轮产业链发展研究》,《交通企业管理》2013 年第 6 期。

冯腊梅、钟松德:《拓展我国邮轮产业链的政策及对策研究》,《中国储运》2015 年第 10 期。

朱晨:《高端占据全链发展——英国豪华邮轮产业链发展现状及启示》,《船舶标准化与质量》2018 年第 5 期。

G.16
全球邮轮航线分布特征及对中国邮轮市场的启示研究

林冰洁　孙晓东*

摘　要： 从国际邮轮产业的实践经验来看，优良的邮轮港口、常态化的邮轮航线和优质的岸上产品与服务是邮轮产业发展的重要保障，其中合理和科学的航线布局对处于转型发展阶段的中国邮轮产业起到至关重要的作用。本文以全球近 5000 条航线数据为样本，探究了中国及全球主要邮轮发展区航线网络的分布特征，并识别出航线规划的影响因素、基本要素和成功经验，从而对我国航线布局和多元化发展提出有针对性的对策建议。

关键词： 港口　邮轮市场　航线　航线布局

国际邮轮产业历经近 50 年的成长，已然成为全球旅游业中经济效益最为突出、增长最为迅猛的行业之一。近几年，全球邮轮游客接待量近 3000 万人次，经济总产出超过 1000 亿美元。随着欧美邮轮市场的东移，亚太地区成为国际邮轮产业的新兴市场。从国际邮轮产业的发展经验来看，丰富的航线布局是邮轮产业持续健康成长的重要保障之一，直接影响客源流、资金

* 林冰洁，硕士，嘉兴职业技术学院文化与旅游学院专任教师，研究方向：旅游管理与邮轮旅游；孙晓东，博士，华东师范大学工商管理学院副教授，研究方向：邮轮产业、邮轮旅游与旅游营销。

流和信息流的汇集。

邮轮航线是邮轮产品的主要构成要素之一，其中邮轮港口是基础条件。母港、挂靠港和混合港是邮轮港口的基本类型。一个港口能否纳入邮轮航线受人口基数、经济实力、客源市场、海陆空通达性、旅游资源、金融环境、政策措施等众多因素的影响。因此，邮轮航线规划需要考量众多指标，在提升航线吸引力和游客体验的同时实现利润最大化。

邮轮产业日渐成熟，我国开始关注产业布局的整体性与协调性，重视市场发展的稳健性与持续性，并逐渐重视邮轮产品的特色性与差异化发展策略。然而，受区位、地缘和收益管理等因素的影响，与国际成熟市场相比，航线产品的丰度和密度还较低。探索有效的航线布局与优化措施对现阶段我国邮轮业发展具有重要意义。为此，本文以近5000条邮轮航线为数据样本，对全球及不同区域航线分布特征和区域差异进行分析，通过识别国内问题、借鉴国际经验提出我国航线布局优化的对策建议。

一　中国邮轮航线分布特征

（一）总体情况

从航线时长来看，在全国49条邮轮航线中，6~9天的航线最多，共27条；3~5天航线共17条；1~2天航线仅1条。其中，6天的航线数量最多（21条）；其次是5天航线（13条）。

从始发港来看，上海母港航线数量最多，共有17条，占比35%；其次是天津（11条，占比22%）、深圳（7条，占比14%）、厦门和广州（各6条航线，占比12%）、天津和青岛（各1条，占比2%）。

从挂靠港来看，主要涉及34个挂靠港（目的地），包括18个日本港口，占总频次的66.35%；其次是越南（5个港口，频次为14，占比13.46%）、澳大利亚（5个港口，频次为6，占比5.77%）、印度尼西亚和菲律宾（各有2个港口，频次为5，占比为4.81%）、新加坡（1个港口，频次为 4，占比 3.85%）、俄罗斯（1 个港口，频次为 1，占比 0.96%），分布云图如图 1 所示。

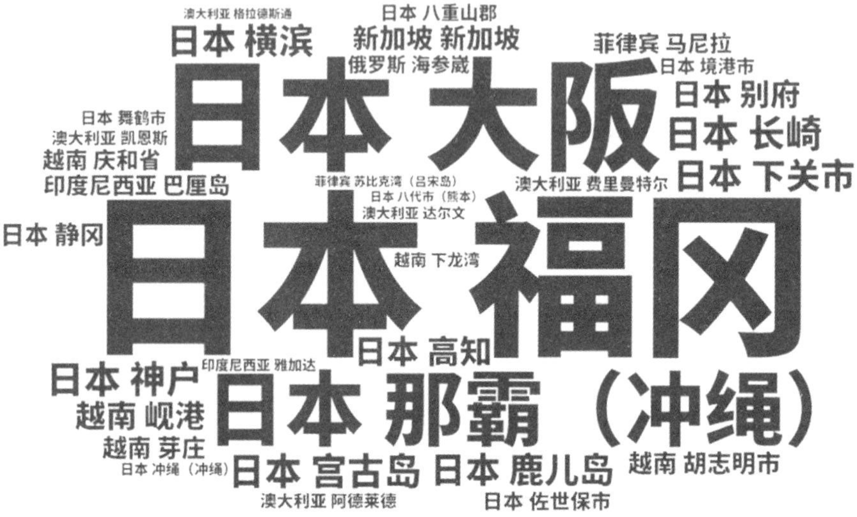

图 1　中国邮轮航线挂靠港（目的地）分布云图

（二）区域特征

1. 华北地区

邮轮航线共有 13 条，其中天津始发航线 11 条，占比 84.62%；大连和青岛始发航线各 1 条，承运邮轮主要是星梦邮轮探索梦号和歌诗达邮轮赛琳娜号；共有 7 个挂靠港，主要集中在日本西南部的福冈、下关和鹿儿岛，出现频次分别为 26.09%、21.74% 和 17.39%，其次是佐世保、别府、长崎和境港。

2. 华东地区

邮轮航线共有 17 条，主要以上海作为始发港，时长 5 天的航线数量最多，共 5 条，占比 29.41%，其次是时长 9 天的航线，共 3 条，占比 17.65%。承运邮轮为皇家加勒比海洋光谱号、地中海邮轮辉煌号、公主邮轮蓝宝石公主号、星梦邮轮探索梦号、歌诗达邮轮威尼斯号和公主邮轮盛世公主号。共有 26 个挂靠港，涉及 13 个日本港口［大阪、横滨、神户、福冈、长期、高知、鹿儿岛、八代（熊本）、别府、冲绳（冲绳）、静冈、那霸（冲绳）、舞鹤］，频次为31，占比52.54%；其后是越南，涉及3个港口（胡志明、庆和省、芽庄），总频次为8，占比13.56%；澳大利亚包含5个港口（费里曼特尔、阿德莱德、达尔文、格拉德斯通和凯恩斯），总频次为6，占比10.17%；印度尼西亚有2个港口，分别是巴厘岛和雅加达，总频次为5，占比8.47%；新加坡和中国香港的频次均为4，占比6.78%。此外，还有俄罗斯的海参崴，频次为1，占比1.69%。

3. 华南地区

邮轮航线共有19条，主要包括厦门、广州和深圳三大邮轮始发港。其中深圳始发航线7条，占比36.84%；厦门和广州始发航线共6条，占比31.58%；承运邮轮主要包括歌诗达邮轮大西洋号、星梦邮轮世界梦号、地中海邮轮辉煌号和丽星邮轮双子星号。共有9个挂靠港，涉及3个日本港口，分别是那霸（冲绳）、宫古岛和八重山郡，频次为15，占53.57%；其后是越南，涉及3个港口，分别是岘港、下龙湾和芽庄，总频次为6，占比为21.43%；菲律宾包含2个港口，分别为马尼拉和苏比克湾（吕宋岛），频次为5，占比为17.86%；还有中国香港，频次为2，占比为7.14%。

二　全球邮轮航线分布特征

（一）数据获取

本研究以第三方邮轮点评网站邮轮评论（cruisecritic. com）为平台，收集了2019年3月至2020年3月的全球航线数据，覆盖全球700多艘邮轮、500多个邮轮港口，并对获取的所有数据进行处理，包括合并重复航线、整合不同航期的相同航线、统一相似的表达方式、补充完善具体的日程安排等，最终共获取4979条航线数据。

（二）总体情况

全球邮轮航线涉及77种不同时长的产品，范围在1～146天，主流航线明显比中国始发航线长，6～14 天的航线数量最多，占比为 63.89%。此外，1～2 天邮轮航线共 58 条，3～5 天航线共 503 条，6～9 天航线共 1571 条，10～14 天航线共 1610 条，15～30 天航线共 1066 条，31～49 天航线共 124 条，50 天以上的环球航线共 47 条。

从始发港来看，涉及 234 个港口，分布云图如图 2 所示。排名前 20 的始发港（城市）涉及航线有 2751 条，占比为 55.25%，包括北美地区 6 个（劳德代尔堡、迈阿密、温哥华、纽约、卡纳维拉尔、洛杉矶）、地中海地区 6 个（罗马、巴塞罗那、热那亚、威尼斯、马赛、雅典）、地中海之外的欧洲地区 5 个（阿姆斯特丹、南安普顿、布达佩斯、哥本哈根、巴黎）、亚洲 2 个（新加坡和东京）和大洋洲的悉尼。

全球最热门的前五位始发港航线均超过 200 条，分别是美国劳德代尔堡（共有 299 条航线，占 6.01%）、荷兰阿姆斯特丹（拥有 267 条航线，占比 5.36%）、美国迈阿密（共有 259 条航线，占比 5.20%）、意大利罗马（共有 216 条航线，占比 4.34%）和西班牙巴塞罗那（共 201 条航线，占比 4.04%）。

图 2　全球邮轮航线始发港分布云图

从挂靠港来看，共有 1861 个港口，其中排名前 100 的挂靠港共出现 23095 次，占比为 35.07%，绝大多数是欧洲地区的港口，占据前八名，包括罗马、奇维塔韦基亚、巴塞罗那、维也纳以及阿姆斯特丹、布达佩斯、科隆和圣彼得堡，紧随其后的是北美埃弗格雷斯港和劳德代尔堡。排名第一的是荷兰阿姆斯特丹，出现 697 次，占比 1.06%；其次是意大利罗马和奇维塔韦基亚，均出现 628 次，占比 0.95%；然后是西班牙巴塞罗那（出现 588 次，占比 0.89%）和奥地利维也纳（出现 546 次，占比 0.83%）。

图 3　全球邮轮航线挂靠港（目的地）分布云图

（三）不同区域特征

1. 美国东北部

邮轮航线共有 116 条，主要包括波士顿和纽约两大母港，共有 24 种不同时长的航线产品，集中在 4 ~86 天，航线较长，10 ~30 天的航线占比超过 60%。其中，3 ~5 天航线 9 条，6 ~9 天航线 31 条，10 ~14 天航线 48 条，15 ~30 天航线 25 条，31 ~49 天航线 2 条。

从挂靠港来看，共有 184 个港口，出现 907 次。排名前 50 的挂靠港出现 704 次，占比 77.62%；排名前 5 的挂靠港出现 241 次，占比达 26.57%。最热门的挂靠港是美国纽约（曼哈顿），频次达 62 次，占比 6.84%；其次是加拿大魁北克（58 次，占比 6.39%）、加拿大哈利法克斯（50 次，占比 5.51%）、美国巴尔港（45 次，占比 4.96%）和美国波士顿（33 次，占比 3.64%）。

从母港来看，纽约和波士顿处于协同发展的关系，航线布局在数量、时长和挂靠港上各有偏重，相互调补，以促进区域邮轮业协调发展。波士顿航线较短，以 6 ~9 天为主，主要覆盖新英格兰/加拿大市场；纽约航线较长，10 ~14 天居多，主要覆盖新英格兰、百慕大、加勒比以及海外市场。波士顿涉及 47 个挂靠港，热门港口主要集中在美国、加拿大和澳大利亚；而纽约涉及 172 个挂靠港，热门港口集中在美国、加拿大和英国。

2. 美国东南部

美国东南部邮轮航线共有 680 条，主要包括迈阿密、卡纳维拉尔、劳德代尔堡、坦帕四个邮轮母港，共有 43 种不同时长的航线产品，位于2 ~146 天区间内，6 ~14 天的航线共 624 条，占比 91.76%。其中，7 天航线数量最多，共 149 条，占比 23.07%；其次是 14 天航线，共 92 条，占比 14.24%。另外，3 ~5 天航线 145 条，6 ~9 天航线 191 条，10 ~14 天航线 184 条，15 ~30 天航线 104 条，31 ~49 天航线 12 条，50 天及以上邮轮航线 7 条。

从挂靠港来看，共有 378 个港口，出现 4844 次，其中排名前 50 的挂靠港出现 3579 次，占比 73.89%；排名前 5 的挂靠港出现 1043 次，占比 21.53%，呈现集中化特征，比如劳德代尔堡的航线频次达 295 次，占比 6.09%；迈阿密出现 247 次，占比 5.1%；墨西哥科苏梅尔出现 170 次，占比 3.51%；古巴哈瓦那的频次为 168 次，占比 3.47%；英国大开曼的频次为 163 次，占比 3.36%。

从母港来看，美国东南部的港口主要位于佛罗里达州，其中迈阿密和劳德代尔堡作为世界领先的港口，处于主导地位，拥有更为丰富和全面的航线布局，分别拥有 259 条和 299 条航线，而卡纳维拉尔和坦帕则在一定程度完善区域内整体航线网络，分别拥有 88 条和 34 条航线。迈阿密航线涉及 247 个挂靠港，数量最多，航线覆盖美国、古巴、巴哈马、墨西哥和英国等；劳德代尔堡航线经过 233 个挂靠港，多集中在美国；坦帕拥有 50 个挂靠港，同样集中在美国；卡纳维拉尔的航线抵达 41 个挂靠港，热门目的地集中在巴哈马等地。因为处于同一区域，距离临近，各港口在航线设置上存在重叠也有所侧重，能形成独特优势。港口之间的竞合关系保障了区域内活跃的产业发展氛围。

3. 美国中南部

美国中南部的邮轮航线有 61 条，主要包括新奥尔良和格尔韦斯顿两大邮轮母港，共有 7 种不同时长的航线，3～9 天邮轮航线共 57 条，占比 93.44%。其中 3～5 天航线 18 条，6～9 天航线 39 条，10～14 天航线 4 条。7 天航线数量最多，共 30 条，占 49.18%。

从挂靠港来看，共有 31 个挂靠港，出现 242 次。排名前 5 的挂靠港出现 145 次，占比 59.92%。热门的挂靠港包括墨西哥科苏梅尔（频次 52，占比 21.49%）、美国格尔韦斯顿（频次 34，占比 14.05%）、美国新奥尔良（频次 26，占比 10.74%）、墨西哥玛雅遗址（频次 17，占比 7.02%）和洪都拉斯海盗岛（频次 16，占比 6.61%）。

从母港来看，新奥尔良和格尔韦斯顿两大母港客源市场重叠较小，建立了共同发展的良性关系，后者航线布局更为密集，达到 34 条，前者拥有 20 条航线，两者在航线时长方面没有明显差异。总体来看，因该区域邮轮航线布局尚不完全，两大港口均处于上升阶段。目前来看，两大港口在航线数量、航线时长和邮轮挂靠港上没有明显差异，缺乏独具特色的核心竞争力。新奥尔良虽航线数量相对较少，但涉及挂靠港较多（30 个），格尔韦斯顿涉及20个挂靠港，主要分布在美国、墨西哥、英国、洪都拉斯等。

4. 美国西南部

美国西南部的邮轮航线共有115条，主要包括火奴鲁鲁、圣地亚哥和洛杉矶三大邮轮母港，共有30种不同时长的航线，分布在2~96天期间，长航线居多，15~30天航线共51条，占比44.37%。此外，1~2天航线2条，3~5天航线18条，6~9天航线共23条，10~14天航线共15条，31~49天航线3条，50天及以上航线3条。具体来看，7天航线数量最多（共20条，占比17.39%），其次是15天航线（共18条，占比15.5%）和16天航线（共9条，占比7.83%）。

从挂靠港来看，共有145个港口，出现853次。排名前50的挂靠港出现687次，占比80.54%；排名前5的挂靠港出现187次，占比21.92%。最热门的挂靠港是墨西哥波圣卢卡斯，频次达50，占比5.86%，其次是墨西哥巴亚尔塔港（39次，占比3.99%）、巴拿马巴拿马运河、哥斯达黎加蓬塔雷纳斯（卡尔德拉港）和美国火奴鲁鲁。

从母港来看，洛杉矶处于主导地位，拥有64条航线，涉及116个挂靠港，航线布局更为丰富和全面；圣地亚哥和火奴鲁鲁分别拥有38条和13条航线、62个和39个挂靠港，是区域航线网络的重要节点。各港口在航线布局上各有侧重，形成了自身独特的优势，在一定程度上与其他港口优势互补。洛杉矶和圣地亚哥航线时长跨度相对较大，可向游客提供从短期航线到50天及以上环球航线的产品；火奴鲁鲁邮轮航线时长相对集中。洛杉矶航线的热门目的地包括美国、墨西哥、哥斯达黎加、巴拿马等地；圣地亚哥航线集中访问美国、墨西哥、巴拿马等地，而火奴鲁鲁航线的热门目的地集中在美国、法国和澳大利亚。港口之间良好的竞合关系塑造了区域内活跃的产业发展氛围。

5. 美加西部

美加西部的邮轮航线共有158条，主要包括西雅图和温哥华两大母港，共有31种不同时长的航线产品，分布在1~49天期间，6~14天航线共103条，占比65.19%。此外，1~2天航线8条，3~5天航线15

条，6~9天航线共63条，10~14天航线共40条，15~30天航线共24条，31~49天航线共8条。具体来看，7天航线数量最多，共52条，占比32.91%；其次是10天航线（16条，占比10.13%）和11天航线（11条，占比6.96%）。

从挂靠港来看，共有184个港口，出现1308次。排名前50的挂靠港出现978次，占比74.77%。排名前5的挂靠港出现360次，占比27.52%。最热门挂靠港为美国朱诺，出现90次，占比6.88%；其次是美国凯奇坎（88次，占比6.73%）、美国史凯威（69次，占比5.28%）、加拿大维多利亚（58次，占比4.43%）、加拿大温哥华（55次，占比3.52%）。

从母港来看，主要母港是西雅图和温哥华，在航线时长和挂靠港上基本相似，没有明显差异，具有一定的竞争关系。西雅图共36条航线，温哥华共有航线122条，时长均以6~9天居多，后者航线在时长分布上更为分散。西雅图航线涉及50个挂靠港，温哥华涉及173个挂靠港，两者热门挂靠港均集中在美国和加拿大，特别是阿拉斯加地区。

6. 地中海地区

地中海地区的邮轮航线共有712条，主要包括巴塞罗那、罗马、威尼斯、雅典和热那亚五个邮轮母港，共有37种不同时长的邮轮航线，位于1~52天区间内。其中6~14天航线615条，占比86.38%。此外，1~2天航线15条，3~5天航线68条，6~9天航线224条，10~14天航线243条，15~30天航线148条，31~49天航线13条，50天及以上航线1条。具体来看，7天航线数量最多，共152条，占比21.35%，其次是12天航线（70条，占比9.83%）和10天航线（60条，占比8.43%）。

从挂靠港来看，共有426个港口，出现7181次。排名前50的挂靠港出现4780次，占比66.56%。排名前5的挂靠港出现1334次，占比18.58%，集中化特征明显，而且每个港口的出现频次均超过150次。最热门的挂靠港是意大利罗马（奇维塔韦基亚），出现413次，占比5.75%；其次是西班牙巴塞罗那（318次，占比4.43%）、法国马赛（242次，占比3.37%）、意大利佛罗伦萨（里窝那）（182次，占比2.53%）、意大利那不勒斯（179次，占比2.49%）。

从母港来看，巴塞罗那和罗马作为世界领先的港口，处于主导地位，航线布局更为密集，分别拥有201条和216条航线、174个和278个挂靠港；威尼斯、热那亚和雅典分别拥有111条、119条和65条航线与167个、125个和162个挂靠港，使得区域内整体航线网络更为完善。各港口在航线目的地布局上各有侧重，形成自身独特优势，产生优势互补的效果。巴塞罗那、罗马和热那亚以10~14天航线居多，而威尼斯和雅典更偏重于6~9天邮轮航线。罗马航线、巴塞罗那航线和热那亚航线的热门目的地集中在意大利、西班牙、法国、希腊等。威尼斯航线覆盖意大利和希腊，还增加了黑山共和国和克罗地亚市场。雅典航线的热门航线目的地集中在美国、英国、洪都拉斯等地。港口之间合作密切，促进了整个邮轮区域的良性发展。

7. 地中海之外欧洲地区

地中海之外欧洲地区的邮轮航线共有604条，主要包括南安普顿、哥本哈根、汉堡、基尔和阿姆斯特丹五个邮轮母港，共有46种不同时长的航线产品，其中6~30天航线共549条，占比90.89%。此外1~2天航线7条，3~5天航线26条，6~9天航线167条，10~14天航线271条，15~30天航线111条，31~49天航线12条，50天及以上航线10条。具体来看，14天航线数量最多，共136条，占比22.52%，其次是7天航线（125条，占比20.7%）和12天航线（52条，占比8.61%）。

从挂靠港来看，共有494个港口，出现6764次。前50名挂靠港共出现4140次，占比60.67%。排名前5的挂靠港共出现1072次，占15.85%，集中化特征明显。最热门的目的地是荷兰阿姆斯特丹，频次达363次，占5.37%；其次是俄罗斯圣彼得堡（195次，占比2.88%）、德国科隆（186次，占比2.75%）、奥地利维也纳（173次，占比2.56%）和英国南安普顿（155次，占比2.29%）。

从母港来看，阿姆斯特丹和南安普顿作为世界著名的港口，处于优势地位，拥有更为丰富和全面的航线布局，航线数量分别为267条和173条，挂靠港数量分别为302个和275个；哥本哈根、汉堡和基尔分别拥有84条、50条和30条航线与170个、167个和47个挂靠港。因该区域母港分布比较分散，辐射的客源市场较独立，竞争关系较弱；在航线数量、航线时长和挂靠港上各有侧重，各港口相互调补，促进区域邮轮业协调发展。阿姆斯特丹航线的热门目的地在荷兰、奥地利、匈牙利，南安普顿航线经过的热门目的地倾向于美国和爱尔兰，哥本哈根航线涉及的热门航线目的地分布于丹麦、芬兰和瑞典，汉堡航线倾向于覆盖西班牙、法国市场，基尔航线的主要目的地布局在挪威等地。

8. 亚洲及中东地区

亚洲及中东地区的邮轮航线共有198条，主要包括新加坡、中国香港和迪拜三大邮轮母港，共有40种不同时长的航线产品，主要集中在3～60天，共162条，占81.82%。其中，3～5天航线14条，6～9天航线34条，10～14天航线59条，15～30天航线69条，31～49天航线18条，50天及以上航线4条。具体来看，14天航线数量最多，共32条，占比16.16%；其次是7天航线，共27条，占比13.64%。

从挂靠港来看，共有193个港口，出现2050次。排名前50的挂靠港出现1611次，占比78.59%。排名前5的挂靠港出现频次共449次，占比21.9%。最热门的挂靠港是新加坡，出现106次，占比5.17%；其次是泰国曼谷林查班港（93次，占比4.54%）、中国香港（93次，占比4.54%）、阿联酋迪拜（81次，占比3.95%）、越南胡志明（西贡）（76次，占比3.71%）。

从母港来看，各大港口均处于较为稳定的发展阶段，无显著的竞争关系；航线布局各有侧重，拥有自己的独特优势。新加坡提供101条航线，中国香港拥有43条航线，而迪拜拥有54条航线，航线数量方面新加坡占有明显优势；新加坡和中国香港航线时长跨度相对较大，而迪拜邮轮航线时长相对集中。新加坡航线涉及145个挂靠港，中国香港航线经过102个港口，两者热门目的地比较相似，包括泰国、新加坡、中国内地、越南等，其中新加坡更侧重于泰国；迪拜航线途经98个目的地，集中于阿联酋、阿曼和埃及等地。

三　航线分布影响因素与对策建议

（一）影响因素分析

全球邮轮航线主要分布在美国东南部和地中海地区，航线数量分别为680条和712条。从自然和区位因素看，这些区域气候宜人，旅游资源丰富，周边港口密集，岸上观光/活动丰富，出入境政策便利。从市场因素来看，中产阶级群体巨大，人均可支配收入高，客源资源丰富，带薪休假制度完善，航海与邮轮文化成熟。从港口因素来看，邮轮航线的完善布局依托于区域内成熟的港口，注重港口区域综合功能的配套开发，母港邮轮产业链完善，邮轮公司通常深耕当地市场，创新性的港口投资、运营模式成熟，如巴塞罗那积极创新投资运营模式，将邮轮码头进行市场化经营，并建立协调运营机制，大大提高了运营效率，保障了航线常态化运营。

（二）主要对策建议

通过比较发现，与国际著名邮轮航线布局区相比，我国常态化航线数量较少，类型较为单调，入境航线欠缺，岸上产品不足，航线吸引度较低，区域布局有所失衡，港口缺乏联动，投资运营模式单一，邮轮公司主动性不足，利益主体航线拓展积极性不高，航线常态化运营难度大。

1. 提升公众认知度，做大客源市场

常态化邮轮航线的布局离不开充足的客源支撑。各港口城市应主动进行营销推广，并与沿海港口城市合作，构筑“母港航线推广平台”，提升消费者对邮轮旅游的认知度，从而做大区域客源市场。此外，各地文旅部门、港口局、港务局应加强邮轮旅游的境外宣传推广，吸引入境航线。

2. 港口腹地联动，提升港口与航线吸引力

一方面提升始发港服务能力，另一方面提升入境旅游吸引力。完善港区功能配备，提升港口综合能力，以邮轮港口经营为中心，整合港口附近资

源，丰富购物、旅游、休闲、文化、娱乐、餐饮、住宿、会展等业态，结合各港口所在区域旅游自然资源、地方特色人文资源有针对性地进行产品开发，丰富岸上旅游产品类别，彰显港口周边地区地方特色；完善公共服务设施，构建完善的交通承接体系。

3. 打造多元化发展的航线产品

应结合国人的消费习惯与假期制度，推出公海、沿海、3～5天短途、内河、对台等邮轮航线，做到常规航线与主题航线有效结合。特别地，可借鉴地中海地区经验，探索突破政策和运营限制，简化签证与出入境政策，开发“多母港”收客航线，同时提升不同站点“邮轮联盟”的收客能力，比如在东北亚和东南亚的港口密集区探索此类“开口”航线。从区域来看，依托港口群落的竞合关系，拓展区域邮轮航线和内河邮轮航线，如可以厦门、福州、上海为基础，构建“海峡邮轮旅游圈”，开发对台航线；以广州、深圳、海口、三亚、北海等港口为依托，开发面向东盟十国的“泛南海”邮轮航线和“海上丝绸之路”长航线。

参考文献

Castillo-Manzano J. I.，Fageda X.，Gonzalez-Laxe F.，“An Analysis of the Determinants of Cruise Traffic：An Empirical Application to the Spanish Port System”，*Transportation Research Part E.：Logistics and Transportation Review*，2014（66）.

Chang Y. T.，Park H.，Liu S. M.，et al.，“Economic Impact of Cruise Industry Using Regional Input-output Analysis：A Case Study of Incheon”，*Maritime Policy & Management*，2016（1）.

Chen J. M.，Nijkamp P.，“Itinerary Planning：Modelling Cruise Lines' Lengths of Stay in Ports”，*International Journal of Hospitality Management*，2018（73）.

Cruise Lines International Association，“2017 CLIA Cruise Industry Outlook”，2018.

Cruise Lines International Association，“2019 CLIA Cruise Trends & Industry Outlook”，2019.

Erkoc M.，Iakovou E. T.，Spaulding A. E.，“Multi-stage Onboard Inventory Management Policies for Food and Beverage Items in Cruise Liner Operations”，*Journal of Food*

Engineering, 2005 (3).

Klein, Ross A., "Responsible Cruise Tourism: Issues of Cruise Tourism and Sustainability", *Journal of Hospitality and Tourism Management*, 2011 (1).

Lekakou M. B., Pallis A. A., "Vaggelas G. K. Which Homeport in Europe: The Cruise Industry's Selection Criteria", *Tourismos*, 2011 (4).

Leong T. Y., Ladany S. P., "Optimal Cruise Itinerary Design Development", *International Journal of Services Technology and Management*, 2001 (1).

Moglia F., Sanguineri M., "Port Planning: the Need for a New Approach?", *Maritime Economics & Logistics*, 2003 (4).

Niavis S., Tsiotas D., "Decomposing the Price of the Cruise Product into Tourism and Transport Attributes: Evidence from the Mediterranean Market", *Tourism Management*, 2018 (3).

Pallis A. A., Vaggelas G. K., "Port Competitiveness and the EU 'Port Services' Directive: The Case of Greek Ports", *Maritime Economics & Logistics*, 2005 (2).

Petrick J. F., Durko A. M., "Segmenting Luxury Cruise Tourists Based on Their Motivations", *Tourism in Marine Environments*, 2015 (3).

Rodrigue J. P., Notteboom T., "The Geography of Cruises: Itineraries, Not Destinations", *Applied Geography*, 2013 (38).

Sun X., Feng X., Gauri D. K., "The Cruise Industry in China: Efforts, Progress and Challenges", *International Journal of Hospitality Management*, 2014 (42).

Wang Y., Jung K., Yeo G. T., et al., "Selecting a Cruise Port of Call Location Using the Fuzzy-AHP Method: A Case Study in East Asia", *Tourism Management*, 2014 (42).

Weeden C., Lester J-A, "Thyne M. Cruise Tourism: Emerging Issues and Implications for a Maturing Industry", *Journal of Hospitality and Tourism Management*, 2011 (1).

焦芳芳、谢燮:《邮轮航线设计及我国母港邮轮航线拓展建议》,《水运管理》2014年第11期。

沈世伟:《地中海区域邮轮港口发展研究》,《宁波大学学报》(人文科学版)2014年第5期。

孙晓东、武晓荣、冯学钢:《邮轮航线设置的基本特征与规划要素研究》,《旅游学刊》2015年第11期。

G.17

依托吴淞口国际邮轮港，打造上海邮轮商务集聚区的路径研究

闫国东 赵金林 辛普阳 王 欣 李晓玉 孙 灏 阚立扬*

摘 要： 上海吴淞口国际邮轮港已经成为亚洲第一、全球第四的邮轮母港，中国邮轮经济进入全产业链发展阶段，建设邮轮商务集聚区由此推动邮轮母港经济发展是提升其经济贡献的重要方式和路径。因此，本文系统计算和分析了我国邮轮港口商务发展的集聚度差异、商务集聚区对邮轮经济贡献度的区域差异，以及邮轮商务集聚区与区域经济的协调度差异，并在此基础上科学制定和合理设计上海邮轮商务集聚区的优化路径和实施方案，有利于优化邮轮旅游服务产业链、提升邮轮旅游服务要素集聚效应、做大做强邮轮服务贸易平台经济、创新引领邮轮旅游服务贸易示范基地、升级邮轮产业的价值链附加模式等，对将上海邮轮服务贸易示范模式复制推广到全国乃至全球，促进邮轮母港经济发展具有重要意义。

关键词： 邮轮经济 商务集聚区 邮轮产业链 服务贸易平台

---

* 闫国东，博士，上海工程技术大学管理学院副教授，研究方向：邮轮经济、旅游管理；赵金林，博士，佛罗里达州国际大学酒店管理学院终身教授，国际酒店协会研究员；辛普阳，上海工程技术大学管理学院研究生，研究方向：邮轮经济；王欣，上海工程技术大学管理学院研究生，研究方向：邮轮经济；李晓玉，上海工程技术大学管理学院研究生，研究方向：邮轮经济；孙灏，上海工程技术大学管理学院研究生，研究方向：邮轮经济；阚立扬，上海工程技术大学管理学院研究生，研究方向：邮轮经济。

2019 年，全球邮轮游客总量约为 2780 万人次，1999 ~ 2019 年，全球邮轮游客平均年增长率为 5.39%，中国增长率为 12%。对于中国邮轮业来说，在刚从 2017 ~ 2018 年的“调整期”阴霾中走出后，原本预计于 2020 年重新进入的“上升通道”在疫情冲击下已一溃千里。但根据预订网站 CruiseCompete 的数据，2021 年的邮轮预订业务量将较 2019 年增长 40%，这表明邮轮市场长期向好趋势不变。而中国疫情防控形势向好，为邮轮业的恢复提供了必要条件。

2019 年 8 月，国家文化和旅游部正式批复上海创建中国首个邮轮旅游发展示范区，这是上海 2012 年获批中国首个邮轮旅游发展实验区的全面升级，上海将在邮轮旅游政策创新、辐射范围、发展格局、服务能级等方面实现重大跨越。目前，上海市宝山区邮轮配套产业园产值已达到 200 亿元，为迈向更富魅力的国际邮轮之城，宝山区规划将打造千亿级邮轮产业链，因此，依托吴淞口国际邮轮港，对打造上海邮轮商务集聚区的路径进行研究具有重要意义。

一　上海邮轮商务集聚区的建设现状

（一）我国邮轮商务集聚区建设现状

1. 我国邮轮产业集聚要素发展百花齐放

从产业集聚要素现状看，按照上、中、下游的邮轮产业集聚要素特点、邮轮港口商务集聚要素特点，分为邮轮装备制造要素集聚区、港口综合能源储备和供应集聚区、邮轮服务业集聚区、邮轮商务商贸休闲服务集聚区、邮轮运营管理集聚区、邮轮金融服务集聚区、邮轮服务人才集聚区。

2. 我国邮轮港口商务发展的集聚度差异明显

从邮轮港口性质看，目前我国正在使用的国际邮轮港口共 15 家，其中邮轮专用码头有 8 家，通过货运码头改造而成的港口有 7 家，为研究这些港口商务发展的集聚程度，本文建立了邮轮商务集聚度评价指标体系，并通过专家打分法确定指标权重以便进行测算分析。指标数据选取 2019 年，除去没有客运邮轮到港数据的港口，对 11 个城市、12 个港口进行数据统计与计算分析。

鉴于我国邮轮产业发展年限尚短，常用指标体系中各分类并没有普及各个港口，且很多数据难以获得或统计，在此进行合理的数据衡量指标的简化和同等替换。简化和同等替换后的数据指标见表1，其中需要的辅助指标及数据见表2。

表1　邮轮商务集聚度评价指标体系

产业分类	衡量指标 p_{ij}	比重 ω_{ij}
邮轮制造业	大型邮轮制造订单数	0.1175
	各地内饰装潢公司数量	0.1325
运营管理服务业	接待母港邮轮艘次	0.1034
	出入境人次(万)	0.1166
港区服务业	接待邮轮艘次	0.1242
	母港邮轮数量	0.0558
邮轮交通服务业	接待邮轮艘次	0.0288
	邮轮游客交通出行量	0.0912
邮轮商务商贸旅游服务业	旅行社数量	0.0300
	邮轮游客消费收入	0.0900
金融保险法律服务业	母港游客人数(万)	0.0825
	出台地方法律法规数量	0.0275

表2　邮轮商务集聚度评价辅助指标

城市	TCI 旅游消费总额（亿元）	Q 游客总人数（万）	PTV 客运总量（万人次）
上海	5372.27	37037.74	22237.84
天津	4372.09	24821.77	19600.00
青岛	1955.90	10900.00	15003.41
深圳	1700.00	15102.70	21214.82
三亚	633.19	2396.33	2416.00
舟山	1054.60	7051.80	5684.00
厦门	1655.90	10012.87	10400.00
广州	4454.59	24178.10	49819.79
大连	1657.00	10382.70	8362.04
烟台	1148.50	8689.45	7386.41
海口	320.61	2820.39	10142.00

资料来源：各地2019年国民经济与社会发展统计公报。

由于上海的两个港口共享了多数上述数据指标，在此将上海两个港口合并作为上海港口进行计算，并与其他城市港口对比，可以得出：

m 港口的 i 产业集聚度评价指数为：$\sigma_i = \sum p_{ij}\omega_{ij}$

m 邮轮港口商务集聚评价指数为：$H_m = \sum \sigma_i \omega_i$

其中，$i = 1$，…，11。

另外，有邮轮游客交通出行量：$p_{42} = \frac{p_{22}}{Q}PTV$

邮轮游客消费收入：$p_{52} = \frac{p_{22}}{Q}TCI$

将各个城市的数据指标代入模型测算，结果如图 1 所示，商务集聚度指数 H_m 分布离散，区间为（0.02，347），差异极大，表明各个邮轮港口商务发展集聚度差异明显。其中上海港口商务集聚度评价指数最高，商务集聚发展相对最好，其后依次为天津、厦门、广州及深圳港口，青岛、大连、舟山港口相对落后，海口、三亚、烟台港口则排在末位，邮轮商务集聚效应不明显。所以说目前我国各邮轮港口商务发展的集聚度差异显著。

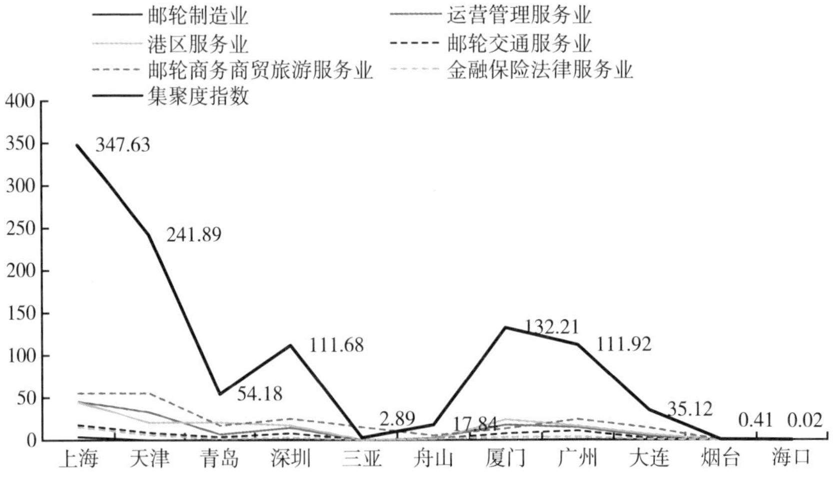

图 1　各港口邮轮产业分类集聚度指数

3. 邮轮商务集聚区与区域经济的协调度特点各异

（1）邮轮产业与区域经济评价指标体系构建

在此基于研究的科学性、数据的可获得性等原则，进行指标选取与模型构建。根据邮轮产业与区域经济内涵，参考国内外相关文献资料，研究构建相关指标体系并合理设置了指标权重，具体如表 3 所示。

表 3　邮轮产业和区域经济评价指标体系

子系统	一级指标	二级指标	指标权重
邮轮产业	邮轮市场规模	接待母港邮轮艘次	0.19
		接待访问港邮轮艘次	0.20
		接待母港邮轮出入境游客人次	0.28
		接待访问港邮轮出入境游客人次	0.25
		星级酒店数	0.07
区域经济	区域经济规模	旅行社数	0.12
		A 级景区数	0.12
		地区生产总值	0.14
		社会消费品零售总额	0.13
		财政总收入	0.17
		固定资产投资	0.11
	居民收入水平	人均生产总值	0.07
		城镇居民人均可支配收入	0.07
		农村居民人均可支配收入	0.07

（2）协调发展度评价模型

①子系统发展水平指数

$$U = \sum_{j=1}^{n} (x_{ij}, \omega_j)$$

其中，U 表示子系统发展水平指数，由指标原始数 x_{ij} 经过目标值法进行标准化处理得到，标准化公式为：

$$x_{ij} = \begin{cases} X_{ij}/M_j, X_{ij} \text{ 具有正功效} \\ M_j/X_{ij}, X_{ij} \text{ 具有负功效} \end{cases} \quad (i = 1,2,\ldots,m; j = 1,2,\ldots,n)$$

其中，M_j 表示该子系统第 j 个指标的目标值。

②耦合度模型

耦合度公式：

$$C = \left\{ \frac{U_1 \cdot U_2}{[(U_1 + U_2)/2]^2} \right\}^{\frac{1}{2}}$$

式中，耦合度 C∈［0，1］，U_1 表示邮轮产业子系统功效，U_2 表示区域经济子系统功效。

③协调发展度模型

$$T = \alpha U_1 + \beta U_2$$

$$D = \sqrt{C \cdot T}$$

式中，D 为协调发展度，C 为耦合度，T 为邮轮产业与城市化综合评价指数，α、β 为待定系数，D 的值在 0～1，本文认为邮轮产业与区域经济发展都很重要，故取 $\alpha=\beta=0.5$。

参考前人的相关研究，在此细分为 21 种协调评价类型（见表 4）。测算结果显示，邮轮商务集聚区与区域经济的协调度特点各异。

表 4　邮轮商务集聚与区域经济协调发展的评判标准及类型

类别	协调发展度 D	D 类型	功效对比	综合评价类型
协调发展类	0.90～1.00	优质协调发展类	$U_1 > U_2$	优质协调发展类区域经济滞后型
			$U_1 = U_2$	优质协调发展类邮轮产业区域经济同步型
			$U_1 < U_2$	优质协调发展类邮轮产业滞后型
	0.80～0.90	良好协调发展类	$U_1 > U_2$	良好协调发展类区域经济滞后型
			$U_1 = U_2$	良好协调发展类邮轮产业区域经济同步型
			$U_1 < U_2$	良好协调发展类邮轮产业滞后型
	0.70～0.80	中级协调发展类	$U_1 > U_2$	中级协调发展类区域经济滞后型
			$U_1 = U_2$	中级协调发展类邮轮产业区域经济同步型
			$U_1 < U_2$	中级协调发展类邮轮产业滞后型

续表

类别	协调发展度 D	D 类型	功效对比	综合评价类型
过渡类	0.60～0.70	初级协调发展类	$U_1>U_2$	初级协调发展类区域经济滞后型
			$U_1=U_2$	初级协调发展类邮轮产业区域经济同步型
			$U_1<U_2$	初级协调发展类邮轮产业滞后型
	0.50～0.60	勉强协调发展类	$U_1>U_2$	勉强协调发展类区域经济滞后型
			$U_1=U_2$	勉强协调发展类邮轮产业区域经济同步型
			$U_1<U_2$	勉强协调发展类邮轮产业滞后型
	0.40～0.50	濒临失调衰退类	$U_1>U_2$	濒临失调衰退类区域经济滞后型
			$U_1=U_2$	濒临失调衰退类邮轮产业区域经济同步型
			$U_1<U_2$	濒临失调衰退类邮轮产业滞后型
失调类	0.00～0.40	失调衰退类	$U_1>U_2$	失调衰退类区域经济滞后型
			$U_1=U_2$	失调衰退类邮轮产业区域经济同步型
			$U_1<U_2$	失调衰退类邮轮产业滞后型

（3）邮轮产业与区域经济协调发展实证检验结果

选取2019年各省份邮轮产业与区域经济的相关数据，资料来源于各省份统计年报、年鉴等。根据邮轮产业与区域经济协调发展度模型，带入公式计算可以得到14个港口邮轮产业与区域经济发展协调类型如表5所示。

表5　2019年14个港口邮轮产业与区域经济协调等级与协调发展类型

港口	U1	U2	T	C	D	协调等级	综合评价类型
上海	0.99	0.61	0.80	0.97	0.77	优质协调发展类	优质协调发展类区域经济滞后型
天津	0.44	0.32	0.38	0.99	0.38	濒临失调衰退类	濒临失调衰退类邮轮产业滞后型
三亚	0.13	0.03	0.08	0.77	0.06	失调衰退类	失调衰退类区域经济滞后型
厦门	0.29	0.15	0.22	0.95	0.21	失调衰退类	失调衰退类区域经济滞后型
青岛	0.19	0.34	0.26	0.96	0.25	失调衰退类	失调衰退类邮轮产业滞后型
舟山	0.03	0.13	0.08	0.78	0.06	失调衰退类	失调衰退类邮轮产业滞后型
大连	0.15	0.14	0.14	1.00	0.14	失调衰退类	失调衰退类区域经济滞后型
广州	0.19	0.72	0.46	0.81	0.37	失调衰退类	失调衰退类邮轮产业滞后型
深圳	0.18	0.27	0.22	0.98	0.22	失调衰退类	失调衰退类邮轮产业滞后型
烟台	0.02	0.16	0.09	0.66	0.06	失调衰退类	失调衰退类邮轮产业滞后型
海口	0.01	0.04	0.02	0.83	0.02	失调衰退类	失调衰退类邮轮产业滞后型
温州	0.03	0.26	0.15	0.59	0.09	失调衰退类	失调衰退类邮轮产业滞后型
防城港	0.01	0.18	0.09	0.45	0.04	失调衰退类	失调衰退类邮轮产业滞后型
北海港	0.02	0.03	0.02	1.00	0.02	失调衰退类	失调衰退类邮轮产业滞后型

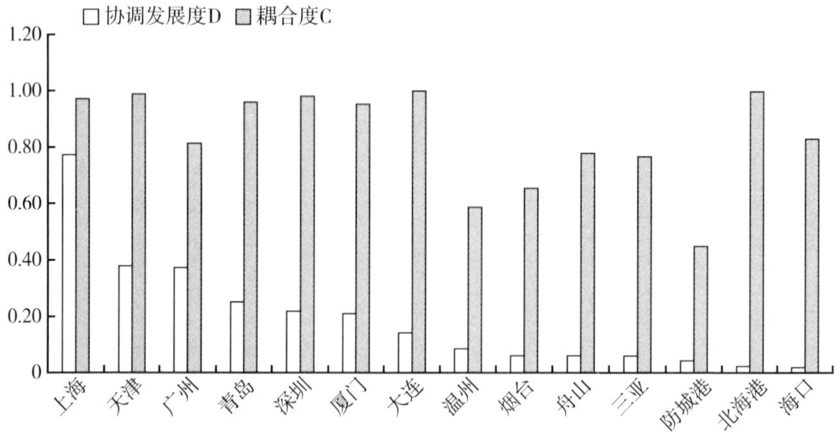

图 2　邮轮产业与区域经济耦合度与协调发展度

（4）结果分析

根据表5 和图2 可知，第一，从耦合度C 的数值看，有6 个港口取值主要集中在0.9～1.0，上海、天津、广州、青岛的港口协调度都很高，深圳、厦门、大连、温州的港口协调度处于中部区间，总体来看，每个地区的港口与区域经济的协调度层次不同。第二，协调度从高到低依次是上海、天津、广州、青岛、深圳、厦门、大连、温州、烟台、舟山、三亚、防城港、北海港、海口。其中温州和防城港的邮轮产业与区域经济差异较大，造成两者的耦合度不高。第三，从协调发展度 D 的数值来看，14 个港口的取值介于 0.02～0.77，数值波动较大，表明我国各港口的协调发展模式各不相同。第四，从综合评价类型来看，上海为唯一优质协调级别，港口发展与区域经济的协调关系较好，这也是上海作为我国邮轮产业领军地区不断深化发展的结果。

（二）上海邮轮商务集聚区建设现状

首先，上海邮轮产业集聚协同创新的新格局加速形成，邮轮商务集聚全产业链要素初具规模，且邮轮商务集聚区发展模式多元。邮轮船供配套服务全面提升；上海邮轮供应协会和邮轮服务贸易创新企业承接新使命；邮轮公司集聚上海等。

其次，上海邮轮全产业链的商务集聚度区域差异明显。产业集聚的决定因素有收益递增、垄断竞争、交易成本、产业前后关联效应等，按照空间布局从南到北方向，划分为以下三个区域，即邮轮母港商务集聚核心区、邮轮母港商务集聚服务区、邮轮母港商务集聚辐射区，分析不同集聚区域的商务集聚特点。聚类分析上述区域的集聚类型、市场细分、资源配置、需求预测等，上海邮轮全产业链的商务集聚度区域差异明显；产业要素集聚程度偏低，区域经济联动有待加强，上海宝山的邮轮产业要素集聚程度偏低，没有形成规模效应。上海邮轮配套产业园建设和产城融合也尚需加强，区域经济联动还有待加强。

二　上海邮轮商务集聚区发展瓶颈

（一）疫情下全球邮轮产业受重创且影响深远

疫情的暴发导致全球范围内的邮轮停航，接踵而至的是邮轮公司和造船厂的巨额损失甚至破产，停航期间邮轮港口也遭受了巨大的经济损失。根据欧盟预测数据，本次疫情将会对意大利制造业造成60.12%的衰退，对于技术、科研和专业服务类行业造成67.39%的衰退。邮轮商务集聚区的建设和发展直接受到冲击。

（二）邮轮旅游服务产业链集聚优化需要纵深拓展

邮轮母港商务集聚核心区、邮轮母港商务集聚服务区、邮轮母港商务集聚辐射区的集聚程度不同，均存在一定程度的“散而不集、集而不聚、聚而不高、高而不精”情况。

（三）邮轮旅游服务要素集聚效应需要全面提升

重点聚焦邮轮港口服务的全面提升，重点扩大豪华邮轮产业基金的集聚效应，重点吸引邮轮公司和邮轮企业总部集聚。

（四）邮轮服务贸易平台经济需要做大做强

邮轮港口的有效运营，不只是港口自身的运作，还涉及海关、检验检疫等政府部门。另外，还有许多配套产业的关联运营。

（五）邮轮旅游服务贸易示范基地需要引领创新

宝山要创建全国乃至世界一流的邮轮旅游服务贸易基地，还需要引领创新，同时突破邮轮服务贸易中的诸多政策机制瓶颈。

（六）邮轮产业的价值链附加模式需要加快升级

上海邮轮产业价值链还很紧缩，不但缺少价值链上游的邮轮制造活动，而且中游也没有本土的邮轮运营公司，价值链活动几乎集中在下游环节。

三　上海邮轮商务集聚区建设推进路径及优化措施

（一）上海邮轮商务集聚区建设推进路径分析

1. 区域政策机制优化设计

优化“区港联动”的邮轮船供发展模式；先行先试区域一体化建设；邮轮港口服务贸易开放度进一步提升。

2. 服务贸易流程政策机制优化设计

组建邮轮服务贸易一体化协调小组；监管与服务并重提升邮轮服务贸易一体化通关效率；组建邮轮服务贸易一体化平台。

3. 商务集聚支持政策机制优化设计

加强邮轮服务贸易一体化人才建设；积极促进邮轮服务贸易，深化邮轮单一窗口建设；研究邮轮监管创新制度，成立长三角邮轮供应协会。

（二）上海邮轮商务集聚区优化重点措施

1. 产业各方积极防疫蓄力重启

邮轮何时复航，既是经济层面的问题，也是政治领域的问题，最根本还是取决于国家疫情防控治理水平。2020 年 7 月，交通运输部发布《国内游轮常态化疫情防控工作指南》，包括复航全航行周期的防疫工作要求以及意外发生时的应急处置等内容，中国邮轮复航具备优质的政策环境。同时，产业各方在邮轮市场、资本、技术等方面的充分准备才能使邮轮市场早日重启。

2. 积极申请创建邮轮综合保税区

为了打造上海邮轮商务集聚区，进一步满足邮轮游客的消费需求，宝山区作为全国邮轮旅游示范基地，需要加强与境外港口合作，设立邮轮保税品展示交易平台。

3. 打造国际先进的船供物资监管模式

上海打造商务集聚区、国际航运中心，进一步提升高端航运服务的影响力和辐射力，为更好的提供邮轮物资供给探索“上海模式”。

4. 邮轮物资配送新方式实现常态化

上海除了积极落实相关政策，加大邮轮物资国外用品的国内采购力度外，需要学习借鉴国际和国内最先进的邮轮物资配送方式，简化船供物资装船流程。

5. 建立邮轮集约智能型通关模式

建立健全邮轮“一站式”服务的监管体系，避免因海关内部沟通问题而造成的效率损失。此外，上海邮轮港口应加快智能通关模式的建立和普及。

6. 发挥平台作用促进商务集聚合作互联互通

以亚洲邮轮港口协会为代表的协会和合作平台应加强各国政府、企业之间的沟通，促进地区内各国遵守共同的行业标准以及借鉴欧美国家在邮轮旅游合作中的实践经验，实现真正的互联互通、合作共赢。

参考文献

刘和东、陈雷：《高新技术产业集聚区生态系统演化机理研究》，《科技管理研究》

2019 年第 16 期。

陈兢、曲升刚、王秋霞：《商贸流通集聚区的形成、演变与发展路径优化》，《商业经济研究》2019 年第 9 期。

聂正英、李萍：《京津冀交通一体化与区域经济耦合：基于熵权法的协调分析》，《综合运输》2019 年第 4 期。

徐海峰：《旅游产业与区域经济协调发展研究——基于系统耦合与协同理论以浙江省为例实证分析》，《北京劳动保障职业学院学报》2018 年第 4 期。

毛文富：《我国物流产业与区域经济的协调发展评价研究》，首都经济贸易大学，2017。

孙妍：《邮轮产业与区域经济发展耦合协调度实证分析——以三亚市为例》，《海南热带海洋学院学报》2017 年第 5 期。

龙朝晖：《“互联网 +”背景下电子商务产业聚集区建设研究》，《商业经济研究》2017 年第 7 期。

规划政策篇

Planning and Policy Reports

G.18

“十四五”期间中国邮轮产业发展思路研究

叶欣梁　梅俊青*

摘　要： 邮轮旅游作为休闲度假高端旅游业态，是中国旅游业的新兴业态，是满足人民日益增长的美好生活需要的幸福产业。2006年以来，中国邮轮旅游市场蓬勃发展，短短13年即成为全球第二大邮轮客源市场，成为全球最具活力和发展潜力的区域新兴市场，成为推动我国旅游经济供给侧改革的重要支点和推动力。“十四五”时期是“两个一百年”的历史交汇期，我国经济正处于从旧常态跃迁到新常态、从高速增长向高质量发展转型的攻坚期，我国邮轮旅游处于由高速度增长向高质量、高品

* 叶欣梁，博士，上海工程技术大学教授、上海国际邮轮经济研究中心副主任、上海吴淞口国际邮轮港副总经理，研究方向：邮轮经济；梅俊青，硕士，上海吴淞口投资（集团）有限公司，研究方向：邮轮经济。

位发展的新阶段，必须在更高起点、更高层次、更高目标上推进邮轮旅游高质量发展。立足于国家战略和旅游业新业态发展需求，深化文旅融合，对标国际邮轮旅游标准，借鉴邮轮旅游产业发展较为成熟的国家或地区的经验，研判我国邮轮旅游的内外部环境、产业特征，基于邮轮旅游发展规律分析我国邮轮产业要素资源，并在此基础上，结合我国邮轮产业方向和目标，深入探讨“十四五”时期我国邮轮旅游的发展形势、战略目标和路径、重点举措和保障机制，加强与全球优势资源对接，深化改革开放，以便对“十四五”时期我国邮轮旅游发展的战略路径和措施有更为清晰地认识和理解，推动邮轮旅游高质量发展，建成世界邮轮旅游产业新高地。

关键词： 邮轮旅游　邮轮产业　文旅融合

邮轮旅游是将作为海上目的地邮轮与岸上旅游目的地相结合的海陆复合型旅游方式，是国际旅游业的高端业态，已经成为我国旅游业发展的重要组成部分，成为壮大海洋旅游经济、拓展蓝色发展空间、促进消费升级的重要抓手，是对接“一带一路”倡议、深化改革开放、增强旅游外交和实施海洋经济强国战略的重要助力，对于服务“一带一路”倡议、建设海洋强国具有重要意义。邮轮旅游是我国旅游业中增长最快的部分之一，随着国内消费加快升级，旅游消费方式从观光游到观光、休闲、度假并重转变，对高品质旅游产品的需求日益增大。由于邮轮产业强大的经济拉动能力和产业集聚吸附能力，邮轮旅游逐渐成为沿海地区经济增长的新动力。国务院办公厅印发《关于进一步激发文化和旅游消费潜力的意见》，提出“支持邮轮游艇旅游等新业态发展”。文化和旅游部等十部门联合印发《关于促进我国邮轮经济发展的若干意见》，提出“推动我国邮轮产业链迈向全球价值链中高端，促进我国邮轮经济升级发展”。为引领邮轮旅游高质量发展，文化和旅游部批准上海设立“中国邮轮旅游发展示范区”，要求打造邮轮经济高质量发展全国样板。“十四五”期间，在文旅深度融合的大背景下，亟须探讨我国邮轮旅游高质量发展机制和模式，加强邮轮旅游文旅融合，不断激发文化和旅游消费潜力，优化邮轮出入境客源结构，不断提升邮轮旅游产业贡献度及其对经济增长的带动作用，推动邮轮旅游高质量发展。

一 “十三五”时期我国邮轮产业发展回顾

（一）我国邮轮旅游市场规模大幅增长

近年来，我国三大旅游市场持续健康增长，我国连续多年保持世界第一大出境旅游客源国和全球第四大入境旅游接待国地位，我国进入“大众旅游”时代。新时代，中国游客的出境旅游需求愈发旺盛，对美好生活的追求愈加强烈，中国出境旅游市场持续稳健增长，2019 年中国公民出境旅游人数达 1.55 亿人次，比上年同期增长 3.3%。自 2006 年我国接待母港邮轮以来，我国邮轮市场规模持续增长，邮轮接靠量和接待出入境游客量均有显著提升，邮轮接待量从 2006 年的 322 艘次增长到 2019 年的 802 艘次，其间 2017 年甚至达到 1181 艘次，邮轮出入境游客量从 2006 年的 38.31 万人次增长到 2019 年的 397.42 万人次，其间 2017 年甚至达到 495.42 万人次。截至 2019 年，我国共接待邮轮总量达到 7523 艘次，其中接待母港邮轮 5278 艘次，接待访问港邮轮 2245 艘次；接待出入境游客量 2709.83 万人次，其中接待母港邮轮出入境游客量达到 2375.6 万人次，接待访问港邮轮出入境游客量达到 334.21 万人次。

（二）我国邮轮港口接待能力持续增强

《全国沿海邮轮港口布局规划方案》提出，2030 年前，全国沿海形成以 2～3 个邮轮母港为引领、始发港为主体、访问港为补充的港口布局。在始发

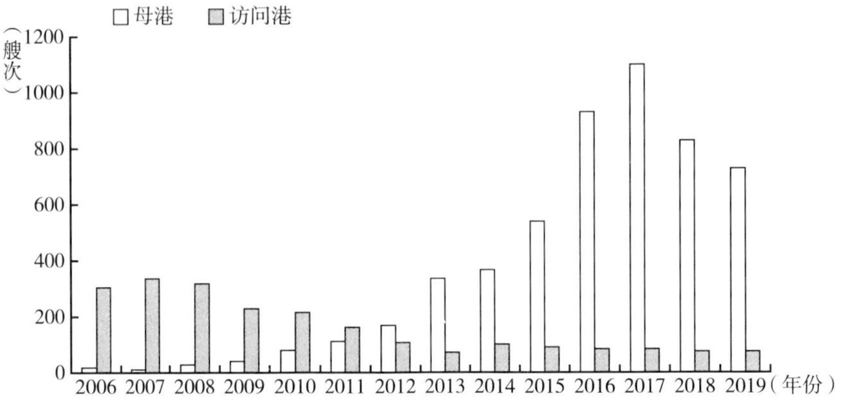

图1　2006～2019年我国接待邮轮艘次变化情况

资料来源：中国交通运输协会邮轮游艇分会（CCYIA）。

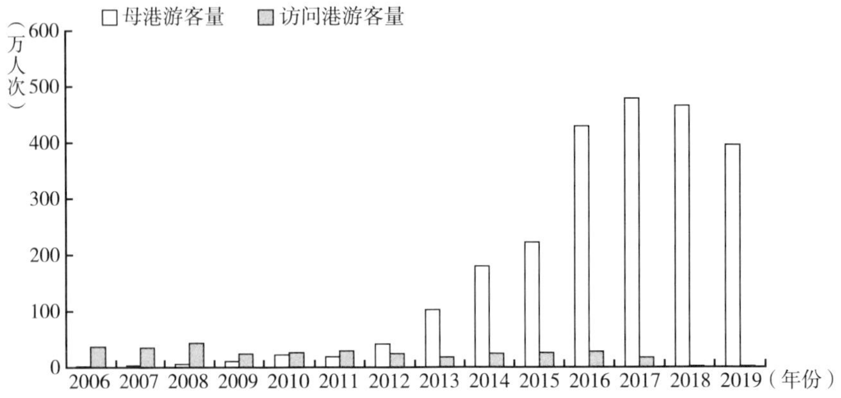

图2　2006～2019年我国邮轮游客量变化情况

资料来源：中国交通运输协会邮轮游艇分会（CCYIA）。

港布局方面，辽宁沿海重点发展大连港，津冀沿海以天津港为始发港，山东沿海以青岛港和烟台港为始发港，长江三角洲以上海港为始发港，相应发展宁波—舟山港，东南沿海以厦门港为始发港，珠江三角洲近期重点发展深圳港，相应发展广州港，西南沿海以三亚港为始发港，相应发展海口港和北海港。目前全国邮轮专用码头有上海吴淞口国际邮轮母港、上海港国际客运中心、天津国际邮轮母港、青岛邮轮母港、深圳招商蛇口国际邮轮母港、三亚凤凰岛国际邮轮港、舟山群岛国际邮轮港、厦门国际邮轮母港、广州南沙邮轮母港等，货运码头改造的大连港国际邮轮中心、广州港国际邮轮母港、烟台国际邮轮港、海口秀英港、温州国际邮轮港、北海港、福州国际邮轮港等，规划建设湛江国际邮轮港，邮轮港运营能力不断提升，接待大型邮轮能力显著增强。

表1　2020年全国邮轮港口布局情况

区域	邮轮港口	邮轮泊位	发展定位
东北	大连港国际邮轮中心	2个15万吨泊位	始发港
华北	天津国际邮轮母港	4个泊位	母港
华东	青岛邮轮母港	3个泊位	母港
	烟台国际邮轮港	1个泊位	始发港
	上海吴淞口国际邮轮港	2个22.5万吨和2个15万吨泊位	母港
	上海港国际客运中心	3个7万吨泊位	访问港
	舟山群岛国际邮轮港	1个10万吨(兼靠15万吨)泊位	始发港
	温州国际邮轮港	1个5万吨(兼靠10万吨)泊位	始发港
东南	厦门国际邮轮母港	1个15万吨、2个8万吨泊位	母港
	福州国际邮轮港	满足15万吨大型邮轮靠泊	始发港
华南	广州南沙邮轮母港	1个10万吨泊位和1个22.5万吨泊位	母港
	广州港国际邮轮母港	1个15万吨泊位	母港
	深圳招商蛇口国际邮轮母港	1个22万吨和1个10万吨泊位	母港
	湛江国际邮轮港	1个3万吨和1个7万吨泊位	始发港
	北海港	1个5万吨、2个2万吨泊位	始发港
	海口秀英港	改建1个10万吨泊位	始发港
	三亚凤凰岛国际邮轮港	1个10万吨级码头、2个15万吨级码头、1个22.5万吨级码头	母港

资料来源：各大邮轮港口。

（三）我国邮轮经济产业链加速延伸

“十三五”期间，我国邮轮产业链加速推进，大力推动本土邮轮船队发展，包括海航邮轮“海娜号”、天海邮轮“新世纪号”、渤海邮轮“中华泰山号”、钻石邮轮“辉煌号”、星旅邮轮“鼓浪屿号”、蓝梦邮轮“蓝梦之星号”，中船嘉年华邮轮收购歌诗达邮轮“大西洋号”和“地中海号”，中资企业对邮轮运营的投资力度不断加大。我国是全球造船大国，推动国产邮轮本土建造是推动我国造船业转型升级、供给结构调整的新方向。2016 年 10 月 12 日，为中国打造豪华国际邮轮提供制造、运营、配套等服务的上海中船国际邮轮产业园揭牌，这是我国首个国际邮轮产业园区。江苏海门积极兴建豪华邮轮产业园。2019 年 9 月，我国首艘国产极地探险邮轮命名并交付。2019 年 10 月 18 日，我国首艘国产大型邮轮正式开工点火钢板切割，全面进入实质性建造阶段，标志着中国船舶工业实现“零”突破，正式跨入大型邮轮建造新时代，代表了中国造船的最高水平。首艘国产大型邮轮由中船邮轮科技公司和上海外高桥造船有限公司联合设计建造，总吨位为 13.55 万吨，拥有客房 2125 间，最大可载乘客 5260 人。

（四）我国邮轮产业政策体系不断健全

国家发改委出台的《促进我国邮轮业发展的指导意见》是我国首个从国家层面支持邮轮产业发展的专项政策。“十三五”期间，我国邮轮旅游已经实现了从小众旅游向大众旅游转变，社会各界对邮轮经济发展的战略意义的认识更加清晰，国家及地方纷纷出台邮轮经济扶持政策。2018 年 9 月，交通运输部等十部门联合发布《关于促进我国邮轮经济发展的若干意见》，明确了推进我国邮轮经济发展的九个方面主要任务。2019 年 8 月，交通运输部等五部门出台《关于推广实施邮轮船票管理制度的通知》，明确邮轮船票制度在全国推广实施。上海市出台《关于促进本市邮轮经济深化发展的若干意见》，明确上海邮轮经济发展的战略目标和重点任务。上海宝山出台《关于加快宝山邮轮经济发展的实施意见》（修订版），明确推动邮轮经济全产业链的重要举措。广州、天津、威海、大连、连云港等邮轮港口城市也相继推出推动邮轮产业发展的扶持政策。

表 2　“十三五”期间推动邮轮产业发展的部分相关政策

序号	时间	部门	政策
国家层面			
1	2016. 10	国家海关总署	《出入境邮轮检疫管理办法》
2	2016. 12	国务院	《“十三五”旅游业发展规划》
3	2017. 03	交通运输部等六部门	《关于促进交通运输与旅游融合发展的若干意见》
4	2018. 04	国务院	《关于支持海南全面深化改革开放的指导意见》
5	2018. 09	交通运输部等十部门	《关于促进我国邮轮经济发展的若干意见》
6	2019. 02	国务院	《粤港澳大湾区发展规划纲要》
7	2019. 05	交通运输部	《关于推进海南三亚等邮轮港口海上游航线试点的意见》
8	2019. 08	交通运输部等五部门	《关于推广实施邮轮船票管理制度的通知》
9	2019. 08	国务院	《关于进一步激发文化和旅游消费潜力的意见》
地方层面			
10	2016. 03	上海市旅游局	《上海市邮轮旅游经营规范》
11	2017. 12	威海市港航局	《发展国际邮轮旅游产业财政奖励意见》
12	2017. 12	上海市工商局	《关于支持宝山区邮轮产业发展的若干意见》
13	2018. 09	广州市南沙区人民政府	《广州南沙新区(自贸片区)促进邮轮产业发展扶持办法》
14	2018. 10	上海市人民政府办公厅	《关于促进本市邮轮经济深化发展的若干意见》
15	2018. 11	天津市人民政府	《天津市邮轮旅游发展三年行动方案(2018 ~ 2020年)》
16	2018. 02	大连市人民政府	《关于加快邮轮旅游发展实验区建设的实施意见》
17	2019. 02	上海市商务委	《关于支持宝山邮轮服务贸易发展的若干措施》
18	2019. 04	福建省发改委等十部门	《关于促进邮轮经济发展的实施方案》
19	2019. 05	广州市人民政府	《加快广州国际邮轮产业发展若干措施》
20	2019. 08	连云港市人民政府	《连云港市鼓励邮轮旅游产业发展奖励暂行办法》
21	2020. 03	上海市宝山区	《关于加快宝山邮轮经济发展的实施意见》(修订版)

二 “十四五”时期我国邮轮产业发展形势

（一）新冠肺炎疫情对邮轮产业造成深远影响

作为环境敏感型的邮轮行业，这次突发疫情对世界邮轮市场造成了深远影响，是世界邮轮产业发展史上影响时间最长、涉及面最广、损失最惨重的一次危机，亚太、北美、欧洲等三大邮轮市场全面暂停运营，嘉年华集团、皇家加勒比游轮、诺唯真游轮等全球三大邮轮公司市值大幅下跌。“钻石公主号”被冠之“恐怖邮轮”，对于市场信心的恢复产生一定的影响。新冠肺炎疫情不仅导致国际邮轮公司零收入，面临巨大的经营成本压力，也导致邮轮建造企业停产停工，新建邮轮交付延期。中国邮轮市场自 1 月 29 日起全部停航，暂时阻挡了正在逐步复苏的中国邮轮旅游市场步伐，使得邮轮港口公司、邮轮公司、邮轮旅行社、邮轮口岸免税店等均处于零收入的状态。受新冠肺炎疫情的影响，“十四五”时期我国邮轮产业面临严峻的发展形势，需要积极采取有效的应对措施。

（二）我国居民消费需求结构进入升级调整阶段

近年来，我国居民人均可支配收入不断增长，2019 年达到 30733 元，同比增长 8.9%，社会消费品零售总额达到 41.2 万亿元，消费连续六年成为中国经济增长第一拉动力，消费对经济增长的基础性拉动作用显著增强，可支配收入的提高将有效提升游客消费能力。“十四五”期间随着我国经济的高质量发展和居民收入水平的不断提升，居民的消费结构将加快升级调整，生存型消费支出占比逐步下降，发展型、享受型消费支出占比进一步提升，消费市场趋于品质化、品牌化、定制化等，对高品质、高质量服务和产品的需求持续上升。我国居民消费升级促使其倾向于选择非必需品从而提升生活质量。出境旅游在旅游体验方面较国内游更具新鲜感，故而逐渐成为人们追求高品质生活方式的重要组成部分。

（三）我国本土邮轮经济产业链将实现新突破

“十四五”时期是我国邮轮经济全产业链发展的重要推进时期，邮轮自主设计建造和邮轮船队发展取得阶段性突破。我国首艘国产大型邮轮将于2023年9月30日交付，第二艘计划于2024年12月交付，这将使得我国成为为数不多掌握大型邮轮建造技术的国家之一，在邮轮建造市场的地位和影响力将显著增强。招商工业海门基地承接的10艘极地探险邮轮订单陆续生效，将交付更多的探险邮轮，这将进一步奠定我国在探险型邮轮建造领域的地位。同时，我国本土邮轮船队规模将显著扩大，星旅邮轮“鼓浪屿号”、蓝梦邮轮“蓝梦之星号”、渤海邮轮“中华泰山号”等邮轮的营收能力有望增强，中船嘉年华邮轮并购的“大西洋号”和“地中海号”有望从委托经营向合作经营转变，同时将接收由外高桥造船厂自主建造的两艘大型邮轮，以进一步提升中国在世界邮轮业的地位。

三　“十四五”时期我国邮轮产业发展思路

（一）强化中国邮轮市场主体作用发挥

坚持市场主导、强化政府引导是推动中国邮轮市场健康持续发展的重要保障。首先，充分发挥邮轮旅游企业等市场主体的作用，强化政府引导和服务功能，优化邮轮市场营商环境，有效增强市场主体的活力和创造力。其次，引导邮轮企业推动邮轮新航线探索，鼓励邮轮企业拓展长航线以及连接长江中下游的邮轮航线，积极发展江海联运旅游产品，推动多母港航线发展。最后，充分抓住“一带一路”建设的机遇，支持各地邮轮港口城市加大向全球推介邮轮旅游力度，充分发挥我国丰富旅游资源优势和免签政策优势，促进邮轮入境游市场发展，进一步提升我国邮轮旅游发展经济效益，推动旅游外交。

（二）构筑多层次的邮轮港口布局体系

在中国邮轮市场快速发展的过程中，邮轮港口作为邮轮产业发展的重要基础设施，在区域邮轮经济的发展中起着重要的支撑作用。为吸引更多邮轮靠泊，推动邮轮经济发展，我国各沿海区域纷纷打造现代化邮轮港口，多数以邮轮母港为发展目标。要加强全国邮轮港口体系统筹布局，根据各个邮轮港口城市的区位优势、客源基础及相关配套基础明确功能定位，推动港口与城市资源的有效匹配，推动各港口差异化互补发展，增强各区域邮轮港口联动发展能力。

（三）加快推动本土邮轮产业体系构建

邮轮经济是以邮轮旅游为驱动，涵盖邮轮运营、港口服务、邮轮修造、船舶供给、跨境消费等领域的综合产业集群。在北美市场，邮轮产业的总部经济明显，引领了全球邮轮产业发展。在欧洲市场，采取邮轮全产业链发展路径，邮轮建造水平全球领先。目前我国主要集中发展港口经济，邮轮产业要素集聚效应偏弱，邮轮设计建造及相关配套尚未形成成熟产业体系，尚未掌握邮轮修造自主知识产权，区域辐射及带动效应有限。高水平的邮轮经济发展需要推动全球各类企业的集聚，形成产业集群，进而构筑完善的邮轮全产业链体系。做大做强邮轮产业，推进邮轮全产业链布局，合力打造中国邮轮产业新高地。首先，邮轮建造是全球造船业“皇冠上的明珠”，直接体现着一个国家的综合科技水平和工业能力。推动国产大型邮轮建造并上升为国家战略，支持各地充分发挥邮轮建造资源优势，参与邮轮建造及相关配套产业集群发展。其次，中国邮轮旅游发展实验区已经成为推动我国邮轮产业集群发展的重要平台和载体。推动中国邮轮旅游发展实验区上升为中国邮轮旅游发展示范区，并建立完善的相关配套政策体系，为邮轮产业集群发展提供更大的创新平台。最后，强化邮轮经济发展功能平台搭建。搭建全球领先的邮轮物资采购平台，推动国际邮轮船供分拨中心建设；搭建邮轮建造配套平台，推动国产邮轮建造业发展。

（四）建立创新开放的邮轮经济政策环境

建立与国际接轨的邮轮产业政策体系是中国参与全球邮轮经济竞争和提升竞争优势的重要基础。邮轮在我国属于新兴产物，适于邮轮经济特点的法律法规和政策支撑缺乏。在邮轮分销模式创新方面，在欧美邮轮成熟市场，旅行社代销比例在60%左右，邮轮公司自销占30%左右。我国《旅游法》规定，旅行社经营出境游包价产品，必须具备出境游资质才可以进行产品经营与销售。建立更加开放的邮轮分销体系。对标国际邮轮分销惯例，鼓励邮轮公司及销售代理机构探索直销、零售等分销模式，探索鼓励外商独资邮轮企业申请出境游等资质的政策，进一步完善邮轮分销体系。

在邮轮本土修造领域存在零配件物资进出不便、企业成本较高、无法享受外汇政策便利等问题；在邮轮航线设计方面，“多点挂靠”等方面的政策尚未取得实质性突破，争取开辟邮轮新航线的政策扶持和便利条件，支持开发“多港挂靠”邮轮航线以及包含港澳台和境外港口的组合航线，有条件地开放无目的地及周边海岛邮轮航线，尽快重启韩国航线。

发展本土邮轮品牌是发展本土邮轮经济、增强国际邮轮市场话语权和提升邮轮经济贡献的重要基础。首先，从国家层面加大对本土邮轮品牌的扶持力度，争取出台支持本土邮轮品牌发展的专项政策，对本土企业以购置、租赁、制造等方式组建本土邮轮船队给予低息贴息及相关税费优惠政策的支持。其次，突破现有的问题瓶颈，对标国际邮轮发展惯例，争取放宽本土邮轮品牌的船员国籍限制，延长邮轮运营报废年限。最后，加大对本土邮轮品牌的培育力度，争取优先允许本土邮轮品牌运营内河及近海航线，逐步建立具有较强国际竞争力的本土邮轮船队。

参考文献

汪泓主编《邮轮绿皮书：中国邮轮产业发展报告（2019）》，社会科学文献出版社，

2019。

汪泓主编《邮轮绿皮书：中国邮轮产业发展报告（2018）》，社会科学文献出版社，2018。

汪泓主编《邮轮绿皮书：中国邮轮产业发展报告（2017）》，社会科学文献出版社，2017。

汪泓主编《邮轮绿皮书：中国邮轮产业发展报告（2016）》，社会科学文献出版社，2016。

汪泓主编《邮轮绿皮书：中国邮轮产业发展报告（2015）》，社会科学文献出版社，2015。

汪泓主编《邮轮绿皮书：中国邮轮产业发展报告（2014）》，社会科学文献出版社，2014。

G.19

“十四五”期间上海邮轮产业发展思路研究

史健勇　叶欣梁　吕方园*

摘　要： 邮轮经济具有规模大、增长稳定、聚集性强的显著特点。近年来，上海邮轮经济实现了从无到有的创造性发展，形成“两主一备”的邮轮码头格局，邮轮母港能级跻身全球前列，已经成为亚洲第一、世界第四的国际邮轮母港，形成上海“南有洋山港国际货流，北有邮轮港国际客流”的发展格局，成为中国邮轮门户，带动中国成为全球第二大邮轮客源市场。上海聚焦邮轮全产业链发展，率先建立较为完善的邮轮产业发展体系，获批首个中国邮轮旅游发展实验区和首个中国邮轮旅游发展示范区，探索符合中国特色的邮轮旅游发展模式，对全国邮轮经济发展起到重要示范和引领作用，积极打造邮轮经济高质量发展的全国样板，积极引领邮轮产业向价值链高端发展，打响邮轮领域上海“四大品牌”，成为上海建设世界著名旅游城市和国际航运中心的核心板块。本文通过对“十三五”期间上海邮轮产业发展取得的成果进行回顾，研判新冠肺炎疫情下邮轮经济发展的新形势，对“十四五”期间上海邮轮产业发展思路进行探讨，提出战略思想和重点举措，以更好地推动上海邮轮经济高质量发展。

* 史健勇，博士，上海工程技术大学党委副书记，教授，研究方向：邮轮经济；叶欣梁，博士，上海工程技术大学教授、上海国际邮轮经济研究中心副主任、上海吴淞口国际邮轮港副总经理，研究方向：邮轮经济；吕方园，博士，上海海事大学讲师，研究方向：海商法、海洋法、海洋行政法、国际法等。

关键词： 邮轮经济　邮轮产业　战略思想　上海

上海作为中国首个邮轮旅游发展实验区，在港口运营、市场培育、产业发展、政策创新及合作平台等方面大力推进二十余项工作举措，在先行先试、探索经验上取得丰硕成果。上海抓住国际邮轮产业东移的先机，依托优越的地理位置，推动国际邮轮港建设发展，上海吴淞口国际邮轮港是全国客流量最大的邮轮母港，是全国 15 家邮轮港中唯一实现盈利的邮轮港，获“上海品牌”认证，成为全国首家国际邮轮港游客服务认证单位，上海港国际客运中心成为中国最为重要的访问港之一。近年来，上海聚焦邮轮全产业链发展，打响“上海服务”“上海制造”品牌，积极引领邮轮产业向价值链高端发展。2019 年 9 月 30 日，文化和旅游部正式批复同意在上海设立中国邮轮旅游发展示范区，要求“充分发挥中国邮轮旅游发展示范区的优势，推动邮轮产业政策创新，引领中国邮轮经济高质量发展，增强服务国家战略发展能力，打造邮轮经济高质量发展的全国样板，为各地提供可复制可推广的经验”。

一　“十三五”期间上海邮轮产业发展取得成果回顾

（一）邮轮旅游客源市场规模位居世界前列

近年来，上海邮轮市场规模迅速增长，接待邮轮靠泊从 2009 年的 80 艘次增长到 2019 年的 248 艘次，其间在 2017 年达到高峰，为 512 艘次；同期，接待出入境游客量从 16.56 万人次增长到 189.26 万人次，其间在 2016 年、2017 年达到高峰，2016 年达到 294.46 万人次，2017 年达到 297.78 万人次。2009 ~2019 年，上海共接待国际邮轮 2901 艘次，接待出入境游客量 1518.42 万人次，其中接待母港邮轮 2540 艘次，接待母港邮轮出入境游客量为 1437.27 万人次，接待访问港邮轮 361 艘次，接待访问港邮轮出入境游客量为 81.14 万人次。2016 年，上海吴淞口国际邮轮港接靠邮轮 471 艘次，接待出入境游客 284.7 万人次，成为全球第四大邮轮母港。上海吴淞口国际邮轮港自 2011 年开港以来接待国际邮轮 2269 艘次，接待出入境游客量为 1419.69 万人次，稳居亚洲第一、全球第四大邮轮母港地位。

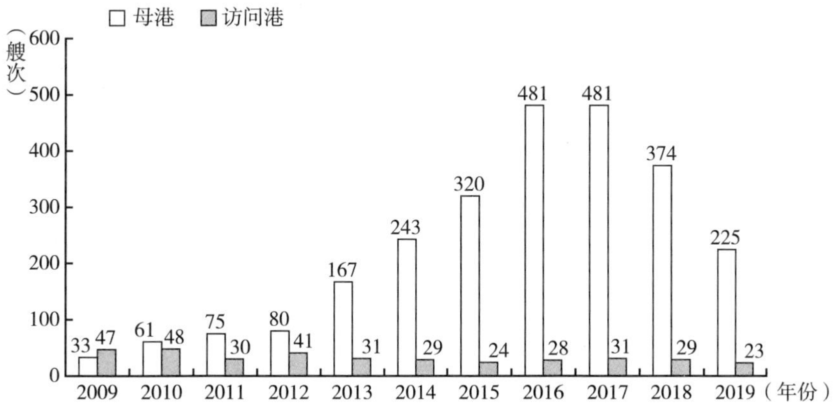

图 1　2009～2019 年上海接待国际邮轮情况

资料来源：中国交通运输协会邮轮游艇分会（CCYIA）。

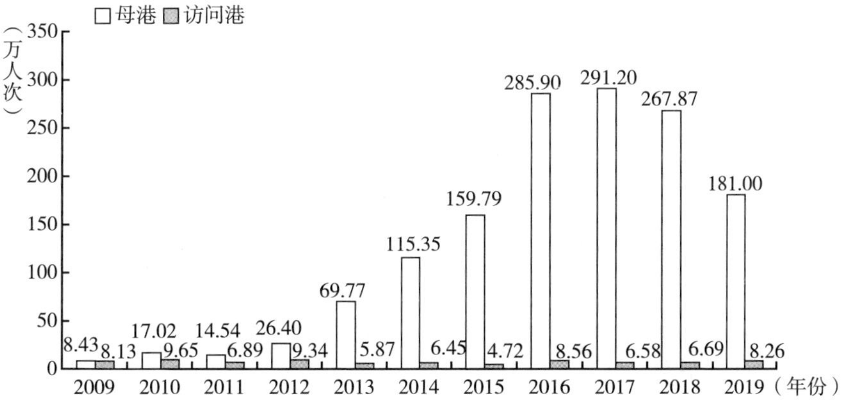

图 2　2009～2019 年上海接待国际邮轮游客量情况

资料来源：中国交通运输协会邮轮游艇分会（CCYIA）。

（二）邮轮港口大型邮轮运营能力显著增强

上海已形成吴淞口国际邮轮港、上海港国际客运中心以及浦东海通码头“二主一备”格局。上海吴淞口国际邮轮港后续工程完工，码头岸线长度从770米延长到1600米，水上平台面积由6.7万平方米增加到14.7万平方米，航站楼面积由2.5万平方米增加到8万平方米，形成具备四船同靠、年接靠国际邮轮800～1000艘次，年接待游客量600万人次的运营能力。上海港国际客运中心拥有岸线全长近1200米，其中码头岸线882米，有3个邮轮泊位和15个游艇泊位，可同时停泊3艘7万吨级的邮轮。嘉年华集团、皇家加勒比游轮、诺唯真游轮、地中海邮轮、云顶集团旗下邮轮先后在上海吴淞口开启亚洲首航。近年来，上海吴淞口国际邮轮港靠泊邮轮吨位越来越大，2016年平均吨位10万吨，2017年为11.3万吨，2018年为12.5万吨，2019年为14.7万吨；船龄越来越短，2016年邮轮平均船龄约为13年，2017年为10.91年，2018年为9.71年，2019年为4.43年，推动中国市场进入“大船时代”“新船时代”。另外，上海建成世界最大邮轮变频岸电系统和亚洲首套邮轮岸电系统，建设全球首个邮轮港海事交管中心。

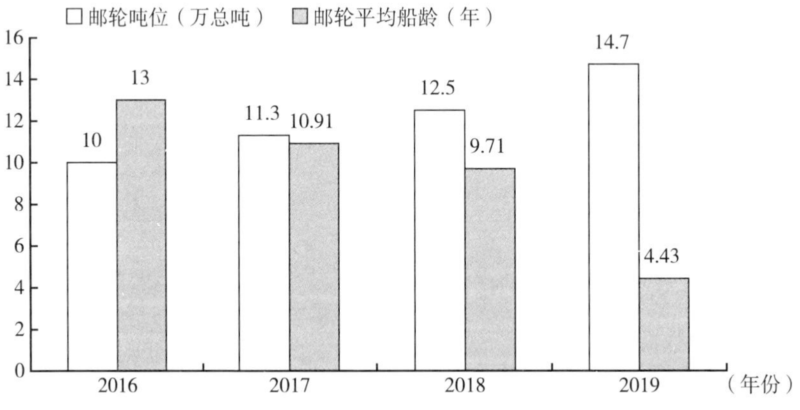

图3　上海吴淞口国际邮轮港接待邮轮情况

资料来源：中国交通运输协会邮轮游艇分会（CCYIA）。

表1　2019年上海接待国际邮轮情况

单位：万吨，人

停靠港	邮轮公司	邮轮名称	吨位	载客量
上海吴淞口国际邮轮港	公主邮轮	蓝宝石公主号	11.58	2670
	精致邮轮	星座号	9.09	2034
	荷美邮轮	威士特丹号	8.23	1916
	冠达邮轮	玛丽女王2号	14.85	2800
	和平之船	海洋之梦号	3.52	1422
	诺唯真游轮	诺唯真宝石号	9.35	2287
	歌诗达邮轮	赛琳娜号	11.41	3780
	精致邮轮	千禧年号	9.09	2076
上海港国际客运中心	爱达邮轮	爱达贝拉号	6.90	2500
	银海邮轮	银影号	2.80	388
		银海女神号	4.07	623
	星风邮轮	星之传奇号	0.99	208
	CMV	哥伦布号	6.37	1817
	大洋邮轮	娜蒂卡号	3.02	684
		因锡亚号	3.02	684
	丽晶邮轮	七海水手号	4.80	769
	世鹏邮轮	世鹏旅居号	3.23	300
	水晶邮轮	水晶交响号	5.10	960
	维京游轮	维京猎户座号	4.78	930
	寰球邮轮	寰球号	4.31	330
	庞洛邮轮	拉普斯号	0.99	184
	NYK邮轮	飞鸟2号	5.01	872

资料来源：中国交通运输协会邮轮游艇分会（CCYIA）。

（三）邮轮经济全产业链发展战略成效显著

高水平的邮轮经济发展需要推动全球各类相关企业集聚，形成产业集群，进而构筑完善的邮轮全产业链体系。上海大力推动邮轮经济全产业链战略实施，在产业链上游，与中国船舶集团合作推动上海国际邮轮产业园规划建设。吸引承担国家大型邮轮创新工程的中船邮轮与专注豪华邮轮和高端船舶装饰工程的中船集艾以及专注邮轮设计研发的兆祥邮轮集团落户。中船与嘉年华、芬坎蒂尼签订总价近50亿美元的“2+4”艘大型邮轮制造合同，2019年10月18日我国首艘国产大型邮轮在外高桥造船厂正式开工点火钢板切割，标志着邮轮建造实质性启动。中船集艾推动邮轮配套产品测试认证及研发中心、邮轮模块化整体舱室研发中心和邮轮内装技术人才培训中心建设。2020年7月26日，中船邮轮科技发展有限公司旗下中船外高桥邮轮供应链（上海）有限公司正式揭牌、中船邮轮产业发展（上海）有限公司正式签约，R&M公司旗下戎美邮轮内装技术（上海）有限公司正式揭牌。随着邮轮建造配套企业集群，上海逐步形成大型邮轮配套与服务保障能力，为国产大型邮轮建造探索建立中国本土供应配套体系。在产业链中游，吸引邮轮企业落户，打造邮轮总部经济，上海集聚邮轮船舶服务、港口运营、邮轮船供、旅游服务、邮轮研发设计等企业近200家。在产业链下游，放大邮轮服务品牌效应，强化辐射带动，上海吴淞口国际邮轮港获批国内首批面积最大邮轮港口岸进境免税店，积极推动邮轮船供产业发展，加快推进亚洲邮轮物资分拨中心建设。上海港国际客运中心除了为邮轮提供停靠服务外，还提供商业活动场地，建有尚九一滴水特色餐厅、具有邮轮特色的旅游公共服务中心、上港全洲超市、上港邮食荟等商业配套设施。

表2　落户上海的部分邮轮相关企业

环节	企业名称	成立时间	注册地	注册资本
邮轮修造	中船邮轮科技发展有限公司	2016年5月	上海宝山	23.5亿元
	上海集艾邮轮发展有限公司	2016年10月	上海宝山	1000万元
	中船芬坎蒂尼(上海)邮轮设计有限公司	2017年12月	上海浦东	100万元
	中船集艾邮轮科技发展(上海)有限公司	2017年3月	上海宝山	1500万元
	中船瓦锡兰电气自动化(上海)有限公司	2017年11月	上海宝山	2100万元
	戎美邮轮科技发展(上海)有限公司	2017年12月	上海宝山	1000万元
	阿蒙森邮轮(上海)有限公司	2019年3月	上海宝山	8000万元
	迈迪邮轮配套检测认证科技(上海)有限公司	2019年6月	上海宝山	100万元
	招商局(上海)邮轮研究院有限公司	2019年12月	上海临港	1000万元

续表

环节	企业名称	成立时间	注册地	注册资本
邮轮运营	歌诗达邮轮船务(上海)有限公司	2011 年 11 月	上海虹口	148 万美元
	皇家加勒比游轮船务(中国)有限公司	2013 年 6 月	上海虹口	5000 万元
	寰球船务(上海)有限公司	2014 年 7 月	上海虹口	100 万美元
	精致钻石邮轮管理(上海)有限公司	2015 年 1 月	上海宝山	5000 万元
	环宇领先邮轮管理(上海)有限公司	2016 年 2 月	上海宝山	15 万美元
	地中海邮轮船舶管理(上海)有限公司	2016 年 7 月	上海宝山	200 万美元
	上海蓝梦国际邮轮股份有限公司	2016 年 8 月	上海虹口	3000 万元
	地中海邮轮船务(上海)有限公司	2017 年 3 月	上海宝山	200 万美元
	中船嘉年华(上海)邮轮有限公司	2019 年 8 月	上海宝山	200 万元
	中船邮轮国际旅游发展(上海)有限公司	2019 年 11 月	上海宝山	1000 万元
邮轮配套	上海吴淞口国际邮轮港发展有限公司	2008 年 11 月	上海宝山	30000 万
	上海吴淞口国际邮轮服务有限公司	2016 年 3 月	上海宝山	100 万元
	上海国际邮轮旅游服务中心有限公司	2016 年 4 月	上海宝山	1000 万元
	皇家加勒比游轮旅行社(上海)有限公司	2016 年 12 月	上海浦东	150 万元
	上海吴淞口国际邮轮培训有限公司	2016 年 12 月	上海宝山	200 万元
	上海嘉邮宏船务服务有限公司	2017 年 3 月	上海宝山	500 万元
	上海吴淞口国际邮轮酒店管理有限公司	2018 年 1 月	上海宝山	500 万元
	上海宝邻邮轮酒店管理有限公司	2018 年 3 月	上海宝山	500 万元
	上海吴淞口深免免税品有限公司	2019 年 8 月	上海宝山	2500 万元

资料来源：作者整理。

（四）建立较为完善的邮轮产业政策创新体系

上海作为中国邮轮产业发展的重要推动者和引领者，持续优化邮轮经济发展的营商环境，为邮轮经济发展创造良好的条件。2018 年 3 月，宝山区率先出台《关于加快宝山邮轮经济发展的实施意见》，每年投入上亿元全力支持邮轮产业发展。2018 年 10 月，上海市人民政府办公厅印发《关于促进本市邮轮经济深化发展的若干意见》，明确到 2022 年、2035 年的发展目标和推进邮轮经济产业发展的重点举措。上海市商务委员会出台《关于支持宝山邮轮服务贸易发展的若干措施》，推动邮轮服务贸易政策创新发展。上海持续推动邮轮产业政策制度创新，发布全国首个地方性邮轮旅游合同示范文本，发布全国首个地方政府规范性文件《上海市邮轮旅游经营规范》，首创中国邮轮综合保险，推出全国首个邮轮检疫监管综合性检查方案。以上海吴淞口国际邮轮港为试点的邮轮船票制度在全国推广实施，以吴淞口国际邮轮港为基础编制的全国邮轮港口服务标准《邮轮港服务规范》在全国施行。创新实施 144 小时过境免签政策和国际邮轮旅游团 15 天入境免签政策，首创邮轮通关条码，以 3 秒通关速度达到全球领先水平。上海海事局首创邮轮“五优先”政策，邮轮准点率和安全率实现“双 100%”。推动邮轮经济发展体制机制创新，专门设立服务邮轮港的口岸型海关。上海邮轮口岸探索国际邮轮及进出境旅客通关监管模式并取得丰硕成果，全面提升了游客体验度和感受度，为全国邮轮口岸监管创新提供了一大批可复制、可推广的经验。相比于全国其他区域对邮轮经济的扶持政策，上海邮轮经济政策更加具有前瞻性、针对性，创新力度和支持力度更大，更好地引领了全国邮轮经济政策的制定和实施。

（五）邮轮港区港联动发展初具雏形

邮轮经济发展主要得益于邮轮区域经济的发展，依托邮轮母港发展推动邮轮城的建设是全国各地推动邮轮经济发展的重要路径。上海邮轮城的建设，将形成全国邮轮经济发展“港城联动”的典范，引领中国邮轮经济发展。上海宝山围绕从“邮轮码头”到“邮轮港”再到“邮轮城”的转型发展目标，整合滨江岸线和广阔腹地资源，以邮轮港为核心延伸拓展，放大邮轮经济带动效应，推动滨江岸线由传统的生产性岸线向休闲性、生活性岸线转变，由传统的工业区形态向现代化、国际化的城市转变，着力打造独具魅力的邮轮滨江带。推动上港十四区整体转型，投资 150 亿元，建设 85 万平方米的邮轮城核心项目“上海长滩”。打造总建筑面积 24. 3 万平方米的集 5A 甲级景观办公、海空探索主题购物中心、五星级商务休闲酒店于一体的邮轮城市综合体阅江汇。上港邮轮城是国家 AAAA 级旅游景区，以水上旅游产业、滨江商业综合体及城市绿地公园为主体，提供“食住行游购娱”全产业链服务。

二 “十四五”期间上海邮轮产业面临的形势

（一）全球邮轮市场受疫情影响较为深远

新冠肺炎疫情使得亚太、北美、欧洲等三大邮轮市场先后停摆，嘉年华集团、皇家加勒比游轮、诺唯真游轮等全球前三大邮轮公司股价下跌近80%，市值蒸发超过500亿美元，全球邮轮市场一片萧条，加速推动世界邮轮市场格局变化。但邮轮市场依然前景广阔，这次疫情对邮轮行业的影响是阶段性的，不会改变中国以及全球邮轮旅游长期向好的发展趋势。随着经济的发展，旅游越来越成为社会的刚性需求，邮轮旅游作为一种新兴的高品质旅游业态，具有很大的发展潜力。与邮轮靠泊紧密相关的进出境免税店、邮轮港广告、邮轮船供、邮轮旅行社及相关商业服务等收入基本为零。停航期间邮轮公司依然承担巨大的固定支出。除了严格控制资本支出之外，邮轮公司采取永久性裁员和临时性休假的方式，缩减员工规模。为消减成本，全球最大邮轮公司嘉年华集团出售歌诗达邮轮“维多利亚号”、“地中海号”、“新浪漫号”，P&O邮轮“太平洋黎明号”、“太平洋咏叹号”，荷美邮轮“阿姆斯特丹号”、“鹿特丹号”、“马士丹号”、“维丹号”等13艘邮轮。疫情影响邮轮公司布局，原本2020年计划布局中国市场的歌诗达邮轮“佛罗伦萨号”将在2021年布局欧洲市场，皇家加勒比国际游轮计划2021年布局中国市场的“海洋奇迹号”也将延期投放。

（二）上海具备良好的邮轮经济发展腹地

邮轮旅游是较高层次的旅游消费，良好的经济基础能提高游客的出游能力，增加旅游市场的消费需求。良好的经济基础为区域内居民从传统旅游观光向休闲度假的转变提供了保障，上海邮轮经济发展依托于长三角区域广阔的经济腹地，长三角地区作为客源地的潜在出游地在国内处于领先水平，是上海邮轮旅游市场的主要客源地。长三角一体化上升为国家战略，为邮轮经济发展提供了机遇。长三角区域是我国经济基础最好、生产力最为发达的地区之一。长三角区域常住人口2.2亿，是全国的1/6，经济总量约20万亿元，是全国的近1/4，是我国经济增长的重要引擎，在我国具有举足轻重的影响和地位。

表3　长三角地区人均GDP与城镇居民收入状况

单位：元

年份	上海		浙江		江苏		安徽	
	人均GDP	城镇居民人均收入	人均GDP	城镇居民人均收入	人均GDP	城镇居民人均收入	人均GDP	城镇居民人均收入
2006	56730	22808.6	31684	19954	28685	15248.7	10044	9771
2007	64589	26101.5	37128	22583.8	33689	17686.5	12039	11473
2008	72536	29759.1	42214	24980.8	40000	20175.6	14448	12990
2009	77556	32403.0	44335	27119.3	44232	22494.9	16391	14085
2010	73274	35738.5	50024	30134.8	51978	25115.4	20888	15788
2011	82560	40532.3	58665	34264.4	61649	28972	25340	18606
2012	85000	44754.5	63266	37994.8	68347	32519.1	28792	21024
2013	90100	48879.3	68462	41241.0	74607	35131	31684	23114
2014	97300	48841.4	72967	40392.7	81874	34346.3	34427	24839
2015	103100	52962.0	77644	43714.0	87995	37173	35997	26936
2016	113600	57692.0	83538	47237	95259	35659	39092	29156
2017	124600	62596.0	92057	51261	107189	43622	44206	31640
2018	135000	68034.0	98643	55574	115168	47200	47712	34393
2019	157300	73615.0	107624	60182	123607	51056	58496	37540

资料来源：江浙沪皖统计公报。

（三）邮轮经济产业链产值增长点需完善

近年来，上海大力推动邮轮经济全产业链发展，成为亚洲最新最大邮轮起航的首选地，国内首个以发展邮轮经济为特色的产业园区上海国际邮轮产业园和首支邮轮产业基金落户上海，中船邮轮科技、中船嘉年华邮轮、中船集艾、兆祥邮轮科技集团等国内邮轮龙头企业纷纷落户上海。从全球邮轮市场来看，国外企业高度垄断邮轮修造市场，配套产业集群主要集中在欧洲。我国在大型邮轮修造方面将直接参与全球最高水平竞争，面临着邮轮产业资本流动便利度较低、融资租赁准入门槛较高、监管制度便利化不足等问题，这对吸引全球企业推进邮轮产业要素集聚有较大的影响，不利于提升邮轮经济的贡献度。上海积极推进国产大型邮轮修造，但尚未掌握邮轮修造的自主知识产权，缺少本土化的邮轮建造功能性平台，在邮轮核心部件的自主研发及供应链管理方面较为欠缺，邮轮产业要素集聚效应偏低，区域辐射及带动效应有限。同时，国内邮轮龙头企业面临前期研发投入巨大、投资回报期较长等初期阶段的成长问题，发展压力较大。所以，国内外优质邮轮企业集聚程度依然较低，邮轮龙头企业的产业要素整合能力有待进一步增强，以吸引更多国内外邮轮配套企业集聚。

三　“十四五”期间上海邮轮产业发展战略设计

（一）上海邮轮产业战略定位

《上海市城市总体规划（2017～2035年）》明确提出“上海建设成为世界著名旅游城市、世界一流的旅游目的地城市”。2018年8月，上海市政府出台《关于促进上海旅游高品质发展加快建成世界著名旅游城市的若干意见》，明确提出“全力建成世界一流的邮轮旅游城市”。2018年10月，上海市人民政府办公厅出台《关于促进本市邮轮经济深化发展的若干意见》，提出“到2022年，跻身世界邮轮港口第一方阵，初步形成引领长三角一体化发展的邮轮经济产业链；到2035年，邮轮产业占全市生产总值的比重显著提升，成为亚太邮轮企业总部基地和具有全球影响力的邮轮经济中心之一”。根据中国邮轮旅游发展示范区建设要求，建设“邮轮经济高质量发展的全国样板”。宝山提出“建成与世界著名旅游城市和国际航运中心相适应、具有全球资源配置能力和全球影响力的国际邮轮之城，打造千亿级邮轮产业链”。

（二）上海邮轮产业战略目标

“十四五”期间，经过五年努力，上海的发展目标是初步建成具有国际影响力的世界一流邮轮母港，年出入境旅客人数、年靠泊邮轮艘次实现新跨越，邮轮成为让人民群众放心和满意的高质量邮轮产品，邮轮经济产业链重点环节取得突破，亚太邮轮企业总部基地初具规模，邮轮修造配套集群初具规模，建成覆盖亚洲市场的邮轮船供物资分拨中心，建设具有国际竞争力的邮轮产业新高地，邮轮经济产值能级显著提升，对相关产业的带动能力取得明显成效，建成最具全球影响力的邮轮旅游发展示范区，成为上海建设世界著名旅游城市和国际航运中心的核心板块，成为引领经济高质量发展的新标杆。

（三）上海邮轮产业战略主线：“六个高”

聚焦邮轮运营高水平，对标最高标准、最好水平，奋力跻身世界前三邮轮母港；聚焦邮轮服务高标准，打造一流的国际邮轮游客服务体验；聚焦邮轮安全高要求，形成完备的公共安全事件应对策略和标准体系；聚焦邮轮旅游高品质，引领邮轮旅游创新发展，建成世界一流的邮轮旅游城市；聚焦邮轮产业高产出，集聚高端价值链，建成具有全球影响力的邮轮经济中心；聚焦邮轮经济高质量，着力打造全球邮轮经济发展新标杆。

四　上海邮轮产业战略实施重要举措

（一）推动国产大型邮轮设计建造，打造国际邮轮科研创新中心

建立完善的本土邮轮建造生态体系是推动上海邮轮经济高质量发展的重要基础。上海作为我国重要的科研创新中心，拥有大量的科研和教育机构，

具备较为完善的大型公共科研基础设施和较为扎实的科技人力资源基础，对国内外优秀人才具有较强的吸引力，上海建设国际邮轮科研创新中心具有良好的基础。落实长三角一体化国家战略，发挥长三角江浙皖的高校、科研院所、企业等在船舶设计制造及配套方面的优势，加强产学研用合作和平台共用，推动开展邮轮制造重大研发项目联合技术攻关，加强对邮轮设计制造、邮轮卫生防疫核心技术的攻关，共建世界级邮轮制造配套产业集群，建设邮轮制造协同创新示范基地。推进邮轮科创中心重要功能区建设，引导创新资源和创新服务向邮轮科技企业集聚，引导各类市场主体参与邮轮研发、设计及制造服务，与国内外船舶制造科研院所、企业等联合开展邮轮设计制造技术攻关和成果转化，掌握国际领先核心技术，强化自主设计研发能力，打造国际邮轮科研创新中心。

（二）推动国内外邮轮配套产业集聚，打造邮轮先进制造业中心

邮轮制造是现代工业和现代化城市建设综合化与集约化的巨大系统工程，是反映一个国家综合国力、综合工业和综合科技水平的显著标志，也是上海代表国家参与全球船舶建造业最高水平竞争的新抓手。作为我国重要的船舶制造基地，上海应发挥在推进国产大型邮轮建造方面的政策和资金优势，加快推进邮轮的本土建造，通过全方位的产业导入和升级，引入更加完善的邮轮产业供应链系统，打造集生产装配功能、软件支持功能、辅助配套功能于一体的豪华邮轮配套产业生态圈，加快掌握邮轮建造自主知识产权。上海国际邮轮产业园是国内首个以邮轮经济为特色的产业园，要聚焦豪华邮轮建造的研发、设计、定标、检验、检测、培训等环节，加速邮轮配套产业链的国产化，完善邮轮建造供应链平台，引进、落地一批邮轮建造配套项目，将上海国际邮轮产业园打造成为国产豪华邮轮配套产业的主要集聚区、国家邮轮配套核心技术研究和产业化服务基地，建立国产大型邮轮建造中国本土供应配套体系。同时，争取早日建成邮轮监管区和邮轮综合保税区，实现以服务邮轮经济为主要特色的海关监管制度集成创新，为邮轮建造提供有力的政策支持。

（三）推动国内外邮轮核心企业落户，助力邮轮企业总部经济中心

相比于国外邮轮成熟地区，上海邮轮产业要素集聚不强，而高水平的邮轮经济发展需要推动全球各类相关企业的集聚，形成产业集群，进而构筑完善的邮轮全产业链体系。邮轮企业是邮轮经济中的市场主体，主要包含国内外邮轮运营企业以及其他相关企业，其中邮轮企业为邮轮市场提供不同层次的邮轮，从事邮轮经营管理、邮轮产品设计开发、邮轮文化推广等多方面的工作，具有高度国际化、全球性的特点。邮轮总部经济是增强邮轮产业集聚度和提升邮轮经济贡献的重要方面，要建立若干邮轮服务经济总部集聚发展高地，结合具有国际一流水准的邮轮城建设，加强邮轮优势项目引进和集聚，加快建设一批各具特色、功能互补的邮轮服务经济园区和产业发展载体，推动邮轮各园区品牌化、特色化发展，建立具有国际影响力的邮轮企业总部基地。我国的邮轮市场主体主要来源于国外，邮轮企业与各沿海区域市场进行合作，与地方政府、旅行社等共同推动区域邮轮市场的开发。加强邮轮产业招商引资，做好筑巢引凤工作，积极向国家部委争取出台支持中国邮轮品牌发展专项政策，对本土企业以购置、租赁、制造等方式组建本土邮轮船队予以低息贴息和各项税费优惠政策支持，推动中船集团、招商局集团、中远海运集团等央企邮轮业务落户上海，在上海建立国际邮轮运营中心，提升本土邮轮龙头企业总部集聚度。

（四）增强邮轮服务业发展能级，打造国际邮轮服务贸易中心

邮轮服务贸易是邮轮经济的重要组成部分，是促进经济高质量发展的新动能。邮轮旅游的经济贡献度逐年增加，逐步成为推进沿海城市经济增长的新动力。邮轮服务贸易是以邮轮旅游为核心衍生的服务贸易业态，主要包括邮轮旅游服务、邮轮港口服务、邮轮研发设计技术服务、邮轮免税商业服务、邮轮船供、邮轮管理咨询服务、邮轮融资租赁服务、邮轮会展服务、邮轮保险服务、邮轮餐饮住宿服务、邮轮维修服务、邮轮文化娱乐服务、邮轮信息技术等。邮轮物资供应、维修制造、融资租赁、跨境电商

等相关业务蓬勃发展，带动关联产业发展壮大，推动上海邮轮服务贸易发展。应加快上海市邮轮服务贸易示范区发展，吸引全球排名前列的邮轮专业服务机构在示范区开办和拓展业务，推进国内外邮轮相关协会组织、科研院所、检测认证平台、交易服务机构等功能性平台集聚，提升综合配套服务能力，提高专业服务产值，打造国际邮轮服务贸易示范基地。搭建邮轮船供物资采购配送平台，健全国际货柜转运制度，提升国际邮轮公司本地物资及商品的采购比例，加快建成覆盖亚洲市场的邮轮船供物资分拨中心。

（五）加快建设世界一流邮轮港，打造世界邮轮运营管理中心

上海拥有亚洲最大的邮轮母港，是亚洲重要的邮轮运营管理中心，要对标世界一流邮轮母港，打造具有全球影响力的母港运营高地。上海邮轮港要不断提高靠泊能力和服务能力，推动口岸通关模式创新，不断优化游客通关流程，提升邮轮口岸通关效率，创造现代化宜人的邮轮港口环境，并建立健全邮轮应急管理体系，形成国际一流的邮轮运营服务能力。完善的交通体系是邮轮港能级提升的重要保障，对标国际一流港口，加快构建以邮轮港为中心的立体旅游交通体系，合理配置公共交通资源，实现邮轮港区与机场、高速公路、市区主干道、市区轨道交通、铁路枢纽以及市区主要旅游景区之间快速的交通连接，完善邮轮港周边路网，加快公共交通及换乘枢纽建设，提供“安全、高效、环保、舒适、便捷”的邮轮旅游交通服务，形成高效的对外衔接与集散条件。建立完善的邮轮港综合交通体系。加强与长江等内河及沿海游轮市场的衔接，形成层级丰富、特色鲜明的邮轮航线体系。对接“一带一路”倡议和长三角一体化国家战略，加强与周边国家和国内邮轮港口的联动，建立亚洲邮轮港口城市联盟，努力将邮轮港建成服务全国、面向世界的沿海内外联动开放新高地。

（六）建设国际邮轮旅游消费胜地，打造国际邮轮旅游消费中心

邮轮旅游消费是邮轮经济贡献提升的重要方面，应推动邮轮旅游消费多

元化、高端化、国际化，加快推动邮轮旅游消费体制机制与国际接轨，打造业态丰富、品牌集聚、环境舒适、特色鲜明、生态良好的国际邮轮旅游消费胜地。积极承接进博会溢出效应，推动邮轮港口配置常年展示、交易、服务等功能。大力发展邮轮免税购物，做大做强邮轮口岸出境和进境免税店，优化免税产品品类，更好满足游客消费需求。推动设立针对邮轮游客的保税品展示交易平台，建立邮轮旅游跨境商品交易中心，建设集体验商店、邮轮会展、特色书店、幸福婚庆等多种业态的消费集聚地，发展夜间经济，形成以新供给引领新消费的新发展格局。打造上海国际邮轮旅游消费中心，并建设成为具有全球影响力的邮轮旅游消费目的地、世界知名的邮轮旅游消费中心和世界邮轮消费经济发展高地。

（七）推动邮轮绿色发展模式创新，打造国际邮轮低碳生态示范中心

绿色发展是未来邮轮发展的重要方向，应认真贯彻落实绿色发展理念，更加注重生态环境保护，推动绿色港口建设，积极倡导绿色邮轮旅游。完善港口岸电供应系统，加强岸电使用的制度建设，加大对邮轮港口建设岸电设备以及邮轮使用岸电的补贴力度。建立邮轮排污检测机制，鼓励运营新型节能环保型邮轮，提倡邮轮先进技术设备的使用，取样监测邮轮污染物的排放，提高邮轮燃料利用率，组织监测机构及人员随船进行排污情况监督，降低有害气体排放。加强对邮轮港口工程建设的环境监测与管理，建立科学可行的固体废弃物和污水处理方案，设定有硬性标准和要求，严格进行环境影响评价与环境审计，确保达到生态环境保护的要求。与周边邮轮港口合作签署地区性邮轮经济生态环境保护协议。提升邮轮废弃物处置保障能力，配备充足的船上废物储存处理设施，促进邮轮保障维护、原材料供应、资源回收利用等方面的先进技术使用，推动邮轮港口实现可持续、高效、绿色、健康发展。系统提升邮轮港口卫生管理水平，积极创建“国际卫生港”。对邮轮游客进行绿色邮轮概念的普及，增强邮轮海洋生态环境保护意识，倡导文明邮轮旅游。对标国际先进绿色港口，研究建立绿色生态港口评价指标体系。

（八）推动邮轮文化与上海文化融合，打造国际邮轮文化体验中心

立足新时代新需求，以新供给引领新消费，扩大高端化、品质化、个性化服务产品供给，提高邮轮服务质量、培育塑造和打响邮轮文化品牌，将邮轮文化打造成为一种深入人心的休闲理念、优先选择的新生活方式。瞄准国际标准，突出上海特色，推动邮轮文化与上海文化融合互动，瞄准国际标准，突出上海特色，将邮轮文化与上海红色文化品牌、海派文化品牌、江南文化品牌建设有机结合，在全国率先建成邮轮公共文化服务体系。有效提升邮轮节事国际影响力，建立具有国际影响力的邮轮合作平台，充分发挥亚太邮轮大会、进博会国际邮轮服务贸易论坛等平台的引领作用，进一步扩大邮轮配套、邮轮修造等邮轮专业论坛的影响力。举办上海邮轮文化旅游节、长三角邮轮婚庆高峰论坛、上海邮轮游艇旅游节等特色品牌文化活动。通过举办各类论坛、文化展示、非遗传承等活动，大力促进邮轮文化消费，鼓励文创产品上邮轮、文化节目上邮轮、地方名特产上邮轮、世界非遗文化相互交流等，积极倡导邮轮“宜游、宜购、宜乐”生活新方式，率先建成邮轮公共文化服务体系，不断优化邮轮文化产业布局，打造位居国际邮轮同类节展活动前列的重大节展品牌。结合上海滨江旅游资源，加快建设邮轮全域旅游示范区，推动邮轮港帆船赛、推动帆船、游艇项目开发，打造更多的生活岸线、生态岸线、景观岸线，建成国际邮轮旅游体验中心。

（九）大力拓展邮轮行业金融功能，打造国际邮轮金融服务中心

邮轮产业属于高度资本密集型经济，完善的金融服务体系对邮轮产业的发展具有较为重要的作用。邮轮产业的金融需求主要包括投融资需求、保险需求、便利交易需求，在邮轮港口基础设施建设、邮轮商务楼宇兴建、邮轮设计研发制造、邮轮配套基地建设以及中资企业购置国外邮轮等方面均需要有强大的金融支持。在邮轮产业投资方面，上海吴淞口国际邮轮港建设共计花费 20 余亿元，我国签署的 2 艘国产大型邮轮合同总价 15.40 亿美元。邮轮产业链的延伸发展，需要大量银行贷款、各种各样的投资、产业基金、

PE 等方面的支持，还要引进境外投资者，这些都需要金融的支持。与国外邮轮成熟区域相比，我国邮轮产业链上企业的融资模式更倾向于商业银行借款、政府补贴等传统类型，在新兴金融服务方面发展不足，成为影响我国邮轮产业发展的瓶颈之一。借鉴国际经验，推进政策性金融和市场性金融协同，实施多元化融资，鼓励融资租赁，推进外汇兑换便利化和风险管理，成为我国金融服务体系更好服务邮轮产业发展的重要路径。通过政府邮轮产业基金、风险投资、中外合资等增强邮轮制造业的自主研发、制造能力，充分发挥消费金融、互联网金融、自贸区离岸金融的作用，建成国际邮轮金融服务中心。

（十）强化邮轮海事服务功能提升，打造国际邮轮海事服务中心

国际邮轮公司海事中心在人员培训、技术采购、医疗服务、监测船舶安全、危险防控及人员安全，以及支持邮轮船上及岸上的沟通，并通过先进技术实时支持风险管控、优化航线设计等方面发挥着重要的作用。嘉年华集团拥有汉堡海事中心，另外，位于荷兰阿姆斯特丹附近阿尔梅勒的阿里森海事中心是全球最大、最先进的海员培训中心，为嘉年华集团旗下 10 个邮轮品牌共计 6500 多名船员提供世界一流的海事模拟训练服务。上海作为亚洲最大的邮轮运营中心，应强化上海国际邮轮海事服务功能提升，为全球邮轮及中国本土邮轮提供邮轮船员安全培训、邮轮驾驶员技能培训、邮轮海事模拟训练等服务，打造立足上海、服务全球邮轮运营的国际邮轮海事服务中心。

参考文献

汪泓主编《邮轮绿皮书：中国邮轮产业发展报告（2019）》，社会科学文献出版社，2019。

汪泓主编《邮轮绿皮书：中国邮轮产业发展报告（2018）》，社会科学文献出版社，2018。

汪泓主编《邮轮绿皮书：中国邮轮产业发展报告（2017）》，社会科学文献出版社，

2017。

汪泓主编《邮轮绿皮书：中国邮轮产业发展报告（2016）》，社会科学文献出版社，2016。

汪泓主编《邮轮绿皮书：中国邮轮产业发展报告（2015）》，社会科学文献出版社，2015。

汪泓主编《邮轮绿皮书：中国邮轮产业发展报告（2014）》，社会科学文献出版社，2014。

G.20

中国邮轮旅游发展示范区规划思路研究

汪泓　江瑞勤　邱羚*

摘　要：　当前我国已经成为旅游大国，在全球出境旅游客源国中位居第一、在全球入境旅游接待国中位居第四，正在向旅游强国迈进。邮轮旅游作为休闲度假高端旅游业态，已经成为国际旅游业中增长最快的组成部分，我国已经成为全球第二大邮轮客源市场，邮轮旅游逐渐成为人们出游的重要选择，成为满足人们对幸福生活追求的重要方面，邮轮消费成为经济增长中的新亮点。中国邮轮旅游发展实验区在推进完善邮轮产业政策体系、增强母港建设和管理能力、提升邮轮产业及服务品质、培育本土邮轮服务力量、提高邮轮经济产出水平等领域积极探索，学习借鉴国外先进经验，同邮轮旅游企业积极配合，为全国邮轮旅游发展不断积累经验。中国邮轮旅游进入了由“高速度增长”转向“高质量、高品位”发展的新阶段，为进一步提升上海邮轮旅游市场能级，在中国邮轮旅游业发展中发挥示范引领作用，有必要建立中国邮轮旅游发展示范区，打造邮轮经济高质量发展的“全国样板”，推动中国邮轮旅游高质量发展。

关键词：　邮轮旅游　示范区　规划思路　邮轮经济

* 汪泓，博士，中欧国际工商学院院长，教授，博士生导师，研究方向：邮轮经济；江瑞勤，上海市宝山区滨江开发建设管理委员会主任，研究方向：邮轮经济；邱羚，博士，上海工程技术大学教授、上海国际邮轮经济研究中心副主任，研究方向：邮轮经济、战略管理。

为推动中国邮轮旅游市场发展，探索符合中国特色的邮轮旅游发展模式，2012 年，国家旅游局批准在上海设立中国首个邮轮旅游发展实验区，开启了“中国邮轮旅游发展实验区”建设的先河。上海依托母港优势、区位优势、先发优势、政策优势，推动上海吴淞口国际邮轮港成为亚洲第一、全球前四邮轮母港，占据中国邮轮市场的半壁江山，并率先建立较为完善的邮轮旅游产业发展体系，对全国邮轮经济发展起到了重要的示范作用。文化和旅游部批复在上海设立首个中国邮轮旅游发展示范区，要求“充分发挥中国邮轮旅游发展示范区的优势，推动邮轮产业政策创新，引领中国邮轮经济高质量发展，增强服务国家战略发展能力，打造邮轮经济高质量发展的全国样板，为各地提供可复制可推广的经验”。上海邮轮经济发展，对标的是国际标准、面向的是全球市场、瞄准的是未来发展，建设中国邮轮旅游发展示范区，有利于在更高起点、更高层次、更高目标上推进邮轮旅游高品质发展，打造邮轮经济高质量发展的全国样板；有利于探索形成符合新时代中国邮轮旅游发展特征的体制机制，全面优化中国邮轮发展营商环境；有利于进一步激发邮轮旅游消费潜力，提升中国邮轮经济能级。

表 1　我国已经批准建立的邮轮旅游发展实验区

序号	邮轮港口	批准时间	区域
1	上海	2012 年 9 月	以吴淞口和北外滩为中心
2	天津	2013 年 4 月	天津滨海新区
3	深圳	2016 年 5 月	规划面积为 9.4 平方公里，东至后海大道—金海路—爱榕路—招商路—水路，南至深圳，西至大南山山脊，北至东滨路、大南山山脚
4	青岛	2016 年 5 月	青岛国际邮轮母港
5	福州	2017 年 7 月	位于长乐松下港，规划总面积 5.5 平方公里
6	大连	2017 年 8 月	大连港国际邮轮中心

一　中国邮轮旅游发展示范区建设基础

（一）上海进入全球邮轮母港第一梯队，国际地位全面提升

上海吴淞口国际邮轮港于 2011 年 10 月 15 日开港以来，2014 年超过新

加坡成为亚洲最大邮轮母港，2016 年超越西班牙巴塞罗那成为全球第四大邮轮母港，形成了“南有洋山港国际物流、北有邮轮港国际客流”的新格局，带动中国成为全球第二大邮轮客源市场，推动国际邮轮经济进入“中国时代”。上海吴淞口国际邮轮港自开港以来，截至 2020 年 1 月，接待国际邮轮 2269 艘次，接待出入境游客量为 1419.69 万人次。上海不断创新邮轮母港服务，着力打造邮轮服务品牌，积极推动邮轮保险业务发展，同时在机场、高铁车站启动“邮轮直通车”服务，联动口岸单位创新推出“邮轮便捷通关条形码”，打造中国邮轮旅游服务世界新名片。上海邮轮市场规模的扩大，为全国邮轮市场国际地位提升和邮轮客源市场培育奠定了坚实的基础。

表 2　2008～2019 年上海邮轮市场发展现状

年份	母港艘次（艘次）	访问港艘次（艘次）	母港游客量（万人次）	增长率（%）	访问港游客量（万人次）
2008	23	40	4.82	—	5.90
2009	33	47	8.43	74.8	8.13
2010	61	48	17.02	101.9	9.65
2011	75	30	14.54	-14.5	6.89
2012	80	41	26.40	81.5	9.34
2013	167	31	69.77	164.2	5.87
2014	243	29	115.35	65.3	6.45
2015	320	24	159.79	38.5	4.72
2016	481	28	285.90	78.9	8.56
2017	481	31	291.20	1.8	6.58
2018	374	29	267.87	-8	6.69
2019	225	23	181.00	-32.4	8.26

资料来源：中国交通运输协会邮轮游艇分会（CCYIA）。

（二）建立国际邮轮港口中国标准，母港设施不断完善

上海邮轮港口在硬件设施建设及设计理念方面处于国际领先水平，为国

内外邮轮港口的建设提供了良好的标准，为实现国际邮轮港口建设“中国标准”提供了良好的管理基础和技术支撑。上海吴淞口国际邮轮港推进中国邮轮市场进入“大船时代”“新船时代”，码头岸线总长度将达1600米，共布置2个22.5万吨级和2个15万吨级总计4个大型邮轮泊位，建筑面积7.9万平方米，达到“四船同靠”、年接靠国际邮轮800～1000艘次的运营能力，顺利通过挪威船级社认证，取得质量管理体系（QMS）、环境管理体系（EMS）、职业健康安全管理体系（OHSAS）认证证书。承担的国家级邮轮港服务标准化试点项目顺利通过终期验收，成为全国首个邮轮港口服务标准化试点，编制的《邮轮港服务规范》成为国家行业标准，建成世界最大邮轮变频岸电系统和亚洲首套邮轮岸电系统。同时，在吴淞口邮轮港新建客运中心楼顶打造3000平方米的太阳能光伏发电项目，全面推广绿色能源，促进港口节能降耗，为国内邮轮港口响应国家号召、实行绿色发展提供了良好的范例。

（三）邮轮全产业链发展初步形成，能级显著提升

依托中国邮轮旅游发展实验区，上海不断延伸邮轮经济全产业链。在产业链上游，打造邮轮设计制造配套产业集群，与中国船舶集团合作，推动上海国际邮轮产业园规划建设，中船集团与嘉年华、芬坎蒂尼签订总价近50亿美元的“2+4”艘大型邮轮制造合同，我国首艘国产大型邮轮正式开工建造。随着邮轮建造配套企业集群的形成，上海逐步形成大型邮轮配套与服务保障能力，努力建成国家邮轮核心技术研究和产业化服务基地，为国产大型邮轮建造探索建立中国本土供应配套体系。在产业链中游，吸引邮轮企业落户，打造“邮轮总部经济”。目前上海宝山集聚邮轮船舶服务、港口运营、邮轮船供、旅游服务、邮轮研发设计等企业近200家。在产业链下游，放大邮轮服务品牌效应，强化辐射带动，建设530平方米邮轮港口岸出境免税店和1700平方米国内首批面积最大邮轮港口岸进境免税店，成为上海消费经济新亮点。成立上海邮轮供应协会，加快推进亚洲邮轮物资分拨中心建设。

（四）邮轮口岸监管机制逐步成熟，引领监管创新

上海与口岸部门加强合作，推动邮轮口岸管理创新，使中国邮轮港在邮轮口岸监管创新方面取得丰硕成果。推出全国首个邮轮检疫监管综合性检查方案，试行邮轮卫生指数（CQI）检查机制；创新实施 144 小时过境免签政策和国际邮轮旅游团 15 天入境免签政策；首创邮轮通关条码简化入境模式及出境自助通关模式，自助通关率达到 30%，使吴淞口邮轮游客通关速度由 15 秒减少到 3 秒，达到全球领先水平；创新管理机制，专门设立服务于邮轮港的口岸型海关；首创并自主研发旅客自助申报终端，大幅缩短进出境旅客向海关申报的时间；建立邮轮口岸诚信管理体系，对邮轮口岸进行诚信管理。上海邮轮口岸探索国际邮轮及进出境旅客通关监管模式并取得丰硕的成果，全面提升了游客体验度和感受度，为全国邮轮口岸监管创新提供了一大批可复制、可推广的经验。

（五）加大邮轮产业政策扶持力度，制度创新突破

为强化邮轮制度创新，不断优化营商环境。上海市政府出台《关于促进本市邮轮经济深化发展的若干意见》，明确邮轮经济发展 50 项工作任务。原上海市工商行政管理局出台《关于支持宝山区邮轮经济发展的若干意见》，加大对邮轮经济的扶持力度，推动邮轮总部集聚和邮轮品牌打造。上海市商务委出台《关于支持宝山邮轮服务贸易发展的若干措施》，推动邮轮服务贸易政策创新发展。宝山区出台《关于加快宝山邮轮经济发展的实施意见》。首创邮轮船票制度得到交通部认可并在全国推广实施。首创邮轮旅游合同示范文本，发布全国首个邮轮旅游经营规范。首创邮轮“五优先”政策，邮轮准点率和安全率实现“双 100%”。相比于全国其他区域对邮轮经济的扶持政策，上海邮轮经济政策更加具有前瞻性、针对性，创新力度和支持力度更大，更好地引领全国邮轮经济政策的制定和实施。

二　中国邮轮旅游发展示范区建设瓶颈问题

（一）邮轮港服务功能有待进一步完善

上海吴淞口国际邮轮港一期和后续工程已经完成，港口运营服务能力得到极大提升，邮轮旅游总体质量不断提高，但是在邮轮口岸通关便利化、邮轮港口智慧化管理等方面与邮轮游客的期待和邮轮企业的期望还存在一定差距。游客在码头的登船平均时间是 1 小时（包含出境作业时间），而迈阿密是 15 分钟，两者相比还是有差距。邮轮港潮汐式人流特征明显，三船同靠时，双向客流近 3 万人次，区域通勤压力很难有效化解，未来若迎来四船同靠，现有路网将更难以承受。

（二）邮轮旅游品质有待进一步提升

目前上海邮轮航线以日、韩为主，受地缘政治影响，具有较大不确定性，萨德事件后取消韩国航线。多层次、高品质产品深度开发不足，因现有法规管控等原因，国家有关部门尚未批准上海实施公海游航线试点。邮轮市场分销渠道受政策限制，易造成低价竞争。国内邮轮公司自销和旅行社代销的比例较低，我国《旅游法》规定，旅行社经营出境游包价产品，必须具备出境游资质才可以进行产品经营与销售，渠道不畅影响健康市场价格体系形成。我国邮轮文化的普及处于较为缓慢的状态，市场渗透率较低，不利于市场规模的持续扩大。

（三）邮轮产业链延伸有待进一步加快

近年来，上海国产大型邮轮设计建造逐步起步，本土邮轮船队逐步组建，邮轮配套产业集群逐步形成，邮轮港口能级持续提升，但依然面临着经济贡献度较低的困境。邮轮经济发展中的长三角区域联动机制尚未形成，邮轮旅游利益共同体和统一的市场运作体系尚未形成。邮轮龙头企业在上海邮轮经济全产业链发展中起着重要的引领性作用，但面临前期研发投入巨大、投资回报期较长等初期成长问题，发展压力较大。

三 中国邮轮旅游发展示范区规划布局

（一）战略思想

对接“一带一路”倡议及长江经济带发展、长三角一体化国家战略，落实“三大任务”、打响“四大品牌”、强化“四大功能”、推进“五个中心”要求，通过中国邮轮旅游发展示范区，聚焦邮轮经济高质量发展，增强服务国家战略发展能力，打造邮轮经济高质量发展的全国样板，建设具有国际竞争力的邮轮运营新高地、邮轮消费新高地、邮轮产业新高地、邮轮发展制度创新新高地。强化示范引领作用，率先建立适应中国邮轮市场发展特点的管理模式，率先建立邮轮经济全产业链发展体系，构筑邮轮发展服务配套体系，率先建立同国际邮轮发展规则相适应的制度体系，促进从先行先试到全国样板、从点上突破到机制体制全面创新、从尝鲜式旅游到高品质生活方式、从港口经济到全产业链发展、从功能提升到魅力滨江建设的转变。

（二）空间布局设计

中国邮轮旅游发展实验区的建设和发展，使得上海已经具备明显区位优势及邮轮产业要素集聚、母港功能完善、创新活力旺盛、经济辐射能力强等优势。以宝山为核心的中国邮轮旅游发展示范区在空间布局方面，形成吴淞口国际邮轮母港、上海国际邮轮产业园、邮轮滨江带和国际邮轮城核心区“一港一园一带一城”邮轮产业发展格局，面积16.8平方公里（邮轮港口及周边水域1.35平方公里，上海国际邮轮产业园2.5平方公里，邮轮滨江带5.15平方公里，邮轮城核心区7.8平方公里），形成邮轮港口运行和服务、邮轮研发设计及配套、旅游休闲配套服务三大主导产业。

上海吴淞口国际邮轮港对标国际一流，完善港区商业休闲配套设施，继续推动标准化建设，推进“无摩擦进港计划”，结合邮轮船票，应用人脸识别、人工智能等技术，建立标准化登船流程体系，为游客提供更便捷、舒适的通关体验。上海国际邮轮产业园聚焦邮轮自主设计建造，全面推进配套装备产业发展，培育本土邮轮建造配套产业链。立足长三角一体化和长江经济带建设，结合具有国际一流水准的邮轮城定位，对标黄浦江两岸公共空间建设标准，贯通开放吴淞滨江岸线示范段，打造国际邮轮港缤纷会客厅，面向全球，迈向更富魅力的国际邮轮之城，建成最具全球影响力邮轮旅游示范区，成为上海建设世界著名旅游城市和国际航运中心的核心板块。

（三）发展思路与目标

有效应对新冠肺炎疫情，推动邮轮市场振兴，促进邮轮市场规模提升、完善邮轮港口功能，提高港口运营能力、强化邮轮产业集聚，打造邮轮产业集群、丰富邮轮文化内涵，强化区港联动、促进邮轮发展开放合作，提升邮轮产业国际影响力、加大政策创新力度，完善邮轮政策体系。推进上海中船国际邮轮产业园建设，突破本土邮轮船队发展和邮轮自主设计建造瓶颈，推动邮轮研发设计、专业技术服务、邮轮建造配套、邮轮物资供应等方面取得新突破。加快推动邮轮企业运营总部落户，推动邮轮制造和邮轮运营总部发展壮大。以邮轮为依托，拉动水上旅游产业发展，借助区位优势和自然条件发展游艇、游船产业，进一步拓展邮轮、游艇、游船服务功能，形成“三游”产业集群。

通过中国邮轮旅游发展示范区建设，上海亚太邮轮经济中心地位进一步巩固，邮轮旅客结构显著优化，旅客发送量保持亚太第一，跻身世界邮轮港口第一方阵，邮轮经济产业链初步形成，亚太邮轮企业总部基地初具规模，邮轮船供物资分拨业务覆盖亚洲市场，初步形成大型邮轮设计制造技术和管理能力，打造具有国际吸引力、创造力和竞争力的邮轮总部基地和邮轮经济中心。

四　推进中国邮轮旅游发展示范区创新举措

（一）推动邮轮旅游市场振兴

按照精细精准要求做好疫情防控和经济社会发展工作，强化源头管控、压实主体责任、实施闭环管理、完善联动机制，积极推动上海邮轮复航。围绕邮轮疫情防控问题及邮轮运营特点，建立健全国际邮轮及母港新冠肺炎疫情综合防控体系，明确邮轮行业在疫情下的运营规范。开展邮轮公司防控方案评估，督促和帮助邮轮旅游企业落实防疫安全措施。开展邮轮市场振兴计划，整合资源搭建上海世界著名旅游城市的宣传营销平台，助力邮轮旅游企业有节奏地开展线上线下宣传推广活动，全方位推介上海邮轮旅游品牌。推动邮轮港口运营公司制定疫情过渡时期港口靠泊优惠政策，切实降低邮轮公司运营成本，完善邮轮综合保险体系，提升应对风险能力。推动实施中资方便旗邮轮无目的地航线试点政策。

（二）强化邮轮旅游品质提升

优化邮轮市场供给能力，深化与世界主要邮轮公司合作，推动全球最新、最好及独具特色的主题邮轮在上海运营。对标黄浦江两岸公共空间建设标准，贯通开放吴淞滨江岸线示范段，打造国际邮轮港缤纷会客厅，打造创新发展的新引擎、城市形象的新名片、市民休闲的新去处。放大“144 小时”和“15 天”邮轮免签政策效应，利用吴淞口国际邮轮旅游休闲区成功获批上海首批全域旅游特色示范区契机，推动邮轮旅游和全域旅游协同发展，开发一批满足入境邮轮游客需求的旅游线路、旅游演艺活动及特色商品，实现邮轮旅游与上海优质旅游资源联动。深入挖掘吴淞文脉，促进滨江带历史文脉与现代时尚的创新融合，着力提升滨江人文气质，打造人文滨江、魅力滨江、风情滨江，展示滨江文旅品牌形象。

（三）提高邮轮港口运营能力

立足提升港口服务能级，加快完善邮轮港口基础设施，将邮轮港纳入全市综合交通规划体系，建设国际邮轮客运交通枢纽。加快智慧邮轮港项目和东方之睛改造项目等建设，打造智慧化国际一流邮轮母港，更好的保障邮轮港安全高效运营，进一步提升邮轮游客出行体验。对标国际著名邮轮母港标准，全面推行“无摩擦进港计划”，整合船票认证码和口岸通关认证码，并与行李码有效关联，提升游客认证、行李托运在海关、港口和邮轮方面的可识别性和可追溯性。结合邮轮船票，建立标准化登船流程体系，提升邮轮口岸通关效率。加快上海吴淞口国际邮轮港 120 万方水域综合开发可行性研究，研究建立帆船码头基地，加快水域产品开发，推动“三游”经济发展。加快上港长滩、阅江汇等商业商务载体建设，全面提升邮轮港周边配套功能。

（四）推动邮轮经济全产业链发展

瞄准国家战略和上海发展需求，对接上海加快建设国际航运中心和打造世界著名旅游城市目标，发挥上海邮轮经济先发优势、资源优势，着力优化结构、完善功能、提升质量，打造千亿邮轮经济产业链，迈向更富魅力的国际邮轮之城，推动邮轮经济成为上海建设世界著名旅游城市和国际航运中心的核心板块。推进上海国际邮轮产业园建设，做大做强邮轮供应链平台，推动全球邮轮领军企业集聚上海，加快推动本土邮轮配套和邮轮制造材料国产化，推动降低邮轮制造成本，提升国际竞争力。同时争取设立邮轮监管区，形成“功能优化叠加、业务分类运作、资源统筹配置、管理协同高效”的业务管理格局，争取建设邮轮综合保税区，为邮轮经济发展提供更大的政策创新平台。

（五）促进邮轮发展开放合作

加强与亚洲各大邮轮港口的交流合作，在邮轮行业发展中发出更多专业的声音，形成邮轮港口防疫共同体，加快推动亚洲邮轮旅游市场复苏。在疫情冲击下，一些优质的大型邮轮运营商的抗风险能力进一步强化，为邮轮运营打下了坚实的基础。应开发更多具有文化内涵和历史底蕴、适合外籍邮轮游客的高质量入境旅游产品。上海集聚了全球顶级的邮轮公司，要推动其更多的在邮轮行业利益相关方，尤其是运营商之间的协同合作中发挥作用，推动搭建全球邮轮行业的公共平台，整体提升邮轮行业应对疫情等重大突发事件的能力，稳步整合购票、结算、供应、物流等要素功能，引导邮轮行业健康发展。鼓励产教深度融合，强化邮轮产学研合作，推动建立邮轮人才培养基地，强化人才支撑。

参考文献

汪泓主编《邮轮绿皮书：中国邮轮产业发展报告（2019）》，社会科学文献出版社，2019。

汪泓主编《邮轮绿皮书：中国邮轮产业发展报告（2018）》，社会科学文献出版社，2018。

汪泓主编《邮轮绿皮书：中国邮轮产业发展报告（2017）》，社会科学文献出版社，2017。

汪泓主编《邮轮绿皮书：中国邮轮产业发展报告（2016）》，社会科学文献出版社，2016。

汪泓主编《邮轮绿皮书：中国邮轮产业发展报告（2015）》，社会科学文献出版社，2015。

汪泓主编《邮轮绿皮书：中国邮轮产业发展报告（2014）》，社会科学文献出版社，2014。

G.21

邮轮旅客消费者权益保障：现状、进展与对策

孙思琪　金怡雯*

摘　要： 邮轮旅客作为消费者处于弱势地位，应当予以其较为充分的权益保障。当前我国邮轮旅客与邮轮公司、旅行社等旅游经营者之间的典型纠纷主要分为两类：一类是邮轮航程变更纠纷，另一类是旅客人身损害纠纷。在国家立法层面我国尚无关于邮轮旅游的专门规定，但《上海市邮轮旅游经营规范》等地方立法已经作出一些有益的尝试。我国特有的旅行社包销邮轮船票的经营模式促成旅客、邮轮公司、旅行社三方之间颇为复杂的法律关系。《民法典》关于格式条款的规定、《海商法》修改的进展以及新冠肺炎疫情对于邮轮旅客作为消费者权益保障亦有不同程度的影响。我国邮轮旅客消费者权益保障的工作重点应是构建邮轮旅游的专门民事法律规则，放开外资邮轮公司经营出境旅游的市场准入，健全邮轮船票管理制度，推进邮轮旅游纠纷的多元化解决，完善邮轮旅游的地方立法和示范合同。

关键词： 邮轮旅游　消费者权益　航程变更　船票条款

* 孙思琪，博士，上海海事大学法学院讲师、硕士研究生导师，上海国际航运中心发展促进会海上丝绸之路（邮轮）专业委员会秘书长，研究方向：海商法、邮轮旅游法；金怡雯，上海市闵行区人民法院法官助理，研究方向：民商法、海商法。

邮轮旅游是近年来在我国快速发展的新兴旅游形式，“一带一路”倡议的核心文件《推动共建丝绸之路经济带和21世纪海上丝绸之路的愿景与行动》也明确提出“推动21世纪海上丝绸之路邮轮旅游合作”。旅游属于消费行为，邮轮旅客作为消费者较之邮轮公司、旅行社等旅游经营者而言处于弱势地位。双方在交易形式上地位平等的同时存在实质上的不平衡，由此决定了邮轮旅客作为消费者的权益保护尤为重要。

国际上通行的邮轮船票销售模式以邮轮公司直销和旅行社等销售商代销为主，而当前我国邮轮旅游市场的主要经营模式仍是较具特色的旅行社包销。邮轮旅游在国外传统模式下形成的法律关系相对简单，主要就是旅客与邮轮公司之间以海上旅客运输为主的混合服务合同关系。简洁明了的法律关系决定了国外鲜少将邮轮旅客作为一类特别的消费者予以处理，旅客权益保护问题通常综合运用运输法律、旅游法律以及消费者保护法律的一般规定即可妥善解决。我国特有的旅行社包销模式形成了旅客、邮轮公司、旅行社三方之间颇为复杂的法律关系，且对旅客权益保障产生了直接影响。

一　邮轮旅客消费者权益保障的现状

当前我国邮轮旅游实践涉及的旅客与邮轮公司、旅行社等旅游经营者之间的典型纠纷主要分为两类：一类是邮轮航程变更纠纷，另一类是旅客人身损害纠纷，且后者进入诉讼环节的比例更高。此外，行程预订纠纷、出入境证照纠纷也时有发生。引发邮轮航程变更的原因主要是天气因素。邮轮旅游以海上运输作为基本实现方式，因而很大程度上受到天气因素的制约。特别是台风等恶劣天气经常导致邮轮难以按时开航，或者无法按照计划停泊挂靠港。至于旅客遭受人身损害的原因，主要分为两个方面：一是邮轮公司的安全保障措施不足，比如船上泳池未配备救生员或监管人员；二是旅客的疏忽大意，比如雨天旅客在甲板行走时未尽必要的谨慎注意导致滑倒摔伤。

目前在国家立法层面我国尚无关于邮轮旅游的专门规定，但地方立法已经作出一些有益的尝试。较为典型的应是上海自2016年4月10日起施行的

《上海市邮轮旅游经营规范》，也是我国邮轮行业首个由政府部门制定的规范性文件。至于可以适用于邮轮旅客消费者权益保护的一般立法，主要分为运输法律、旅游法律、消费者保护法律三个方面：运输法律最为重要的应是《海商法》第五章“海上旅客运输合同”；旅游法律主要体现为《旅游法》，重点在于第五章“旅游服务合同”；消费者保护法律则以《消费者权益保护法》为核心。

至于邮轮旅游纠纷解决的实践情况，旅客与旅游经营者之间的纠纷多数采用诉讼方式解决，虽然时有通过调解处理，但总体而言涉及仲裁、和解等诉讼以外的纠纷解决方式较少。《上海市邮轮旅游合同示范文本（2015版）》设置的纠纷解决方式是仲裁，但实践中邮轮旅游纠纷通过仲裁解决的情形并不多见。仲裁的经济性特征对于此类非商事纠纷而言并不彰显，仲裁费用甚至时常高于诉讼费用。旅行社与旅客签订邮轮旅游服务合同时往往也会直接删去示范文本的仲裁条款。

二　邮轮旅客消费者权益保障的主要法律问题

旅行社包销邮轮船票的经营模式，即通常所称的包船模式，形成了旅客、邮轮公司、旅行社三方之间的法律关系，对应的合同基础分别是邮轮旅游服务合同、以邮轮船票证明的海上旅客运输合同为主要内容的服务合同、邮轮船票销售合同。

关于邮轮航程变更，天气作为最为主要的原因一般均能构成不可抗力。航程变更同时受到旅游法律和运输法律的规制。我国司法实践总体上认可恶劣天气以及港口疫情构成不可抗力等法定免责事由，从而免除邮轮旅游经营者对于航程变更的违约责任；邮轮旅游经营者同时负有费用退还义务，包括因岸上观光环节取消而减少的港务费等费用。

关于旅客人身损害，基于《旅游法》第71条确立的不真正连带责任，旅客针对人身损害责任纠纷提起诉讼时既可单独起诉旅行社、邮轮公司其中之一，也可同时起诉两类邮轮旅游经营者。判断邮轮旅游经营者是否尽到安

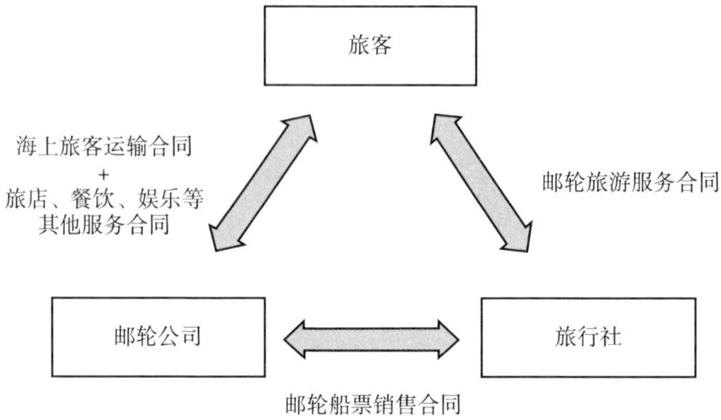

图1　我国邮轮旅游旅行社包销模式三方法律关系

全保障义务，应当综合考虑《旅游法》《消费者权益保护法》《侵权责任法》《旅游纠纷司法解释》对于安全保障义务的要求，避免邮轮旅游经营者，尤其是邮轮公司的安全保障义务过度扩张。

三　邮轮旅客消费者权益保障的新近发展

（一）《民法典》对于格式条款的规制

邮轮公司普遍使用船票条款，实践中存在航行合约、旅客船票合同、乘客票据合同等不同称谓，构成旅客与邮轮公司之间海上旅客运输合同以及其他服务合同的主要内容。船票条款具有格式条款的性质，通常只是刊载于邮轮公司网站供旅客自行查阅，而旅客与邮轮旅游经营者订立合同时一般未就条款内容充分协商。

2020年5月28日通过的《民法典》第496条针对格式条款在《合同法》的基础上作出两项修改：一是提示说明义务的适用范围不再限于免除或者限制格式条款使用者责任的条款，而是扩大至与相对方存在重大利害关系的任何条款；二是明确规定未履行提示说明义务的法律后果，即相对方可以主张该条款不成为合同的内容。前者对于邮轮船票条款的法律控制意义重大，原因在于船票条款较常引发争议的是关于法律适用和管辖权的内容，其中大多规定适用外国法律并受外国法院管辖。此类条款虽非免除或限制邮轮公司的责任，但对旅客权益保护影响重大，颇有可能导致消费者主张权利救济的成本过于高昂，从而实际剥夺消费者寻求法律救济的权利。因此，《民法典》生效后船票条款受到法律控制的内容不再限于免除或限制邮轮公司责任的条款。

（二）《海商法》修改对于邮轮旅游的处理

《海商法》的修改工作已经列入《十三届全国人大常委会立法规划》作为第二类项目，即需要抓紧工作、条件成熟时提请审议的法律草案。2020年5月司法部基于交通运输部报送的《海商法（修改送审稿）》开展了定向征求意见。但其中第五章“海上旅客运输合同”对于邮轮旅游的特殊性明显考虑不足，未能增加关于邮轮旅游的特别规定。

《海商法（修改送审稿）》第十五章“涉外关系的法律适用”同样未设海上旅客运输合同法律适用的专门规定，而邮轮旅游的法律适用问题在实践中颇为突出，上海海事法院审理的“蓝宝石公主号”案即为一例。主要问题表现为《涉外民事关系法律适用法》第42条、第44条关于侵权责任和消费者合同法律适用的规定，对于邮轮旅游的实际情况存在不适应性，常常导致其中规定的系属落空，而仅能适用该法第2条规定的兜底条款，即适用最密切联系原则。

（三）新冠肺炎疫情对于邮轮旅游相关合同履行的影响

新冠肺炎疫情暴发以来，我国母港的邮轮航次全部取消，预计此后将会陆续产生疫情原因引起的邮轮航程变更纠纷，争议焦点可能集中在费用退还等方面。根据最高人民法院、司法部、文化和旅游部《关于依法妥善处理涉疫情旅游合同纠纷有关问题的通知》，对于此类纠纷的处理应当严格遵循法律规定，慎重解除合同的同时妥善处理合同解除后的费用退还，还应充分发挥多元化纠纷解决机制的作用。而且，充分保护邮轮旅客作为消费者的合法权益的同时，应准确适用不可抗力等规则，避免邮轮旅游经营者承担过重的法律责任，保障我国邮轮产业健康发展。

四 邮轮旅客消费者权益保障的对策建议

（一）构建邮轮旅游专门民事法律规则

《海商法》修改是我国邮轮旅游立法的重要契机，应当基于该法“海上旅客运输合同”一章创设邮轮旅游的特别规定，包括针对邮轮旅游的特殊性完善海上旅客运输合同的定义、客票的功能、承运人的责任期间等现有规定，重点规定海上旅客运输法律制度的适用界限、航程变更及其处置、涉外关系的法律适用，同时在条件允许的前提下亦可增设关于邮轮旅游的定义、承运人和旅行社的告知义务、旅客不得损害他人合法权益的义务、船上休闲娱乐服务经营者的责任承担等事项的规定。

（二）放开外资邮轮公司经营出境旅游的市场准入

目前国际邮轮市场总体而言仍属寡头垄断市场，因而针对外资邮轮公司放开市场准入对于我国出境旅游市场的整体影响甚小，尚不至于妨碍我国的公共利益。我国可以考虑充分吸收自由贸易试验区先行先试的经验，逐步改变以《旅行社条例》第 23 条为核心的市场准入限制，允许外商投资邮轮公司作为旅行社经营出境旅游业务，以此促进邮轮公司直销模式与包船模式并行并举，推动我国邮轮市场经营模式逐渐与国际通行模式接轨，通过规范市场秩序保障旅客作为消费者的合法权益。

（三）健全邮轮船票管理制度

目前邮轮船票管理制度基于上海地区的试点经验，已经开始在全国范围内逐步推广。但是，现行邮轮船票管理制度对于邮轮船票的私法功能关注较少。目前使用的登船凭证是邮轮船票最为主要的实体形式，而邮轮船票是旅客与邮轮公司之间海上旅客运输合同等服务合同的证明。明确船票私法功能的主要意义在于厘清旅客与邮轮公司之间的法律关系，其中应当重点关注两点：一是完善船票的记载事项，二是船票条款的公示与审核。

（四）推进邮轮旅游纠纷的多元化解决

受到法院受案数量逐年攀升、专门法律规则缺失等因素的影响，目前通过诉讼方式解决邮轮旅游纠纷的效果不尽理想，不仅纠纷解决耗时较长，而且法院处理邮轮旅游纠纷案件的管辖划分、适用法律并不完全统一。目前上海地区已经建立了旅游纠纷诉调对接工作机制。邮轮旅游的纠纷解决也应更多关注调解等方式，基于调解具有的便利性、常识化、低廉、快速及时、非对抗性、灵活性等特殊的程序利益，切实贯彻诉调对接机制的功能，促进邮轮旅游纠纷更为高效、专业、妥善地解决。

（五）完善邮轮旅游地方立法和示范合同

《上海市邮轮旅游经营规范》作为我国邮轮行业首个由政府部门制定的规范性文件，施行期限截至2021年4月10日。相关部门应当审慎吸收邮轮旅游实践经验，结合上海促进邮轮经济深化发展的目标，及时对于该规范进行修订完善，条件成熟时亦可将其上升为地方性法规，提高立法层次和效力位阶；同时，应及时修改《上海市邮轮旅游合同示范文本》，并且逐步向全国范围推广。此外，现有的邮轮航程变更保险产品及其条款也应在责任期间、保险责任、除外责任、保险金额等方面进行不同程度的修改，尽量通过保险产品补偿损失的功能化解纠纷，保障邮轮旅游作为消费者的合法权益。

参考文献

Kate Lewins, *International Carriage of Passengers by Sea*, Sweet & Maxwell, 2016.

黄薇主编《中华人民共和国民法典合同编释义》，法律出版社，2020。

孙思琪：《邮轮旅游法律要论》，法律出版社，2018。

孙思琪：《再论邮轮旅游包船模式的基础法律关系——兼论〈海商法〉增设邮轮旅游特别规定的观念障碍》，《国际经济法学刊》2019 年第 3 期。

孙思琪、戎逸：《邮轮旅游法律关系的立法范式与理论辨正》，《中国海商法研究》2017 年第 3 期。

孙思琪、金怡雯：《邮轮船票制度如何切实维护旅客权益》，《上海法治报》2018 年 4 月 4 日。

孙思琪、金怡雯：《中国邮轮船票制度：缺失、进展与方向》，《中国旅游评论》2018 年第 2 辑。

孙思琪、金怡雯：《21 世纪海上丝绸之路邮轮旅游合作法制保障论略》，《中国海商法研究》2019 年第 4 期。

孙思琪、金怡雯：《邮轮旅游航程变更：法律规制、立法进展及司法实践》，《大连海事大学学报》（社会科学版）2018 年第 4 期。

马炎秋、余娅楠：《美国邮轮旅客保护立法动态研究》，《中国海商法研究》2014 年第 1 期。

邓丽娟、王玉婷：《邮轮旅客人身安全保护之美国法视角》，《中国海商法研究》2019 年第 4 期。

G.22

我国邮轮运营安全保障立法的可行性研究

苏兆前　肖英杰*

摘　要： 本文分析了我国邮轮运营安全保障立法的可行性。邮轮运营是“海上旅客运输+旅游”模式的融合，邮轮运营安全保障具有独特性，当前在港口航运法规和管理理念方面面临诸多挑战。本文基于国际邮轮运营安全保障法规的立法背景、内容以及立法精神，分析我国邮轮运营中面临的区域地理气候、立法条件，以及邮轮发展现状、政策和规划导向，指出我国邮轮运营安全保障立法具有可行性和必要性，并提出我国邮轮运营安全保障立法模式、内容和需要建立的制度。

关键词： 邮轮运营　安全保障　立法

邮轮旅游的核心在于满足旅客对美妙时光的渴望，一种丰富阅历、增长见识、远离尘世、放松身心、享受款待和乐趣的渴望。基于邮轮旅游这些作用和功能，2006 年以来，我国邮轮旅游得到长足发展。从 2018 年开始我国邮轮产业发展进入调整期，从邮轮旅游向邮轮经济全产业链发展转变。

然而，人们可能会忽视乘坐邮轮旅游遇到的安全问题和沿途美妙风景一

* 苏兆前，博士，上海市交通发展研究中心安全与环境所副所长；肖英杰，上海海事大学商船学院教授、博士生导师，船长。

样不同寻常，超过预期，有时甚至令人手足无措。在邮轮运营过程中，安全事件时有发生，造成生命财产损失、环境污染，甚至引发“霸船”等公共安全事件。邮轮产业是传统的旅游业和海上旅客运输业结合的产物，这是邮轮运营安全保障问题产生的根源。邮轮旅客和船员来自全球各地，风俗习惯、安全理念差异较大。大多旅客第一次坐邮轮旅游，且以老年旅客和幼年旅客为主，对海上安全风险认识存在差异，安全风险应对和抵抗能力不足。亚太邮轮航行区域船舶交通流量大、近岸狭水道航行较多，受台风、大雾等区域独特的灾害性天气影响大。无论从企业运营还是政府监管层面，无论从法律规定、人员素质层面还是基础设施设备方面，邮轮运营安全保障都面临前所未有的挑战。

一 邮轮运营安全保障存在的问题

（一）管辖权有待进一步明确

我国对国际邮轮上安全事件的管辖权存在争议和困惑。一是对邮轮上旅客的住宿、餐饮、休闲、娱乐等设施设备的安全标准和准入方面是否有管辖权。二是对旅客在领海上、公海上甚至在国外因使用这些设施设备引发的生命财产损失、环境污染、影响公共安全甚至国家安全事件中国是否有管辖权。目前，针对在外籍邮轮上发生的治安案（事）件和群体性事件，全国做得比较好的是上海港。但是船长出具书面委托后警方登轮协助处理安全事件，似乎表示这类安全事件管辖权不在中国。

（二）能动性有待进一步加强

一是旅行社对邮轮旅游面临的海上安全风险的特殊性认识不足。旅行社帮助旅客及早获取行程变更情况的能力不足，这是目前邮轮旅游质量投诉和群体事件发生的最主要原因。二是邮轮公司对中国风俗传统、通航条件等安全风险水平缺乏有效评估，对保障中国旅客安全采取的应对措施有失偏颇，对天气是否会影响邮轮行程缺乏技术研判措施、缺乏及早告知旅客行程的能力。三是邮轮码头限于码头设计建造依据的标准和船供物品性质界定不明等问题，安全保障受到较大的制约。

（三）法律法规需进一步完善

邮轮运营涉及的法律和监管行政机构较多，存在以下问题：一是法律没有明确规定邮轮运营安全管辖行政机构。例如中国对邮轮航行管理和旅游组织有明确管辖权，但《海安法》《海商法》《旅游法》等法律并没有予以明确。二是相关法规制定滞后。例如在市场准入方面，外国船舶运输经营者进入中国港口从事国际海上旅客运输服务，仅需满足船舶适航、安全、从业人员等准入条件，不需要作出运营时必须尊重中国风俗传统，不得损害中国国家安全、领土主权和政治稳定的承诺。三是邮轮旅游涉及海上运输和旅游两个行业、国外和国内两个部分，现有法规中行政机构之间的安全监管责任划分不明确。例如，旅行社、邮轮公司、旅客之间义务和责任的划分存在空白；交通、旅游、治安等安全监管主体责任边界还有模糊的地方。上述不足目前主要依靠格式合同、经营规范性文件、会议纪要等方式来弥补，但这些措施法律位阶不高，执行效率较低。

（四）议事机制需进一步健全

一是安全监管行政机构间协作不够。邮轮安全监管涉及行政机构较多。以上海港为例，邮轮安全监管涉及海上交通安全监管、港口安全监管、旅游安全监管、邮轮人员和物品进出关境的安全监管。这些行政机构因所属行政体系不同，相互之间安全监管协作效率不高。二是协调机构运行效果不佳。协调机构层面，以上海港为例，目前无具体行政机构代表政府协调国际邮轮安全保障工作，上海邮轮旅游发展协调机构的办公室未实体化运作，也未将邮轮安全保障纳入议题。已有的涉及邮轮安全的协调机构，长期致力于协调各安全监管行政机构建立共享共用的安全监管系统，但成效尚不明显。

二　船舶安全保障相关国际公约和法规分析

（一）船舶安全保障相关国际公约规定分析

涉及国际邮轮管辖权的公约主要有《联合国海洋公约》。涉及海上人命安全、救助、船舶结构安全、设备安全和安全操作规定的国际公约主要有《国际海上人命安全公约》（SOLAS）。涉及海员培训、发证、值班公约的主要有《海上培训、发证和值班标准公约》（STCW）。目前这些公约都对我国生效了。

分析这些国际公约可以得出：一是，中国领海等同于我国领土，我国对航行在中国领海的国际邮轮有当然管辖权。这和我国《领海及毗连区法》第一、五、八条规定一致。国际邮轮享有领海无害通过的权利，也有保障无害通过时接受中国管辖的义务。无害通过不影响中国对领海的管辖权设定。二是，现行的SOLAS、STCW是保障船舶航行安全、船舶设施设备、船员培训方面的最低标准，没有考虑邮轮旅游的特性，不能满足邮轮旅游对航行的更高要求。三是，这些国际公约没有针对邮轮休闲、娱乐设施的安全保障措施的特殊规定。四是，这些国际公约没有考虑中国邮轮旅游航线涉及的亚太海（水）区域环境特点对邮轮运营安全保障的特殊要求。

即使是2017年1月1日生效由中国船级社制定的《邮轮规范》，其安全设计也大多从传统的航行安全角度予以考虑，明确旅客空间、舒适度和休闲设施的设计要求，并没有针对旅客休闲、娱乐设施设备等提出具体的安全保障措施。

（二）美国邮轮安全保障立法分析

美国邮轮旅游市场比较成熟，占全球邮轮客源地的40%以上。美国是世界邮轮航线和公司聚集地，制定了专门的邮轮运营安全保障法法案。目前主要有《邮轮安全与安保法》《邮轮旅客保护法案》。美国安全保障立法的特点如下。

一是立法以安全问题为导向。立法前期经过大量调研，听取意见和讨论。并且立法针对邮轮以前发生的安全事件做了规定，例如，美国邮轮上船员性侵旅客事件比较多，美国立法专门就此做了规定。美国邮轮安全保障立法虽然遭到邮轮公司强烈反对，经过很长时间才得以通过，但实施效果明显。

二是立法明确安全监管主体。明确美国海岸警卫队和美国联邦调查局在邮轮安全保障中的权力。立法明确了一系列卓有成效的安全监管规定，建立了一套科学合理、操作性极强的应急响应机制。

三是立法明确保护旅客权益。制定新的邮轮合同格式条款，简化合同语言使旅客更易理解。对收费、管辖权、责任的承担与豁免等有争议的关键问题作出规定。如果邮轮旅客遭遇行李损坏丢失、航程无故取消或延误、就费用产生争议等问题，均可向相关机构投诉以维护自身合法的权利。

四是安全立法覆盖邮轮全生命周期。为了保障邮轮运营安全，既对邮轮设计建造等做了规定，如船舶栏杆高度的设定、监控视频的安装，也对保障旅客安全的船员和医护人员的资质和技能做了规定。此外，法案要求以美国港口为母港运营或者在美国领海内的邮轮，发生凶杀等 7 类重大刑事案件时，必须立即通过要求的方式告知美国有关当局，这既加强了美国对邮轮上安全事件的管控能力，又规避了领海、公海、其他国家领海上是否有管辖的争议。

三　邮轮运营安全保障立法可行性分析

安全是人们休闲等更高要求的基础，同样邮轮旅客的满意是邮轮经济发展的基础。邮轮运营安全保障是邮轮经济发展的重中之重。为了促进我国邮轮经济全产业链发展，提高邮轮运营安全水平，保护邮轮旅客权益，需要通过邮轮运营安全保障立法，明确企业安全主体责任，明确安全监管主体和职责，完善安全应急机制和明确纠纷解决依据。目前我国邮轮运营安全保障立法有现实的可行基础。

一是有可供借鉴的外国邮轮立法。我国邮轮运营安全保障立法有可供借鉴的对象。目前美国已经制定了邮轮安全法律，其立法背景、立法经过、法律内容和实施效果都有章可循，可供参考。

二是我国有条件良好的立法基础。我国目前存在国家和地方两个层面的立法体系，包括法律、行政法规、地方法规、部门及地方政府规章多重法律形式。立法主体、立法程序、立法人才以及立法形式非常完备。我国邮轮运营安全保障立法技术上、程序上可行。

三是明确积极的政策规划导向。我国经济发展已经进入新的机遇战略期，人民对美好生活的愿望与发展不平衡、不充分之间的矛盾是对新阶段中国社会现状的高度总结。人民享受邮轮休闲旅游的美好愿望同邮轮经济发展不平衡、不充分之间的矛盾正是这一现状的体现。2018 年 9 月，交通运输部等 10 部门联合印发的《关于促进我国邮轮经济发展的若干意见》提出了促进我国邮轮经济发展 9 个方面的主要任务，并制定了到 2035 年我国邮轮市场成为全球最具活力市场之一等发展目标。其中主要任务中的第四项任务“强化邮轮安全发展，重点推进安全体系建设，研究建立特别管理制度，加强进出港邮轮安全监管，加快搜救应急基础设施和装备建设，加强邮轮停靠口岸的公共卫生核心能力建设，完善邮轮运营安全、旅客群体性公共卫生和重大疫情等突发事件应急预案及工作机制”，为邮轮运营安全保障立法指明了方向。

四　邮轮运营安全保障立法的对策建议

（一）立法可能的路径

邮轮运营安全保障立法有 5 个可能路径：制定专门法律、修订现有法律、制定行政法规、制定地方法规、制定相应规章。根据《立法法》的立法权限设定以及我国邮轮运营安全保障区域特点，可行的立法途径是“修订法律＋地方法规立法”模式，主要原因：

一是修订法律可以解决国家主权、法院的职权、限制人身强制措施和处罚等事项的立法权限设定问题。二是地方法规立法可以兼顾目前邮轮运营安全暴露不充分、地方邮轮运营安全面临问题的独特性以及邮轮运营安全议事工作机制等规章不能创设等问题。三是立法时间较短。能够及时满足邮轮运营安全保障立法需要。修订法律涉及法律条款相对较少，时间较短。地方法规制定相对灵活，有的事项立法时间比较短。例如，2014 年 8 月 1 日实施的上海市首部打击黑车的法规《上海市查处车辆非法客运规定》就是这一地方立法体例。

（二）立法的总体框架

1. 总则部分

明确立法的目的和依据、适用范围（如邮轮航行、休闲娱乐、物供安全、航行保障等）、邮轮运营安全监管主体和权力。

2. 主要章节

按照邮轮旅游过程分五个章节。

第一章明确旅客在邮轮旅游中的安全保障权利和义务，体现原来在格式合同、运营规范中实施比较好的措施。第二章明确邮轮公司在邮轮旅游中的安全保障权利和义务。对运营规范中实施比较好的措施，例如船票制度、行程变更及时告知制度等法律条文应该作出规定。此外立法还应该对邮轮是否有在大雾天气和狭水道中优先通航权利等事项作出规定。第三章明确港口企业在邮轮旅游中的安全保障权利和责任，体现运营规范中实施比较好的措施，如邮轮游客预约进港制度等。同时立法对反响比较大的船供物资涉及危险化学品确认机制作出规定。第四章明确旅行社在邮轮旅游中的安全保障权利和责任，体现原来在格式合同、运营规范中实施比较好的措施。同时立法就加强旅客安全教育等内容作出明确规定。第五章对行政机关需要加强安全监管的邮轮事项作出规定。立法对行政机关进行邮轮安全监管的事项、要求、程序、议事机制、应急管理等作出规定。

3. 建立的安全保障制度

一是建立旅客权益保护制度。明确邮轮旅游全程保护旅客安全、旅客邮轮旅游风险及时知情权、安全防范知识和技能获得权、合法权利遭到损害的救济途径。二是立法建立邮轮旅游行业准入制度。明确旅行社、港口企业和邮轮公司从事邮轮旅游安全保障措施的硬件和软件要求，提高邮轮旅游安全保障水平。立法明确邮轮物资供应资质条件、保障邮轮供应食品等物料安全和卫生程度。三是建立邮轮安全信息共享制度。通过这个平台加强信息沟通。避免信息不对称情况发生。整合邮轮运营、天气和航道、安全监管、技术支持等信息，提升邮轮安全保障水平。四是建立邮轮应急预警制度。充分重视邮轮旅游发生特重大突发事件的可能性，对目前邮轮突发事件保障能力进行评估。建立从国家到地方、从企业到安全监管行政机关的邮轮突发事件应急管理制度。立法还应对应急设施设备配备、相关人员应急培训、安全预警机制建立、应急演练等作出规定。五是建立安全议事工作机制。至少在区域层面，完善邮轮安全议事工作机制，确定运营安全的议事机构，界定议事机构的职能，以及职员构成、职责、议事和决定程序。此外，还可以建立安全监管检查制度、食品追溯制度、旅游经济保障制度等。

五　结论

目前我国邮轮运营安全保障存在的问题是由港口航运安全保障观念、体制和机制不适应旅游业和海上旅客运输融合趋势而造成的，国内外与旅游和海上旅客运输相关的传统的法规、公约，邮轮运营安全保障模式、安全理念、行政监管机制不可避免地受到前所未有的冲击。

我国邮轮运营安全保障立法具有可行性和必要性。这是基于邮轮旅游对邮轮经济发展、区域产业升级转型、解决中国新的机遇期主要矛盾的意义而进行的考虑，也是基于现有的国外相关立法经验、国内良好的立法基础和积极政策导向的考虑。

本文推荐的立法途径是“修订法律 + 地方法规立法”模式。这是基于立法体系中不同等级立法权限的保留，以及邮轮经济发展的区域特点和产业布局具体情况的不同考虑。

参考文献

上海市交通发展研究中心：《加强邮轮母港国际竞争力相关政策研究》，2013。

余娅楠：《邮轮承运人对邮轮旅客的民事法律责任研究》，2014。

上海市交通发展研究中心：《建立邮轮承运纠纷与突发事件的响应机制研究》，2014。

马炎秋、余娅楠：《美国邮轮旅客保护立法动态研究》，2014。

上海港国际客运中心开发有限公司：《中国邮轮产业——实践与挑战并存》，2017。

上海市交通发展研究中心：《上海邮轮产业规范化发展的研究》，2018。

国际邮轮协会：《2019 年邮轮旅游趋势和邮轮产业行情展望报告》，2019。

比达咨询：《2018 年中国在线邮轮市场年度报告》，2019。

上海海事法院：《2018 年上海海事法院十篇优秀裁判文书》，2019。

Abstract

Annual report on China's cruise industry (2020) is an annual research report compiled by Shanghai University of engineering and technology and Shanghai International Cruise Economic Research Center. It is an important part of the "leather book series" of Social Science Literature Publishing House. Novel coronavirus pneumonia is China's cruise economy development, international chapter, industry development and planning policy section. The content is more perfect and forward-looking. It is the seventh book of the series of publications. It is composed of five parts. In the form of a general report, this book introduces the latest hot spot information of China's cruise economy through ten hot spots on the development situation and future trend of the world and China's cruise economy from 2019 to 2020.

Novel coronavirus pneumonia China novel coronavirus pneumonia novel coronavirus pneumonia in 2020 has seriously affected cruise economy development. Cruise liner routes are all suspended. The total market value of the three major cruise companies has evaporated more than 50 billion US dollars. It has become the longest time, the most extensive and the most serious loss in the history of world cruise development, especially for the development of China's cruise economy, especially for the new crown pneumonia epidemic. China's cruise economic development impact and Countermeasures to better promote the healthy development of China's cruise economy. The book's industrial development and planning policies comprehensively and deeply analyzes and judges the latest development and planning development ideas of China's cruise economy whole industry chain, and puts forward more forward-looking countermeasures and suggestions, so as to better promote the implementation of the whole industry chain strategy of China's cruise economy, improve the energy level of the cruise industry, and serve the high-quality development of the national and local economy.

The general report systematically analyzes the latest achievements and progress of global and Chinese Cruise Industry Development from 2019 to 2020, and based on the latest development situation and trend, it puts forward corresponding forecast for the development of cruise economy in 2020 and in the future. Thematic articles China novel coronavirus pneumonia epidemic port on China's cruise port impact, the construction of epidemic prevention system, consumer behavior, policy innovation and countermeasures research. Novel coronavirus pneumonia China's novel coronavirus pneumonia affects the cruise economy worldwide. The international chapter is mainly about the impact and Countermeasures of the new crown pneumonia epidemic on Japan and South Korea, the United States, Australia, Europe and other countries and regions. The industry is mainly focused on the construction of cruise ships, the distribution of cruise routes, the inspiration for China's cruise line design, and the construction of international cruise ports. The construction of cruise business cluster area is analyzed in depth. In the chapter of planning policy, this paper mainly puts forward planning ideas and constructive suggestions on China's cruise industry, China's cruise tourism development ideas, China's cruise tourism development demonstration area planning ideas, China's cruise tourism consumer rights and interests protection, and the feasibility of cruise operation security legislation, so as to provide better promotion for the high-quality development of China's cruise economy Security.

After the market adjustment in the first two years, China's cruise economy is in a critical period of high-quality development. As a new composite industry of tourism and shipping industry, cruise industry has natural environmental sensitivity and vulnerability to damage, and is vulnerable to many external uncertainties such as politics, policy, epidemic situation and so on. Novel coronavirus pneumonia in 2020 has hit the global cruise market. China's cruise tourism market has been greatly affected, not only causing serious losses to cruise operators and related entities of cruise industry, but also by the construction of cruise, operation and management, ticketing sales and related professional services. The rapid and scientific handling of cruise public health events has aroused worldwide concern. The epidemic prevention and control of China's cruise industry has achieved "zero input, zero output and zero infection", which has set a new benchmark for the world's cruise industry to fight the epidemic, adding confidence and confidence in the effective prevention and control of the cruise industry's epidemic situation, and let the global cruise industry see the hope of the revitalization of the cruise industry. With the effective prevention and control of epidemic situation and the introduction of policies to promote consumption, leisure tourism and other service industries have gradually rebounded in an orderly manner. The global cruise industry generally believes that the impact of the epidemic is only periodic and will not change the long-term development trend of China's and even the global cruise industry. China is the world's largest emerging cruise market and the world's second largest cruise source country. The global cruise industry is generally optimistic about China's prospects, China's opportunities and China's development potential after the epidemic. The international cruise industry is still full of confidence in the development prospects of China's cruise market. The Mediterranean flagship cruise ship "glory" opened its first voyage in Asia in Shanghai in June, which is the largest in the world and the highest in science and technology The world's first cruise of Royal Caribbean Ocean miracle in Shanghai in 2022 will also be held as scheduled. Under the background of the central and local governments' increasing support for the cruise economy, China's cruise economy still has a good development situation and opportunities. The confidence of coastal cruise port cities to firmly develop the cruise industry has not been shaken. Cruise tourism is still regarded as an important part of promoting the city's high-quality development and creating high-quality life. China's cruise economy is still expected to become a world post As the most important component and core power of the ship industry, a complete industry chain pattern of cruise R & D, design and construction, cruise operation, cruise port service and cruise supporting industry system will be formed, and a world-class cruise economic industrial cluster will be established, which will become the new focus of the development of the world's cruise industry.

The successful publication of this book is the result of the cooperation between the academic community and the industry. It has been strongly supported by the government and the community. I especially thank Shanghai Wusongkou investment (Group) Co., Ltd. for its full support!

Contents

I General Reports

Abstract: As an environment sensitive cruise industry, it is vulnerable to many factors such as politics, economy, environment, diplomacy and so on. Cruise ship is a large-scale aggregation of tourism products and sea carrier of crowd aggregation, with high concentration of personnel, large number, wide source, strong mobility, strong closure and so on. Novel coronavirus pneumonia has hit the cruise economy seriously. China's cruise market is the first to be affected, and the number of flights has been cancelled since January 29, 2020. In 2020, with novel coronavirus pneumonia epidemic spreading worldwide, three major cruise markets, including Asia Pacific, North America and Europe, were suspended. The cruise epidemic has become the focus of public opinion. The global suspension is the first full line suspension in 200 years. The share prices of the world's top three cruise companies, such as carnival group, Royal Caribbean Cruises and novozyme cruises, fell by nearly 80% and their market value evaporated by more than 50 billion US dollars. The cruise port also temporarily lost the revenue from cruise berthing services. Three cruise ship building shipyards of Italy's fincantini group and German MV werften shipbuilding group of Yunding

Hong Kong were also temporarily suspended. Therefore, novel coronavirus pneumonia has caused huge economic losses to the development of cruise industry worldwide. The new crown pneumonia epidemic is the most influential and most dangerous crisis in the history of cruise industry development, which has far-reaching impact on the future development of cruise industry. Due to the impact of the epidemic, the income of major cruise companies has been greatly affected. Many cruise companies are facing severe financial pressure and raise funds by issuing stocks and corporate bonds. The epidemic will promote profound changes in the cruise public health and safety risk control system, promote the comprehensive upgrading of cruise port entry-exit health quarantine facilities and equipment, and promote the major cruise R & D and construction plants and cruise operating companies to comprehensively improve the ability of cruise ships to cope with public health emergencies.

As the world's largest emerging cruise market and the world's second largest cruise source country, China has experienced a decade of golden growth and two years of market adjustment, and is in a critical period of high-quality development. China's successful prevention novel coronavirus pneumonia has set a benchmark for the world to fight against the epidemic, and also has made the global cruise industry see the hope of reviving the cruise industry and accelerating the adjustment of the global cruise market structure. The global cruise industry also generally believes that the impact of the epidemic on the cruise industry is phased, which will not change the long-term development trend of the global cruise tourism market, and still has good development prospects and market potential.

Keywords: Cruise Industry; Cruise Economic; Cruise Market

Abstract: China's cruise tourism market has gone through the golden growth period of ten years and the market adjustment period of the first two years, and is in the key period of high-quality development. After the market adjustment in the first two years, China's cruise economy is in a critical period of high-quality development. In 2019, the construction of China's first domestic large-scale cruise ship was officially launched, "ocean spectrum", "Venice", "exploration dream" and Chinese funded cruise "Gulangyu" set sail one after another. The integration of Yangtze River Delta has become a national strategy and the establishment of Guangdong, Hong Kong and Macao Bay area, which provides a new historical opportunity for the development of China's postal tourism. 2020 is the transition period of China's cruise tourism from "adjustment period" to "steady recovery", a new stage of China's cruise tourism to high-quality development, an important year for the comprehensive development of the whole industry chain of China's cruise economy, and the first year of high-quality construction of China's cruise tourism development demonstration area. Novel coronavirus pneumonia was affected by the epidemic in 2020, and the cruise market in China was the first to be affected. The number of flights was cancelled in January 29, 2020. China's epidemic prevention and control measures have been highly recognized around the world, and the cruise industry has achieved "zero input, zero output and zero infection", which has been widely praised by the international cruise industry. China's successful prevention novel coronavirus pneumonia has set a benchmark for the world to fight against the epidemic, and also has made the global cruise industry see the hope of reviving the cruise industry. The international cruise industry is confident of the prospects of China's cruise market. The novel coronavirus pneumonia has brought a shock to the cruise economy, and the cruise industry will pay more attention to health and safety. As the world's largest emerging cruise market and the world's second largest cruise source country, the global cruise industry is generally optimistic about China's prospects, opportunities and development potential after the epidemic.

Keywords: Cruise Tourism; Cruise Economic; Cruise Industry

G.3 Top Ten Hot Spots of China's Cruise Industry Development from 2019 to 2020

Abstract: 2019 -2020 China China China novel coronavirus pneumonia has novel coronavirus pneumonia epidemic situation, including the impact of the new crown pneumonia epidemic on China cruise economy, cruise demonstration zone, cruise support policy, domestic cruise construction, local cruise development, cruise port service standard, cruise company strategic layout, cruise cooperation platform and so on. China's cruise tourism development demonstration zone was officially unveiled to create a national model for high-quality development of cruise economy; cruise economic support policies at all levels were introduced to boost the revitalization and development of China's cruise economy; the implementation of relevant laws in Hainan free trade zone was to be temporarily adjusted to support the development of China's cruise ship business; the first domestic large cruise ship was officially launched Cruise construction has entered a substantive stage; local cruise ships have been established to promote the development and growth of national cruise brands; the construction of cruise port facilities has been vigorously promoted to promote the comprehensive improvement of cruise reception level; the first cruise port service standard in China has been officially implemented to promote the standardized development of Cruise port service; cruise companies have strengthened China's strategic layout to boost the high-quality development of China's cruise lines The international cruise economic cooperation platform has been comprehensively expanded to lead the innovation and development of China's cruise economy.

Keywords: Cruise Industry; Cruise Construction; Whole Industry Chain; Innovative Development

Ⅱ Special Topics

Abstract: As novel coronavirus pneumonia outbreak, public health events are coming out, cruise ships are large gathering sea tourism products, with large numbers of tourists, extensive sources, strong aggregation and long travel time. Once the epidemic is easy to spread, it is difficult to control. The major cruise operators in the world have been suspended, and the cruise industry has become the biggest and most direct impact on the epidemic one of China's cruise market novel coronavirus pneumonia was the first to be affected by the change of the new crown pneumonia epidemic situation. In order to respond positively to the need of the state control of the epidemic, the major cruise companies cancelled their voyages and introduced corresponding policy of refund and change. Meanwhile, they also made serious impact on cruise ports, cruise duty free shops, cruise ships, service providers, cruise operators, cruise design and construction, and local cruise development. Therefore, the outbreak of the epidemic has a profound impact on the world cruise market and temporarily blocked the recovery of China's cruise tourism market. Novel coronavirus pneumonia is the main factor affecting the development of cruise economy in China. The study mainly focuses on the impact of various links in cruise industry and puts forward some suggestions to better promote the recovery of China's cruise economy and promote the orderly development of cruise economy.

Keywords: Cruise Economy; Cruise Tourism; Ports

G. 5 Challenges and Countermeasures of China's Cruise Port Development in the New Era

Gan Shengjun / 100

Abstract: In recent years, in order to promote the marine economic development of China's coastal cities, port cities around the country vigorously build cruise ports, most of which take the cruise home port as the development orientation and strategic goal. In 2020, novel coronavirus pneumonia novel coronavirus pneumonia epidemic situation was spread globally. In order to avoid the new crown pneumonia's input, strengthen cruise prevention and control, cruise operation was completely suspended, causing huge economic losses to cruise companies, and also had a huge impact on the development of cruise ports. Major cruise ports have taken measures to promote the transformation of cruise port hardware facilities, further improve the standards of port temperature measurement, isolation and other epidemic prevention facilities, and improve the emergency response plan for major public health emergencies in cruise ports. China's cruise market distribution is relatively low, most cruise ports are still in the state of loss, especially affected by the epidemic, the major cruise ports are facing serious operational pressure, and some cruise terminals have no other ship docking business, resulting in basically zero revenue. China China Cruise Port China novel coronavirus pneumonia epidemic situation novel coronavirus pneumonia epidemic situation, the main port from the port of China to deal with the typical epidemic cases, new crown pneumonia epidemic on the impact of China's cruise port, and puts forward the response countermeasures and suggestions, so as to better promote the development of China's cruise port.

Keywords: Cruise Economy; Cruise Ports; Ports City

Abstract: In the 200 year history of cruise development, health and navigation safety have been paid close attention to. However, cruise ship is a highly crowded and closed place, which is sensitive to public safety risks. Once patients board the ship, the risk of epidemic spread is high. At the early stage of the outbreak, cruise companies and tourists did not fully understand the spread of the new coronavirus. The international cruise source was widely distributed, and the activities within the cruise line were highly concentrated. Moreover, there was still a gap in the response mechanism for the outbreak of international cruise cooperation. Cruise tourism involved multiple stakeholders, such as international cruise companies, local governments of home and visiting ports, countries of registry, tourists and crew members, Because there is no good international cooperation response mechanism, the epidemic situation is out of control. In the stage of epidemic prevention and control, cruise companies have formulated "measures for prevention and control of the new crown of cruise ships" with the safety and health of tourists and crew as the primary principle, and upgrade the public health control measures such as health declaration, boarding quarantine and health control. Strict zoning management is implemented for crew members on cruise ships, and fresh air mode is adopted for air conditioning and ventilation system and regular disinfection is carried out to improve the public health and safety standards of cruise ships. This paper analyzes the response measures taken by cruise companies under the epidemic prevention and control, as well as the construction of cruise ship epidemic prevention and control system, so as to have a deeper understanding and understanding of the cruise ship health prevention and control system, and finally puts forward countermeasures and suggestions to improve the cruise epidemic prevention and control system, so as to better promote the establishment and improvement of cruise ship epidemic prevention and control system.

Keywords: Cruise; Control and Prevention System; Public Health Emergencies

G. 7 A Study on the Characteristics and Motivations of Chinese Cruise Tourists' Consumption Behavior

Luo Shengfeng / 125

Abstract: In recent years, China has become the world's largest tourist source country and the world's second largest cruise market, and has become an important part of the global cruise tourism market. The global outbreak of novel coronavirus pneumonia has led to the downturn in cruise industry, which has a significant negative impact on cruise company's financial performance and liquidity. Novel coronavirus pneumonia still has a bad effect on cruise industry, especially in the case of the whole cruise industry, but the probability of epidemic outbreak is still low. Especially the "cruise ship" and other cruise ships are the most safe marine tourism facilities. The cruise industry is one of the most equipped and experienced industries. To a certain extent, it has a certain shadow on the psychology of cruise tourists. The biggest impact of the epidemic on the whole cruise industry is the confidence and enthusiasm of consumers for cruise travel. The safety perception of tourists in tourism directly affects their travel intention, inhibits the travel motivation of potential tourists, and also affects the choice of cruise travel time. Major cruise companies support the epidemic prevention and control work, ensure the safety and health of tourists and crew, take effective response measures, and establish a good brand, which is of great help to the recovery of the cruise market. In the long run, the impact of the epidemic is only temporary. With the disappearance of the epidemic, tourists' demand for cruise tourism will gradually recover. This requires a certain period of time for self-healing, continuously boosting market confidence and increasing tourists' peace of mind, and promoting the recovery of cruise tourism market.

Keywords: Cruise Tourism; Consumption Behavior; Tourist

Abstract: Novel coronavirus pneumonia has a profound impact on the global cruise tourism economic development. The cruise company is facing a full suspension of operations for several months, and the travel agencies which are mainly engaged in cruise business lose their business. The cruise port is basically zero revenue in the absence of cruise ships, which leads to the berthing fees, port duty free shops and cruise ship supply. China's cruise economy is facing severe challenges. In order to strengthen the prevention and control of cruise epidemic situation, the major cruise companies operating in the Chinese market took the initiative to suspend cruise operation and launched corresponding refund and change policy measures to protect the rights and interests of tourists. Royal Caribbean International has invested 35 million yuan to set up a "tourism revitalization special fund" to sort out a good brand image. In order to reduce the operating pressure of cruise tourism enterprises, China has introduced corresponding policies and measures from the national and local levels, providing support from the aspects of reducing enterprise housing rent, tax incentives, reducing financing costs, increasing credit support, and giving credit financial discount, which has alleviated the operation pressure of cruise tourism enterprises to a certain extent. In order to support the return of Chinese seafarers after the expiration of the contract, and to provide good policy support for the protection of the legitimate rights and interests of seafarers. In order to better promote the revitalization of the cruise market after the epidemic, this paper puts forward countermeasures and suggestions on speeding up the implementation of cruise tourism enterprise support policies, further implementing the territorial responsibility of cruise operation, establishing and improving the joint defense and control mechanism, further liberalizing the cruise line policy, and enriching cruise tourism products, so as to better promote the recovery of China's cruise economy.

Keywords: Cruise Economy; Cruise Policy; Cruise Tourist Company

G. 9 Cruise Tourism Development in Taiwan and the New Normal in Post Epidemic Era

Liu Xilin / 146

Abstract: The cruise industry is an important strategic industry in Taiwan. It relies on the strong outbound tourism strength of 74% of the population outbound. In recent years, it has also been promoted to the second largest source of tourists in the Asian cruise market. Recalling that since 1997, Star Cruises has long used Keelung Port as its home port to open a new page in the development of Taiwan's cruise tourism. It has established a cruise task force in the administrative agency to support the development of Taiwan's cruise industry, and the port administration and operation organizations are separated from government and enterprise, creating unlimited possibilities for cruise development. , Inventory of major ports in Taiwan, upgrade the quality of software and hardware, and build the potential for the development of the cruise market, combined with regional cooperation as the leading strategy for cruise tourism development, and gradually build a competitive and forward-looking vision for Taiwan cruise tourism. However, the COVID-19 pandemic in 2020 has impacted the global cruise industry and forced global cruise travel to a halt and a major market crash. Taiwan can launch a "circular island cruise tour" to break the deadlock when the epidemic slows down. "Normal" thinking has cooperated with the cruise industry to develop new cruise tourism products belonging to Taiwan. The cruise tourism industry has its particularity and requires new thinking to promote it to create a win-win situation and to prosper the Asian cruise economy.

Keywords: Taiwan; Cruise Travel; Cruise Industry

Ⅲ International Reports

G. 10 Impact of Public Health Emergencies on Japanese Cruise Economy and Its Trend *Tian Zhongsanlang* / 160

Abstract: Cruise tourism is a highly sensitive industry to the external environment. In the event of external emergencies, it is more likely to be seriously affected and hit, resulting in the phenomenon of suspension, forming the so-called cruise tourism industry crisis. In the novel coronavirus pneumonia epidemic prevention and control process, as cruise ships are a modern holiday product that gather a large number of tourists, the navigation links are poor and the source of cruise tourists is very complex and extensive. They also have strong mobility and contact. Besides, the medical facilities on cruise ships are relatively limited, and they are vulnerable to attacks by various viruses and form groups. Sexual public health events. The large-scale spread of the virus on the cruise ship "Diamond Princess" which docked in Japan in this epidemic is a typical case, which has aroused widespread concern all over the world. Novel coronavirus pneumonia and tourists were not fully aware of the spread of the new crown pneumonia virus at the beginning of the outbreak. Tourists and crew members still had close contact, and tourists or crew members could easily cross infection after infection, which would endanger the whole ship in the short term. Cruise ship has its particularity. Once an infection event occurs, it is difficult to distinguish its management rights. The occurrence of collective public health emergencies will have an impact on the local medical treatment of the port. This is more obvious in Japan's response to the "Diamond Princess" cruise incident. It is necessary to further strengthen the cruise health management system and promote the healthy development of cruise tourism.

Keywords: Cruise Tourism; Risk Prevention; Control Capacity; Public Health Emergencies

G. 11 The Current Situation and Prospect of Korean Cruise Industry in the Era of Global Uncertainty in 2020

Lin Fushun / 173

Abstract: Novel coronavirus pneumonia (COVID-19) worldwide spread in 2020, causing global panic and social economy in hitherto unknown predicament. In this unstable period, the cruise industry is also facing the same difficulties, and South Korea, which has just started the cruise industry, is also facing the same difficulties. This paper analyzes and forecasts the current situation of Korean cruise industry in 2020 and the development direction of Korean cruise industry after the epidemic.

Keywords: Korean; Cruise Industry; External Variables; Crisis Management

G. 12 The Impact of Uncertain Events on the Development of Cruise Economy in the United States and Its Trend

Xie Xiangxiang / 185

Abstract: As the country with the earliest development of cruise industry, the largest scale of cruise tourism market and the most concentrated headquarters of cruise companies in the world, the United States is the most mature cruise market in the world. The development of the cruise industry has an important contribution to the US economy. Through the development of the cruise industry, the US cruise port, cruise enterprise headquarters economy, transportation, ship repair and maintenance, and finance are driven. The development of insurance and agricultural products has made great contributions to the expansion of the overall industrial structure and industrial cooperation in the United States. The outbreak of the novel coronavirus pneumonia caused the global cruise market to stop, especially the rapid rise of the confirmed cases in the United States, which has caused serious adverse effects on the development of cruise industry. This makes the cruise company's

promote the development of the Australian cruise market.

Keywords: Australian; Cruise Tourism; Cruise Market

Abstract: Europe is the world's second largest cruise tourist source and destination, and the world's largest cruise design and construction center. At the same time, it also gathers headquarters of many cruise companies, such as Costa, tiehang, Aida, Mediterranean cruise, etc. , and plays an important role in the development of the world cruise industry and the business of international cruise companies. In 2019, the scale of European cruise market will reach 8 million person times. Novel coronavirus pneumonia novel coronavirus pneumonia has a huge impact on the development of the European cruise market. Many new cruise ships have been infected with new crown pneumonia virus, and the cruise companies of the earlier resumed flights also contracted infections. European major cruise construction plants were shut down by the epidemic situation and layoffs were taken. The cruise company postponed the installment payment of the cruise ship in 2021 and delayed the delivery time. Cruise brands have been affected to a certain extent, and some cruise companies have gone bankrupt. With the novel coronavirus pneumonia epidemic prevention and control in Europe achieving good results, the European cruise market has been the first to re launch the shipping market, and promote the layout and market structure adjustment of cruise companies. The novel coronavirus pneumonia epidemic situation effectively enhances the capacity of cruise companies to deal with public health emergencies, and also provides a good foundation for future development.

Keywords: European; Cruise Economy; Cruise Company

Ⅳ Industry Development Reports

Abstract: How to build the core competitiveness of the cruise ship construction supporting industry based on the advantageous industrial resources, improve the development level of the cruise ship construction supporting industrial chain, and create a distinctive cultural brand to interact with economic and social benefits, has become an important issue that needs to be solved urgently in the development of Shanghai's cruise industry. This article focuses on the current outstanding problems and practical needs in the development of Shanghai's cruise construction supporting industry and the improvement of its energy level, comprehensively analyzes the strategic opportunities and challenges brought by the development of Shanghai's cruise construction supporting industry at the international, national and regional levels, and deeply deconstructs cruise construction. The connotation and value module composition of the supporting industry chain, fully carry out domestic horizontal benchmarking and learn from foreign typical experience, actively explore and propose the overall layout, key objectives, core tasks and construction paths of Shanghai's cruise construction supporting industry, and provide supporting facilities for Shanghai cruise construction Industrial development puts forward corresponding policy guarantees and countermeasures.

Keywords: Shanghai; Cruise Construction Supporting Industry; Policy Guarantee; Cruise Economy

G. 16 Research on the Distribution Characteristics of Global Cruise Routes and Its Enlightenment to China's Cruise Market

Lin Bingjie, Sun Xiaodong / 226

Abstract: Judging from the practical experience of the international cruise industry, excellent cruise ports, normal cruise routes, and high-quality shoreline products and services are important guarantees for the development of the cruise industry. A reasonable and scientific route layout is important for those in the transitional development stage. The Chinese cruise industry plays a vital role. This article uses the data of nearly 5, 000 routes around the world as a sample, explores the distribution characteristics of the route network in China and the major cruise development areas in the world, and identifies the influencing factors, basic elements and successful experience of route planning, so as to improve the layout and diversification of China's routes. Develop targeted countermeasures and suggestions.

Keywords: Ports; Cruise Market; Cruise Route; Distribution of Cruise

G. 17 Research on the Path of Building Shanghai Cruise Business Cluster Area Relying on Wusongkou International Cruise Port

Yan Guodong, Zhao Jinlin, Xin Puyang, Wang Xin, Li Xiaoyu, Sun Hao and Kan Liyang / 241

Abstract: Shanghai Wusongkou International Cruise Port has developed into Asia's No. 1 and No. 4 home port for cruise ships in the world. China's cruise economy has entered the development stage of the entire industry chain. The construction of a cruise business agglomeration area will promote the economic development of the cruise home port to enhance economic contribution. Important ways and paths. Therefore, this paper systematically calculates and analyzes the differences in the degree of agglomeration of China's cruise port business development, the regional differences in the contribution of business agglomeration areas to the cruise economy, and the differences in the coordination degree between the cruise business agglomeration areas and the regional economy, and make scientifically based on this. And rationally design the optimized path and implementation plan of the Shanghai cruise business agglomeration area, which is conducive to optimizing the cruise tourism service industry chain, enhancing the agglomeration effect of cruise tourism service elements, strengthening the cruise service trade platform economy, innovating and leading the cruise tourism service trade demonstration base, and upgrading cruise ships. The value chain additional model of the industry, etc. It is of great significance to replicate the Shanghai cruise service trade model model to the national and even global cruise homeport economic development.

Keywords: Cruise Economy; Business Cluster Area; Cruise Industry Chain; Service Trade Platform

Ⅴ Planning and Policy Reports

Abstract: As a high-end leisure and holiday tourism industry, cruise tourism is a new industry in China's tourism industry, and a happy industry to meet the growing needs of the people for a better life. Since 2006, China's cruise tourism market has been booming. In just 13 years, it has become the second largest cruise market in the world, the most dynamic and potential regional emerging market in the world, and an important fulcrum and driving force to promote the supply side reform of China's tourism economy. The "14th five year plan" period is the historical intersection period of "two centenaries" . China is in the critical period of transition from the old normal to the new normal, from high-speed growth to high-quality development. In the new stage of China's cruise tourism from high-speed growth to high-quality and high-grade development, we must promote the high-quality development of cruise tourism at a higher starting point, higher level and higher goals. Based on the national strategy and the development needs of new tourism formats, deepen the integration of culture and tourism, benchmarking international cruise tourism standards, learn from the experience of foreign countries or regions with mature cruise tourism industry, study and judge the internal and external environment and industrial characteristics of China's cruise tourism. Based on the analysis of the development law of cruise tourism, this paper analyzes the elements and resources of China's cruise industry. Based on the structure and scientific prediction, combined with the direction and objectives of China's cruise industry, this paper studies the development situation, strategic objectives and paths, key measures and security mechanism of China's cruise tourism in the "14th five year plan" period, strengthens the docking with global advantageous resources, and deepens the reform and opening up and innovation, so as to have a clearer strategic path and measures for China's cruise tourism development in the "14th five year plan" period To promote the high-quality development of cruise tourism and build a new highland of world cruise tourism industry.

Keywords: Cruise Tourism; Cruise Industry; Integration of Cluture and Tourism

G. 19 Research on the Development of Shanghai Cruise Industry during the 14th Five Year Plan Period

Shi Jianyong, Ye Xinliang and Lü Fangyuan / 265

Abstract: Cruise economy is characterized by large scale, stable growth and strong aggregation. In recent years, Shanghai's cruise economy has achieved creative development from scratch, forming a "two main and one standby" cruise terminal pattern. The energy level of the cruise home port ranks among the top in the world. It has become the first international cruise home port in Asia and the fourth in the world. It has formed the development pattern of "international cargo flow of Yangshan Port in the South and international passenger flow of cruise port in the north" in Shanghai, which has become the gateway of China's cruise industry China has become the second largest cruise market in the world. Focusing on the development of the whole cruise industry chain, Shanghai has taken the lead in establishing a relatively complete cruise industry development system. It has been approved as the first China Cruise Tourism Development Experimental Zone and the first China cruise tourism development demonstration zone. It has explored the cruise tourism development mode with Chinese characteristics, playing an important demonstration and leading role in the national cruise economic development, and actively creating a national sample of high-quality cruise economic development. It has actively led the cruise industry to the high-end development of the value chain, launched the "four major brands" of Shanghai in the cruise field, and has become the core plate for Shanghai to build into a world-famous tourist city and an international shipping center. Novel coronavirus pneumonia is a new trend of cruise economy development in Shanghai during the 13th Five-Year period. It is a new situation to analyze the development of cruise economy in Shanghai during the period of the "new year" epidemic. The research on the development of cruise industry in Shanghai during the 14th Five-Year period is carried out, and strategic thinking and key measures are put forward to better promote the quality development of cruise economy in Hong Kong.

Keywords: Cruise Economy; Cruise Industry; Strategic Thinking; Shanghai

G. 20 Research on the Planning Ideas of China Cruise Tourism Development Demonstration Zone

Wang Hong, Jiang Ruiqin and Qiu Ling / 284

Abstract: At present, China has grown into a big tourism country, ranking first in the world's outbound tourist source countries and the fourth in the global inbound tourism receiving countries, and is moving towards a tourism power. As a high-end leisure and holiday tourism industry, cruise tourism has become the fastest growing part of the international tourism industry. China has become the second largest cruise source market in the world. Cruise tourism has gradually become an important choice for people to travel and become an important aspect to meet people's pursuit of happiness. Cruise consumption has become a new highlight of economic growth. Through the platform of China Cruise Tourism Development Experimental Zone, we will explore and test in the fields of promoting and improving the cruise industry policy system, improving the home port construction and management capacity, improving the cruise industry and service quality, cultivating the local cruise service strength, and expanding the cruise economic output level. We will learn from the advanced experience at home and abroad, and actively cooperate with cruise tourism cities and enterprises, so as to serve the national cruise tourism Tourism development constantly creates and accumulates experience. China's cruise tourism has entered a new stage of development from "high-speed growth" to "high-quality and high-grade" . In order to further improve the level of Shanghai cruise tourism market, promote high-quality development, realize high-quality life, and play a demonstration and leading role in the development of China's cruise tourism industry, it is necessary to establish a demonstration area for China's cruise tourism development and create a high-quality development of cruise economy A national model to promote the high-quality development of China's cruise tourism.

Keywords: Cruise Tourism; Demonstration Area; Planning Ideas; Cruise Economy

Abstract: as consumers, cruise passengers are in a weak position and should be given more adequate protection of their rights and interests. There are two types of disputes between cruise companies and cruise operators: one is the dispute between cruise companies and the other is personal injury. There is no special regulation on cruise tourism in China's national legislation level, but some beneficial attempts have been made in some local legislations such as "Shanghai cruise tourism operation standard". The unique operation mode of China's travel agencies underwriting cruise tickets has formed a rather complex legal relationship among passengers, cruise companies and travel agencies. The novel coronavirus pneumonia regulations, the provisions of the civil code, the progress of the amendment of the maritime code and the new crown pneumonia epidemic situation also have different effects on the protection of the rights and interests of cruise passengers. The key points to improve the protection of the rights and interests of China's cruise passengers should be to establish special civil legal rules for cruise tourism, to open up the market access for foreign cruise companies to operate outbound tourism, to improve the cruise ticket management system, to promote the diversified resolution of cruise tourism disputes, and to improve the local legislation and demonstration contract of cruise tourism.

Keywords: Cruise Tourism; Consumer Rights and Interests; Voyage Change; Ticket Clause Diversification

Abstract: This paper analyzes the feasibility of China's cruise operation security legislation. Cruise operation is the integration of "maritime passenger transport + tourism" mode, and the safety guarantee of cruise operation has its unique characteristics. At present, port shipping regulations and management concept are facing many challenges. This paper analyzes the regional geographical climate, legislative conditions, cruise development status, policy and planning orientation of China's cruise operation by referring to the legislative background, content and legislative spirit of international cruise operation security, and puts forward the feasibility and necessity of China's cruise operation security legislation, as well as the legislative mode, content and needs of China's cruise operation security Established system.

Keywords: Cruise Operation; Safety Guarantee; Legislation

S 基本子库
SUB DATABASE

中国社会发展数据库（下设 12 个子库）

整合国内外中国社会发展研究成果，汇聚独家统计数据、深度分析报告，涉及社会、人口、政治、教育、法律等 12 个领域，为了解中国社会发展动态、跟踪社会核心热点、分析社会发展趋势提供一站式资源搜索和数据服务。

中国经济发展数据库（下设 12 个子库）

围绕国内外中国经济发展主题研究报告、学术资讯、基础数据等资料构建，内容涵盖宏观经济、农业经济、工业经济、产业经济等 12 个重点经济领域，为实时掌控经济运行态势、把握经济发展规律、洞察经济形势、进行经济决策提供参考和依据。

中国行业发展数据库（下设 17 个子库）

以中国国民经济行业分类为依据，覆盖金融业、旅游、医疗卫生、交通运输、能源矿产等 100 多个行业，跟踪分析国民经济相关行业市场运行状况和政策导向，汇集行业发展前沿资讯，为投资、从业及各种经济决策提供理论基础和实践指导。

中国区域发展数据库（下设 6 个子库）

对中国特定区域内的经济、社会、文化等领域现状与发展情况进行深度分析和预测，研究层级至县及县以下行政区，涉及地区、区域经济体、城市、农村等不同维度，为地方经济社会宏观态势研究、发展经验研究、案例分析提供数据服务。

中国文化传媒数据库（下设 18 个子库）

汇聚文化传媒领域专家观点、热点资讯，梳理国内外中国文化发展相关学术研究成果、一手统计数据，涵盖文化产业、新闻传播、电影娱乐、文学艺术、群众文化等 18 个重点研究领域。为文化传媒研究提供相关数据、研究报告和综合分析服务。

世界经济与国际关系数据库（下设 6 个子库）

立足"皮书系列"世界经济、国际关系相关学术资源，整合世界经济、国际政治、世界文化与科技、全球性问题、国际组织与国际法、区域研究 6 大领域研究成果，为世界经济与国际关系研究提供全方位数据分析，为决策和形势研判提供参考。

法律声明